後晉 劉昫 等撰

舊唐書

第七册

卷五一至卷六六（傳）

中華書局

舊唐書卷五十一

列傳第一

后妃上

高祖太穆皇后竇氏　太宗文德皇后長孫氏　賢妃徐氏　高宗廢后王氏 良娣蕭氏　中宗和思皇后趙氏　中宗韋庶人　上官昭容　睿宗肅明皇后劉氏　睿宗昭成皇后竇氏　玄宗廢后王氏　玄宗貞順皇后武氏　玄宗楊貴妃

三代宮禁之職，周官最詳。自周已降，彤史沿革，各載本書，此不備述。唐因隋制，皇后之下，有貴妃、淑妃、德妃、賢妃各一人，爲夫人，正一品；昭儀、昭容、昭媛、修儀、修容、修媛、充儀、充容、充媛各一人，爲九嬪，正二品；婕妤九人，正三品；美人九人，正四品；

才人九人，正五品；寶林二十七人，正六品；御女二十七人，正七品；采女二十七人，正八品；其餘六尚諸司，分典乘輿服御。龍朔二年，官名改易，內職皆更舊號。咸亨二年復舊。開元中，玄宗以皇后之下立四妃，法帝嚳也，而后妃四星，一爲正后；今既立正后，復有四妃，非典法也。乃於皇后之下立惠妃、麗妃、華妃等三位，以代三夫人，爲正一品；又置芳儀六人，爲正二品；美人四人，爲正三品；才人七人，爲正四品；尚宮、尚儀、尚服各二人，爲正五品；自六品至九品，卽諸司諸典職員品第而序之，後亦參用前號。

然而三代之政，莫不以賢妃開國，嬖寵傾邦。秦、漢已還，其流寖盛，大至移國，小則臨朝，煥車服以王宗枝，裂土壤而侯肺腑，洎末塗淪敗，赤族夷宗。高祖龍飛，宮無正寢，而婦言是用，釁起維城。太帝、孝和，仁而不武，但恣池臺之賞，寧顧衽席之嫌，武室、韋宗，幾危運祚。東京帝后，歿從夫謚，光烈、和熹之類是也。高宗自號天皇，武氏自稱天后，而韋庶人生有翊聖之名，肅宗欲后張氏，此不經之甚，皆以凶終。玄宗以惠妃之愛，擯斥椒宮，繼以太眞，幾喪天下。歷觀前古邦家喪敗之由，多基於子弟召禍；子弟之亂，必始於宮闈不正。故息隱閱牆，秦王謀歸東洛；馬嵬塗地，太子不敢西行。若中有聖善之慈，胡能若是？易曰「家道正而天下定」，不其然歟！自後累朝，長秋虛位，或以旁宗入繼，母屬皆微，徒有冊拜之文，諒乏「關雎」之德。今錄其存於史冊者，爲后妃傳云。

高祖太穆皇后竇氏，京兆始平人，隋定州總管、神武公毅之女也。后母，周武帝姊襄陽長公主。后生而髮垂過頸，三歲與身齊。周武帝特愛重之，養於宮中。時武帝納突厥女爲后，無寵，后尚幼，竊言於帝曰：「四邊未靜，突厥尚強，願舅抑情撫慰，以蒼生爲念。但須突厥之助，則江南、關東不能爲患矣。」武帝深納之。毅聞之，謂長公主曰：「此女才貌如此，不可妄以許人，當爲求賢夫。」乃於門屛畫二孔雀，諸公子有求婚者，輒與兩箭射之，潛約中目者許之。前後數十輩莫能中，高祖後至，兩發各中一目。毅大悅，遂歸於我帝。及周武帝崩，后追思如喪所生。隋文帝受禪，后聞而流涕，自投於牀曰：「恨我不爲男，以救舅氏之難。」毅與長公主遽掩口曰：「汝勿妄言，滅吾族矣！」

后事元貞太后以孝聞。太后素有羸疾，時或危篤。諸姒以太后性嚴懼譴，皆稱疾而退，惟后晝夜扶侍，不脫衣履者動淹旬月焉。善書，學類高祖之書，人不能辨。工篇章，而好存規戒。大業中，高祖爲扶風太守，有駿馬數匹。常言於高祖曰：「上好鷹愛馬，公之所知，此堪進御，不可久留，人或言者，必爲身累，願熟思之。」高祖未決，竟以此獲譴。未幾，后崩於涿郡，時年四十五。高祖追思后言，方爲自安之計，數求鷹犬以進之，俄而擢拜將軍，因流涕謂諸子曰：「我早從汝母之言，居此宮久矣。」初葬壽安陵，後祔葬獻陵。上元元年八月，改上尊號曰太穆順聖皇后。

太宗文德順聖皇后長孫氏，長安人，隋右驍衛將軍晟之女也。晟妻，隋揚州刺史高敬德女，生后。少好讀書，造次必循禮則。年十三，嬪于太宗。隋大業中，常歸寧於永興里，后舅高士廉媵張氏，於后所宿舍外見大馬，高二丈，鞍勒皆具，以告士廉。命筮之，遇坤之泰，筮者曰：「至哉坤元，萬物資生，乃順承天。坤厚載物，德合無疆。牝馬地類，行地無疆。變而之泰，內陽而外陰，內健而外順，是天地交而萬物通也。象曰：后以輔相天地之宜而左右人也。龍，乾之象也。馬，坤之象也。變而爲泰，天地交也。繇協於歸妹，婦人之兆也。女處尊位，履中居順也。此女貴不可言。」武德元年，册爲秦王妃。時太宗功業既高，隱太子猜忌滋甚。后孝事高祖，恭順妃嬪，盡力彌縫，以存內助。及難作，太宗在玄武門，方引將士入宮授甲，后親慰勉之，左右莫不感激。九年，册拜皇太子妃。太宗卽位，立爲皇后，贈后父晟司空、齊獻公。后性尤儉約，凡所服御，取給而已。太宗彌加禮待，常與后論及賞罰之事，對曰：「牝雞之晨，惟家之索。妾以婦人，豈敢豫聞政事。」太宗固與之言，竟不之答。時后兄無忌夙與太宗爲布衣之交，又以佐命元勳，委以腹心，出入臥內，將任之朝政。后固言不可，每乘間奏曰：「妾旣託身紫宮，尊貴已極，實不願兄弟子姪布列朝廷。漢之呂、霍，可爲切骨之戒，特願聖朝勿以妾兄爲宰執。」太宗不聽，竟用無忌爲左武候大將軍、吏部尙書、右僕射。后又密遣無忌苦求遜職，太宗不獲已而許焉，改授開府儀同三司，后意乃懌。有異母兄安業，好酒無賴。獻公之薨也，后及無忌並幼，安業斥還舅氏，后殊不以介意，每請太宗厚加恩禮，位至監門將軍。及預劉德裕逆謀，太宗將殺之，后叩頭流涕爲請命曰：「安業之罪，萬死無赦。然不慈於妾，天下知之，今置以極刑，人必謂妾恃寵以復其兄，無乃爲聖朝累乎！」遂得減死。

后所生長樂公主，太宗特所鍾愛，及將出降，敕所司資送倍於長公主。魏徵諫曰：「昔漢明帝時，將封皇子，帝曰：『朕子安得同於先帝子乎！』然謂長主者，良以尊於公主也，情雖有差，義無等別。若令公主之禮有過長主，理恐不可，願陛下思之。」太宗以其言退而告后，后歎曰：「嘗聞陛下重魏徵，殊未知其故。今聞其諫，實乃能以義制主之情，可謂正直社稷之臣矣。妾與陛下結髮爲夫婦，曲蒙禮待，情義深重，每言必候顏色，尙不敢輕犯威嚴，況在臣下，情疏禮隔，故韓非爲之說難，東方稱其不易，良有以也。忠言逆於耳而利於行，有國有家者急務；納之則俗寧，杜之則政亂，誠願陛下詳之，則天下幸甚。」后因請遣中使齎帛五百匹，詣徵宅以賜之。太子承乾乳母遂安夫人常白后曰：「東宮器用闕少，欲有奏請。」后不聽，曰：「爲太子，所患德不立而名不揚，何憂少於器物也。」

八年，從幸九成宮，染疾危惙，太子承乾入侍，密啓后曰：「醫藥備盡，尊體不瘳，請奏赦囚徒，并度人入道，冀蒙福助。」后曰：「死生有命，非人力所加。若修福可延，吾素非爲惡；若行善無效，何福可求。赦者國之大事，佛道者示存異方之教耳，非惟政體靡弊，又是上所不爲，豈以吾一婦人而亂天下法？」承乾不敢奏，以告左僕射房玄齡，玄齡以聞，太宗及侍臣莫不歔欷。朝臣咸請肆赦，太宗從之，后聞之固爭，乃止。將大漸，與太宗辭訣，時玄齡以譴歸第，后固言：「玄齡事陛下最久，小心謹愼，奇謀秘計，皆所預聞，竟無一言漏洩，非有大故，願勿棄之。又妾之本宗，幸緣姻戚，既非德舉，易履危機，其保全永久，愼勿處之權要，但以外戚奉朝請，則爲幸矣。妾生既無益於時，今死不可厚費。且葬者藏也，欲人之不見。自古聖賢，皆崇儉薄，惟無道之世，大起山陵，勞費天下，爲有識者笑。但請因山而葬，不須起墳，無用棺槨，所須器服，皆以木瓦，儉薄送終，則是不忘妾也。」十年六月己卯，崩于立政殿，時年三十六。其年十一月庚寅，葬於昭陵。

后嘗撰古婦人善事，勒成十卷，名曰女則，自爲之序。又著論駁漢明德馬皇后，以爲不能抑退外戚，令其當朝貴盛，乃戒其龍馬水車，此乃開其禍源而防其末事耳。且戒主守者曰：「此吾以自防閑耳。婦人著述無條貫，不欲至尊見之，愼勿言。」崩後，宮司以聞，太宗覽而增慟，以示近臣曰：「皇后此書，足可垂於後代。我豈不達天命而不能割情乎！以其每能規諫，補朕之闕，今不復聞善言，是內失一良佐，以此令人哀耳！」

上元元年八月，改上尊號曰文德順聖皇后。

太宗賢妃徐氏，名惠，右散騎常侍堅之姑也。生五月而能言，四歲誦論語、毛詩，八歲好屬文。其父孝德試擬楚辭，云「山中不可以久留」，詞甚典美。自此徧涉經史，手不釋卷。太宗聞之，納爲才人。其所屬文，揮翰立成，詞華綺贍。俄拜婕妤，再遷充容。時軍旅亟動，宮室互興，百姓頗倦勞役，上疏諫曰：

自貞觀已來，二十有二載，風調雨順，年登歲稔，人無水旱之弊，國無饑饉之災。昔漢武守文之常主，猶登刻玉之符；齊桓小國之庸君，尚圖泥金之事。望陛下推功損己，讓德不居。億兆傾心，猶闕告成之禮；云、亭佇謁，未展升中之儀。此之功德，足以咀嚼百王，網羅千代者矣。古人有云：「雖休勿休」，良有以也。守初保末，聖哲罕兼。是知業大者易驕，願陛下難之；善始者難終，願陛下易之。

竊見頃年已來，力役兼總，東有遼海之軍，西有崑丘之役，士馬疲於甲冑，舟車倦於轉輸。且召募役戍，去留懷死生之痛；因風阻浪，人米有漂溺之危。一夫力耕，卒無數十之獲；一船致損，則傾數百之糧。是猶運有盡之農功，填無窮之巨浪，圖未獲之他衆，喪已成之我軍。雖除凶伐暴，有國常規；然黷武玩兵，先哲所戒。昔秦皇幷吞六國，反速危亡之基；晉武奄有三方，翻成覆敗之業。豈非矜功恃大，棄德而輕邦；圖利忘害，肆情而縱慾。遂使悠悠六合，雖廣不救其亡；嗷嗷黎庶，因弊以成其禍。是知地廣非常安之術，人勞乃易亂之源。願陛下布澤流人，矜弊恤乏，減行役之煩，增湛露之惠。

妾又聞爲政之本，貴在無爲。竊見土木之功，不可兼遂。北闕初建，南營翠微，曾未逾時，玉華創制。雖復因山藉水，非無架築之勞；損之又損，頗有工力之費。終以茅茨示約，猶興木石之疲；假使和雇取人，不無煩擾之弊。是以卑宮菲食，聖主之所安；金屋瑤臺，驕主之爲麗。故有道之君，以逸逸人；無道之君，以樂樂身。願陛下使之以時，則力無竭矣；用而息之，則人斯悅矣。

夫珍玩伎巧，乃喪國之斧斤；珠玉錦繡，實迷心之酖毒。竊見服玩纖靡，如變化於自然；織貢珍奇，若神仙之所製。雖馳華於季俗，實敗素於淳風。是知漆器非延叛之方，桀造之而人叛；玉杯豈招亡之術，紂用之而國亡。方驗侈麗之源，不可不遏。作法於儉，猶恐其奢；作法於奢，何以制後？伏惟陛下明鑑未形，智周無際，窮奥祕於麟閣，盡探賾於儒林。千王治亂之蹤，百代安危之跡，興衰禍福之數，得失成敗之機，故亦苞吞心府之中，循環目圍之內，乃宸衷之久察，無假一二言焉。惟恐知之非難，行之不易，志驕於業泰，體逸於時安。伏願抑志裁心，愼終如始，削輕過以添重德，循今是以替前非，則令名與日月無窮，盛業與乾坤永大。

太宗善其言，優賜甚厚。

及太宗崩，追思顧遇之恩，哀慕愈甚，發疾不自醫。病甚，謂所親曰：「吾荷顧實深，志在早殁，魂其有靈，得侍園寢，吾之志也。」因爲七言詩及連珠以見其志。永徽元年卒，時年二十四，詔贈賢妃，陪葬於昭陵之石室。

高宗廢后王氏，幷州祁人也。父仁祐，貞觀中羅山令。同安長公主卽后之從祖母也。公主以后有美色，言於太宗，遂納爲晉王妃。高宗登儲，册爲皇太子妃，以父仁祐爲陳州刺史。永徽初，立爲皇后，以仁祐爲特進、魏國公，母柳氏爲魏國夫人。仁祐尋卒，贈司空。

初，武皇后貞觀末隨太宗嬪御居於感業寺，后及左右數爲之言，高宗由是復召入宮，立爲昭儀。俄而漸承恩寵，遂與后及良娣蕭氏遞相譖毁。帝終不納后言，而昭儀寵遇日厚。后懼不自安，密與母柳氏求巫祝厭勝。事發，帝大怒，斷柳氏不許入宮中，后舅中書令柳奭罷知政事，并將廢后，長孫無忌、褚遂良等固諫，乃止。俄又納李義府之策，永徽六年十月，廢后及蕭良娣皆爲庶人，囚之別院。武昭儀令人皆縊殺之。后母柳氏、兄尚衣奉御全信及蕭氏兄弟，並配流嶺外。遂立昭儀爲皇后。尋又追改后姓爲蟒氏，蕭良娣爲梟氏。

庶人良娣初囚，大罵曰：「願阿武爲老鼠，吾作貓兒，生生扼其喉！」武后怒，自是宮中不畜貓。初囚，高宗念之，閒行至其所，見其室封閉極密，惟開一竅通食器出入。高宗惻然，呼曰：「皇后、淑妃安在？」庶人泣而對曰：「妾等得罪，廢棄爲宮婢，何得更有尊稱，名爲皇后？」言訖悲咽，又曰：「今至尊思及疇昔，使妾等再見日月，出入院中，望改此院名爲『迴心院』，妾等再生之幸。」高宗曰：「朕即有處置。」武后知之，令人杖庶人及蕭氏各一百，截去手足，投於酒甕中，曰：「令此二嫗骨醉！」數日而卒。後則天頻見王、蕭二庶人披髮瀝血，如死時狀。武后惡之，禱以巫祝，又移居蓬萊宮，復見，故多在東都。中宗即位，復后姓爲王氏，梟氏還爲蕭氏。

中宗和思皇后趙氏，京兆長安人。祖綽，武德中以戰功至右領軍衞將軍。父瓌，尙高祖女常樂公主，歷遷左千牛將軍。中宗爲英王時，納后爲妃。旣而妃母公主得罪，妃亦坐廢，幽死於內侍省。則天臨朝，瓌爲壽州刺史，坐與越王貞連謀被誅，公主亦坐死。神龍元年。贈后謚爲恭皇后，贈瓌左衞大將軍。及中宗崩，將葬于定陵，議者以韋后得罪，不宜祔葬，於是追謚后爲和思，莫知瘞所，行招魂祔葬之禮。太常博士彭景直上言：「古無招魂葬之禮，不可備棺槨，置轀輬。宜據漢書郊祀志葬黃帝衣冠於橋山故事，以皇后褘衣於陵所寢宮招魂，置衣於魂輿，以太牢告祭，遷衣於寢宮，舒於御榻之右，覆以夷衾而祔葬焉。」從之。

中宗韋庶人，京兆萬年人也。祖弘表，貞觀中爲曹王府典軍。中宗爲太子時，納后爲妃，仍擢后父普州參軍玄貞爲豫州刺史。嗣聖元年，立爲皇后。其年，中宗見廢，后隨從房州。時中宗懼不自安，每聞制使至，惶恐欲自殺。后勸王曰：「禍福倚伏，何常之有，豈失一死，何遽如是也！」累年同艱危，情義甚篤。所生懿德太子、永泰永壽長寧安樂四公主〔二〕，安樂最幼，生於房州，帝自脫衣裹之，遂名曰裹兒，特寵異焉。及中宗復立爲太子，又立后爲妃。時昭容上官氏常勸后行則天故事，乃上表請天下士庶爲出母服喪三年；又請百姓以年二十三爲丁，五十九免役，改易制度，以收時望。制皆許之。

帝在房州時，常謂后曰：「一朝見天日，誓不相禁忌。」及得志，受上官昭容邪說，引武三思入宮中，升御牀，與后雙陸，帝爲點籌，以爲歡笑，醜聲日聞于外。乃大出宮女，雖左右內職，亦許時出禁中。上官氏及宮人貴倖者，皆立外宅，出入不節，朝官邪佞者候之，恣爲狎遊，祈其賞秩，以至要官。時侍中敬暉謀去諸武，武三思患之，乃結上官氏以爲援，因得幸於后，潛入宮中謀議，乃諷百官上帝尊號爲應天皇帝，后爲順天皇后。帝與后親謁太廟，告謝受尊號之意。於是三思驕横用事，敬暉、王同皎相次夷滅，天下咸歸咎於后。

后方優寵親屬，內外封拜，遍列清要。又欲寵樹安樂公主，乃制公主開府，置官屬。太平公主儀比親王。長寧、安樂二府不置長史而已。宜城公主等以非后所生，各減太平之半。安樂恃寵驕恣，賣官鬻獄，勢傾朝廷，常自草制敕，掩其文而請帝書焉，帝笑而從之，竟不省視。又請自立爲皇太女，帝雖不從，亦不加譴。所署府僚，皆猥濫非才。又廣營第宅，侈靡過甚。長寧及諸公主迭相倣效，天下咸嗟怨之。

神龍三年，節愍太子死後，宗楚客率百僚上表，加后號爲順天翊聖皇后。景龍二年春，宮中希旨，妄稱后衣箱中有五色雲出，帝使畫工圖之，出示於朝，乃大赦天下，百僚母妻各加邑號。右驍衛將軍、知太史事迦葉志忠上表曰：「昔高祖未受命時，天下歌桃李子；太宗未受命時，天下歌秦王破陣樂；高宗未受命時，天下歌側堂堂；天后未受命時，天下歌武媚娘。伏惟應天皇帝未受命時，天下歌英王石州；順天皇后未受命時，天下歌桑條韋也、女時韋也〔二〕。六合之內，齊首蹀足，應四時八節之會，歌舞同歡。豈與夫簫韶九成、百獸率舞同年而語哉！伏惟皇后降帝女之精，合爲國母，主蠶桑以安天下，后妃之德，於斯爲盛。謹進桑條歌十二篇，伏請宣布中外，進入樂府，皇后先蠶之時，以享宗廟。」帝悅而許之，特賜志忠莊一區、雜綵七百段。太常少卿鄭愔又引而申之，播於舞詠，亦受厚賞。兵部尙書宗楚客又諷補闕趙延禧表陳符命，解桑條以爲十八代之符，請頒示天下，編諸史册。帝大悅，擢延禧爲諫議大夫。時上官昭容與其母鄭氏及尙宮柴氏、賀婁氏樹用親黨，廣納貨賂，別降墨敕斜封授官，或出臧獲屠販之類，累居榮秩。又引女巫趙氏出入禁中，封爲隴西夫人，勢與上官氏爲比。

三年冬，帝將親祠南郊，國子祭酒祝欽明、司業郭山惲建議云：「皇后亦合助祭。」太常博士唐紹、蔣欽緒上疏爭之。尙書右僕射韋巨源詳定儀注，遂希旨協同欽明之議。帝納其言，以后爲亞獻，仍以宰相女爲齊娘，以執籩豆。欽明又欲請安樂公主爲終獻，迫於時議而止。

四年正月望夜，帝與后微行市里，以觀燒燈。又放宮女數千，夜遊縱觀，因與外人陰通，逃逸不還。時國子祭酒葉靜能善符禁小術，散騎常侍馬秦客頗閑醫藥，光祿少卿楊均以調膳侍奉，皆出入宮掖。均與秦客皆得幸於后，相次丁母憂，旬日悉起復舊職。時安樂公主與駙馬武延秀、侍中紀處訥、中書令宗楚客、司農卿趙履温互相猜貳，迭爲朋黨。

六月，帝遇毒暴崩。時馬秦客侍疾，議者歸罪於秦客及安樂公主。后懼，秘不發喪，引所親入禁中，謀自安之策。以刑部尚書裴談、工部尚書張錫知政事，留守東都；又命左金吾大將軍趙承恩及宦者左監門衞大將軍薛崇簡帥兵五百人往均州〔三〕，以備譙王重福。后與兄太子少保温定策，立温王重茂爲皇太子，召諸府兵五萬人屯京城，分爲左右營，然後發喪。少帝即位，尊后爲皇太后，臨朝攝政。韋温總知內外兵馬，守援宮掖；駙馬韋捷、韋濯分掌左右屯營；武延秀及温從子播、族弟璿、外甥高崇共典左右羽林軍及飛騎、萬騎。播、璿欲先樹威嚴，拜官日先鞭萬騎數人，衆皆怨，不爲之用。

時京城恐懼，相傳將有革命之事，往往偶語，人情不安。臨淄王率薛崇簡、鍾紹京、劉幽求領萬騎及總監丁夫入自玄武門，至左羽林軍，斬將軍韋璿、韋播及中郎將高崇於寢帳。遂斬關而入，至太極殿。后惶駭遁入殿前飛騎營，及武延秀、安樂公主皆爲亂兵所殺。分遣萬騎誅其黨與韋温、温從子捷及族弟嬰，宗楚客、弟晉卿，紀處訥，馬秦客，葉靜能，楊均，趙履温，衛尉卿王哲，太常卿李珽，將作少匠李守質及韋氏武氏宗族，無少長皆斬之。梟后及安樂公主首於東市。翌日，敕收后屍，葬以一品之禮，追貶爲庶人；安樂公主葬以三品之禮，追貶爲悖逆庶人。

中宗上官昭容名婉兒，西臺侍郎儀之孫也。父庭芝，與儀同被誅，婉兒時在襁褓，隨母配入掖庭。及長，有文詞，明習吏事。則天時，婉兒忤旨當誅，則天惜其才不殺，但黥其面而已。自聖曆已後，百司表奏，多令參決。中宗即位，又令專掌制命，深被信任。尋拜爲昭容，封其母鄭氏爲沛國夫人。婉兒既與武三思淫亂，每下制敕，多因事推尊武氏而排抑皇家。節愍太子深惡之，及舉兵，至肅章門，扣閤索婉兒。婉兒大言曰：「觀其此意，即當次索皇后以及大家。」帝與后遂激怒，并將婉兒登玄武門樓以避兵鋒，俄而事定。

婉兒常勸廣置昭文學士，盛引當朝詞學之臣，數賜遊宴，賦詩唱和。婉兒每代帝及后、長寧安樂二公主，數首並作，辭甚綺麗，時人咸諷誦之。婉兒又通於吏部侍郎崔湜，引知政事。湜嘗充使開商山新路，功未半而中宗崩，婉兒草遺制，曲敍其功而加褒賞。及韋庶人敗，婉兒亦斬於旗下。玄宗令收其詩筆，撰成文集二十卷，令張說爲之序。初，婉兒在孕時，其母夢人遺己大秤，占者曰：「當生貴子，而秉國權衡。」既生女，聞者嗤其無效，及婉兒專秉內政，果如占者之言。

睿宗肅明順聖皇后劉氏，刑部尚書德威之孫也。父延景，陝州刺史，景雲元年，追贈尚書右僕射、沛國公。儀鳳中，睿宗居藩，納后爲孺人，尋立爲妃，生寧王憲、壽昌代國二公主。文明元年睿宗卽位，册爲皇后；及降爲皇嗣，后從降爲妃。長壽中，與昭成皇后同被譖，爲則天所殺。景雲元年，追謚肅明皇后，招魂葬於東都城南，陵曰惠陵。睿宗崩，遷祔橋陵。以昭成太后故，不得入太廟配饗，常別祀於儀坤廟。開元二十年，始祔太廟。

睿宗昭成順聖皇后竇氏，將作大匠抗曾孫也。祖誕，大理卿、莘國公；父孝諶，潤州刺史，景雲元年，追贈太尉、邠國公。后姿容婉順，動循禮則，睿宗爲相王時爲孺人，甚見禮異。光宅元年立爲德妃。生玄宗及金仙、玉眞二公主。長壽二年，爲戶婢團兒誣譖與肅明皇后厭蠱咒詛。正月二日，朝則天皇后於嘉豫殿，旣退而同時遇害。梓宮祕密，莫知所在。睿宗卽位，謚曰昭成皇后，招魂葬於都城之南，陵曰靖陵。又立廟於京師，號爲儀坤廟。睿宗崩，后以帝母之重，追尊爲皇太后，謚仍舊，祔葬橋陵，遷神主于太廟。

玄宗廢后王氏，同州下邽人，梁冀州刺史神念之後。上爲臨淄王時，納后爲妃。上將起事，頗預密謀，贊成大業。先天元年，爲皇后，以父仁皎爲太僕卿，累加開府儀同三司、邠國公。后兄守一以后無子，常懼有廢立，導以符厭之事。有左道僧明悟爲祭南北斗，刻霹靂木書天地字及上諱，合而佩之，且祝曰：「佩此有子，當與則天皇后爲比。」事發，上親究之，皆驗。開元十二年秋七月己卯，下制曰：「皇后王氏，天命不祐，華而不實。造起獄訟，朋扇朝廷，見無將之心，有可諱之惡。焉得敬承宗廟，母儀天下，可廢爲庶人，別院安置。刑于家室，有媿昔王，爲國大計，蓋非獲已。」守一賜死。其年十月，庶人卒，以一品禮葬於無相寺。寶應元年，雪免，復尊爲皇后。

玄宗貞順皇后武氏，則天從父兄子恆安王攸止女也。攸止卒後，后尚幼，隨例入宮。上卽位，漸承恩寵。及王庶人廢後，特賜號爲惠妃，宮中禮秩，一同皇后。所生母楊氏，封爲鄭國夫人。同母弟忠，累遷國子祭酒；信，祕書監。惠妃開元初產夏悼王及懷哀王、上仙公主，並襁褓不育，上特垂傷悼。及生壽王瑁，不敢養於宮中，命寧王憲於外養之。又生盛王琦、咸宜太華二公主。惠妃以開元二十五年十二月薨，年四十餘。下制曰：「存有懿範，沒有寵章，豈獨被於朝班，故乃施於亞政，可以垂裕，斯爲通典。故惠妃武氏少而婉順，長而賢明，行合禮經，言應圖史。承戚里之華胄，昇後庭之峻秩，貴而不恃，謙而益光；以道飭躬，以和逮下，四德粲其兼備，六宮咨而是則。法度在己，靡資珩珮；躬儉化人，率先絺紘。夙有奇表，將加正位，前後固讓，辭而不受，奄至淪歿，載深感悼。遂使玉衣之慶，不及於生前；象服之榮，徒增於身後。可贈貞順皇后，宜令所司擇日册命。」葬於敬陵。時慶王琮等請制齊衰之服，有司請以忌日廢務，上皆不許之。立廟於京中昊天觀南，乾元之後，祠享亦絕。

玄宗楊貴妃，高祖令本，金州刺史。父玄琰，蜀州司戶。妃早孤，養於叔父河南府士曹玄璬。開元初，武惠妃特承寵遇，故王皇后廢黜。二十四年惠妃薨，帝悼惜久之，後庭數千，無可意者。或奏玄琰女姿色冠代，宜蒙召見。時妃衣道士服，號曰太眞。既進見，玄宗大悅。不期歲，禮遇如惠妃。太眞姿質豐豔，善歌舞，通音律，智算過人。每倩盼承迎，動移上意。宮中呼爲「娘子」，禮數實同皇后。有姊三人，皆有才貌，玄宗並封國夫人之號：長曰大姨，封韓國；三姨，封虢國；八姨，封秦國。並承恩澤，出入宮掖，勢傾天下。天寶初，進册貴妃。妃父玄琰，累贈太尉、齊國公；母封涼國夫人；叔玄珪，光祿卿。再從兄銛，鴻臚卿；錡，侍御史，尚武惠妃女太華公主，以母愛，禮遇過於諸公主，賜甲第，連於宮禁。韓、虢、秦三夫人與銛、錡等五家，每有請託，府縣承迎，峻如詔敕，四方賂遺，其門如市。

五載七月，貴妃以微譴送歸楊銛宅，比至亭午，上思之不食。高力士探知上旨，請送貴妃院供帳、器玩、廩餼等辦具百餘車，上又分御饌以送之。帝動不稱旨，暴怒笞撻左右。力士伏奏請迎貴妃歸院。是夜，開安興里門入內，妃伏地謝罪，上歡然慰撫。翌日，韓、虢進食，上作樂終日，左右暴有賜與。自是寵遇愈隆。韓、虢、秦三夫人歲給錢千貫，爲脂粉之資。銛授三品、上柱國，私第立戟。姊妹昆仲五家，甲第洞開，僭擬宮掖，車馬僕御，照耀京邑，遞相夸尚。每構一堂，費踰千萬計，見制度宏壯於己者，即徹而復造，土木之工，不捨晝夜。玄宗頒賜及四方獻遺，五家如一，中使不絕。開元已來，豪貴雄盛，無如楊氏之比也。玄宗凡有遊幸，貴妃無不隨侍，乘馬則高力士執轡授鞭。宮中供貴妃院織錦刺繡之工，凡七百人，其雕刻鎔造，又數百人。揚、益、嶺表刺史，必求良工造作奇器異服，以奉貴妃獻賀，因致擢居顯位。玄宗每年十月幸華清宮，國忠姊妹五家扈從，每家爲一隊，著一色衣，五家合隊，照映如百花之焕發，而遺鈿墜舄，瑟瑟珠翠，璨瓓芳馥於路。而國忠私於虢國而不避雄狐之刺，每入朝或聯鑣方駕，不施帷幔。每三朝慶賀，五鼓待漏，靘妝盈巷，蠟炬如晝。而十宅諸王百孫院婚嫁，皆因韓、虢爲紹介，仍先納賂千貫，而奏請罔不稱旨。

天寶九載，貴妃復忤旨，送歸外第。時吉温與中貴人善，温入奏曰：「婦人智識不遠，有忤聖情，然貴妃久承恩顧，何惜宮中一席之地，使其就戮，安忍取辱於外哉！」上卽令中使張韜光賜御饌，妃附韜光泣奏曰：「妾忤聖顔，罪當萬死。衣服之外，皆聖恩所賜，無可遺留，然髮膚是父母所有。」乃引刀翦髮一繚附獻。玄宗見之驚惋，卽使力士召還。國忠既居宰執，兼領劍南節度，勢漸恣横。十載正月望夜，楊家五宅夜遊，與廣平公主騎從爭西市門。楊氏奴揮鞭及公主衣，公主墮馬，駙馬程昌裔扶公主，因及數撾。公主泣奏之，上令殺楊氏奴，昌裔亦停官。國忠二男昢、暄，妃弟鑑皆尙公主，楊氏一門尙二公主、二郡主。貴妃父祖立私廟，玄宗御製家廟碑文幷書。玄珪累遷至兵部尙書。

天寶中，范陽節度使安祿山大立邊功，上深寵之。祿山來朝，帝令貴妃姊妹與祿山結爲兄弟。祿山母事貴妃，每宴賜，錫賚稠沓。及祿山叛，露檄數國忠之罪。河北盜起，玄宗以皇太子爲天下兵馬元帥，監撫軍國事。國忠大懼，諸楊聚哭，貴妃銜土陳請，帝遂不行內禪。及潼關失守，從幸至馬嵬，禁軍大將陳玄禮密啓太子，誅國忠父子。既而四軍不散，玄宗遣力士宣問，對曰「賊本尙在」，蓋指貴妃也。力士復奏，帝不獲已，與妃訣，遂縊死於佛室。時年三十八，瘞於驛西道側。

上皇自蜀還，令中使祭奠，詔令改葬。禮部侍郎李揆曰：「龍武將士誅國忠，以其負國兆亂。今改葬故妃，恐將士疑懼，葬禮未可行。」乃止。上皇密令中使改葬於他所。初瘞時以紫褥裹之，肌膚已壞，而香囊仍在。內官以獻，上皇視之悽惋，乃令圖其形於別殿，朝夕視之。

馬嵬之誅國忠也，虢國夫人聞難作，奔馬至陳倉。縣令薛景仙率人吏追之，走入竹林。先殺其男裴徽及一女。國忠妻裴柔曰：「娘子爲我盡命。」卽刺殺之。已而自刎，不死，縣吏載之，閉於獄中。猶謂吏曰：「國家乎？賊乎？」吏曰：「互有之。」血凝至喉而卒，遂瘞于郭外。韓國夫人婿祕書少監崔峋，女爲代宗妃。虢國男裴徽尚肅宗女延光公主〔四〕，女嫁讓帝男。秦國夫人婿柳澄先死，男鈞尚長清縣主，澄弟潭尚肅宗女和政公主。

校勘記

〔一〕永泰　各本原作「永徽」，據御覽卷一四一、新書卷八三諸帝公主傳改。

〔二〕女時韋也　各本原作「女行」，據本書卷三七五行志、通鑑卷二〇九注補改。

〔三〕均州　各本原作「筠州」，據本書卷七中宗紀、卷八六庶人重福傳、通鑑卷二〇九改。

〔四〕尚肅宗女延光公主　各本原作「尚代宗女延安公主」，據唐會要卷六、新書卷八三諸帝公主傳改。

舊唐書卷五十二

列傳第二

后妃下

玄宗元獻皇后楊氏　肅宗張皇后　肅宗韋妃　肅宗章敬皇后吳氏　代宗睿眞皇后沈氏　代宗崔妃　代宗貞懿皇后獨孤氏　德宗昭德皇后王氏　德宗韋妃　順宗莊憲皇后王氏　憲宗懿安皇后郭氏　憲宗孝明皇后鄭氏　女學士尙宮宋氏　穆宗恭僖皇后王氏　敬宗郭貴妃　穆宗貞獻皇后蕭氏　穆宗宣懿皇后韋氏　武宗王賢妃　宣宗元昭皇后晁氏　懿宗惠安皇后王氏　昭宗積善皇后何氏

玄宗元獻皇后楊氏，弘農華陰人。曾祖士達，隋納言，天授中，以則天母族，追封士達爲鄭王，贈太尉。父知慶，左千牛將軍，贈太尉、鄭國公。

后景雲元年八月，選入太子宮。時太平公主用事，尤忌東宮。宮中左右持兩端，而潛附太平者，必陰伺察，事雖纖芥，皆聞於上，太子心不自安。后時方娠，太子密謂張說曰：「用事者不欲吾多息胤，恐禍及此婦人，其如之何？」密令說懷去胎藥而入。太子於曲室躬自煮藥，醺然似寐，夢神人覆鼎。既寤如夢，如是者三。太子異之，告說。說曰：「天命也，無宜他慮。」既而太平誅，后果生肅宗。太子妃王氏無子，后班在下，后不敢母肅宗。王妃撫鞠，慈甚所生。開元中，肅宗爲忠王，后爲妃，又生寧親公主。張說以舊恩特承寵異，說亦奇忠王儀表，心知運曆所鍾〔一〕，故寧親公主降說子垍。

開元十七年后薨，葬細柳原，玄宗命說爲志文，其銘云：「石獸澀兮綠苔黏，宿草殘兮白露霑。園寢閉兮脂粉膩，不知何年開鏡奩。」二十四年，忠王立爲皇太子。至德元年，肅宗即位於靈武。二載五月，玄宗在蜀，誥曰：「聖人垂範，是推顧復之恩；王者建極，抑有追尊之禮。蓋母以子貴，德以謚尊。故妃弘農楊氏特稟坤靈，久釐陰教。往以纘塗山之慶，降華渚之祥。誕發異圖，載光帝業。而册命猶闕，幽靈尚鬱。夏王繼統，方軫陽城之恩〔二〕；漢后褒榮，庶協昭靈之稱。宜於彼追册爲元獻太后。」寶應二年正月，祔葬泰陵。

肅宗張皇后，本南陽西鄂人，後徙家昭應。祖母竇氏，玄宗母昭成皇太后之妹也。昭成爲天后所殺，玄宗幼失所恃，爲竇姨鞠養。景雲中，封鄧國夫人，恩渥甚隆。其子去惑、去疑、去奢、去逸，皇姨弟也，皆至大官。去盈尙玄宗女常芬公主。去逸生后，天寶中，選入太子宮爲良娣。后弟淸又尙大寧郡主。

后辯惠豐碩，巧中上旨。祿山之亂，玄宗幸蜀，太子與良娣俱從，車駕渡渭，百姓遮道請留太子收復長安。肅宗性仁孝，以上皇播越，不欲違離左右。宦者李靖忠啓太子請留，良娣贊成之，白於玄宗。太子如靈武，時賊已陷京師，從官單寡〔三〕，道路多虞。每太子次舍宿止，良娣必居其前。太子曰：「捍禦非婦人之事，何以居前？」良娣曰：「今大家跋履險難，兵衞非多，恐有倉卒，妾自當之，大家可由後而出，庶幾無患。」及至靈武，產子，三日起縫戰士衣。太子勞之曰：「產忌作勞，安可容易？」后曰：「此非妾自養之時，須辦大家事。」

肅宗卽位，册爲淑妃。贈父太僕卿去逸左僕射，母竇氏封義章縣主，姊李曇妻封淸河郡夫人，妹師師封郕國夫人。乾元元年四月，册爲皇后。弟駙馬都尉淸加特進、太常卿同正，封范陽郡公。皇后寵遇專房，與中官李輔國持權禁中，干預政事，請謁過當，帝頗不悅，無如之何。后於光順門受外命婦朝，親蠶苑中，內外命婦相見，儀注甚盛。先在靈武時，太子弟建寧王倓爲后誣譖而死。自是太子憂懼，常恐后之構禍，乃以恭遜取容，后以建寧之隙，常欲危之。張后生二子：興王佋、定王侗。興王早薨，侗又孩幼，故儲位獲安。

寶應元年四月，肅宗大漸，后與內官朱輝光〔四〕、馬英俊、啖廷瑤、陳仙甫等謀立越王係，矯詔召太子入侍疾。中官程元振、李輔國知其謀，及太子入，二人以難告，請太子在飛龍廄。元振率禁軍收越王，捕朱輝光等。俄而肅宗崩，太子監國，遂移后於別殿，幽崩。誅馬英俊，女道士許靈素配流，山人申大芝賜死，駙馬都尉淸貶硤州司馬，弟延和郡主婿鴻臚卿潛貶郴州司馬，舅鴻臚卿竇履信貶道州刺史。

肅宗韋妃，父元珪，兗州都督。肅宗爲忠王時，納爲孺人，及昇儲位，爲太子妃，生兗王僴、絳王佺、永和公主、永穆公主。天寶中，宰相李林甫不利於太子，妃兄堅爲刑部尙書，林甫羅織，起柳勣之獄，堅連坐得罪，兄弟並賜死。太子懼，上表自理，言與妃情義不睦，請離婚，玄宗慰撫之，聽離。妃遂削髮被尼服，居禁中佛舍。西京失守，妃亦陷賊。至德二年薨於京城。

肅宗章敬皇后吳氏，坐父事沒入掖庭。開元十三年〔五〕，玄宗幸忠王邸，見王服御蕭然，傍無媵侍，命將軍高力士選掖庭宮人以賜之，而吳后在籍中。容止端麗，性多謙抑，寵遇益隆。明年，生代宗皇帝。二十八年薨，葬於春明門外。

代宗卽位之年十二月，羣臣以肅宗山陵有期，準禮以先太后祔陵廟。宰臣郭子儀等上表曰：

儷宸極者，允歸於淑德；謚徽號者，必副於鴻名。當履運而承天，則因心而追往，此先王之明訓，聖人之茂典也。伏惟先太后圓精挺質，方祇稟秀。禎符協於四星，典禮敦於萬國，得元和之正氣，韞霄漢之清英。顧史求箴，道先於壼則；撝謙率禮，教備於中闈。太陰無戾朓之徵，丙殿有祝延之慶。尊敬師傅，佩服禮經，勤於蘋藻之薦，罔貴珩璜之飾。徽音允穆，嘉慶聿彰，憲度輔佐之勞，緝熙玄默之化，足以光昭宗祀，作配紫微。豈嬀虞之風，行於江、漢之域；葛覃之詠，起自岐陽之下。爰膺曆數，作啓聖明，大拯艱難，永淸夷夏。雖復文母成周王之業，慶都誕帝堯之聖，異代同符，彼多慚德。昊蒼不弔，聖善長違。當圓魄之成，玉英早落；有坤儀之美，象服未加。悲懷於先遠之辰，感慟於易名之日。伏以山陵貞兆，良吉有期，虞祔之儀，式資配享。率由故實，敬奉嘉名。謹按謚法：「敬愼高明曰章，法度明大曰章，夙興夜寐曰敬，齊莊中正曰敬。」敢遵先典，仰圖懿德，謹上尊謚曰章敬皇后。

二年三月，祔葬建陵。啓春明門外舊壟，后容狀如生，粉黛如故，而衣皆赭黄色，見者駭異，以爲聖子符兆之先。

后父令珪，寶應初贈太尉；母李氏，贈秦國夫人。叔令瑤，拜太子家令，封馮翊郡公；令瑜，太子右諭德，封濟陰郡公。后兄潊，鴻臚少卿，封鄄城縣公；澄，太子賓客，濮陽縣公；湊，太子詹事，臨濮縣公：並加開府儀同三司。潊位終金吾大將軍，湊位終京兆尹，見外戚傳。

代宗睿眞皇后沈氏，吳興人，世爲冠族。父易直，祕書監。開元末，以良家子選入東宮，賜太子男廣平王。天寶元年，生德宗皇帝。祿山之亂，玄宗幸蜀，諸王、妃、主從幸不及者，多陷於賊，后被拘於東都掖庭。及代宗破賊，收東都，見之，留於宮中，方經略北征，未暇迎歸長安。俄而史思明再陷河洛。及朝義敗，復收東都，失后所在，莫測存亡。代宗遣使求訪，十餘年寂無所聞。德宗卽位，下詔曰：「王者事父孝，故事天明；事母孝，故事地察。則事天莫先於嚴父，事地莫盛於尊親。朕恭承天命以主社稷，執珪璧以事上帝，祖宗克配，園寢永終。而內朝虛位，闕問安之禮，銜悲內惻，憂戀終歲。思欲歷舟車之路，以聽求音問，而主茲重器，莫匪深哀。是用仰稽舊儀，敬崇大號，舉茲禮命，式遵前典。宜令公卿大夫稽度前訓，上皇太后尊號。」

建中元年十一月，遙尊聖母沈氏爲皇太后，陳禮于含元殿庭，如正至之儀。上衮冕出自東序門，立於東方，朝臣班於位，册曰：「嗣皇帝臣名言：恩莫重於顧復，禮莫貴於徽號，上以展愛敬之道，下以正春秋之義，則祖宗之所稟命，臣子之所盡心，尊尊親親，此焉而在。兩漢而下，帝王嗣位，崇奉尊稱，厥有舊章。永惟丕烈，敢墜前典？臣名謹上尊號曰皇太后。」帝再拜，歔欷不自勝，左右皆泣下。仍以睦王述爲奉迎皇太后使，工部尚書喬琳副之，候太后問至，昇平公主宜備起居。於是分命使臣，周行天下。明年二月，吉問至，羣臣稱賀，既而詐妄。自是詐稱太后者數四，皆不之罪，終貞元之世無聞焉。

德宗敦崇外族，贈太后父易直太師，易直父庫部員外郎介福贈太傅，介福父德州刺史士衡贈太保〔六〕，易直第二子祕書少監震贈太尉；時沈氏封贈拜爵者百餘人。貞元七年，詔外曾祖隋陝令沈琳贈司徒，追封徐國公，與外祖贈太師易直等立五廟，以琳爲始，緣祠廟所須，官給。后無近屬，惟族子房爲近，德宗用爲金吾將軍，主沈氏之祀。憲宗即位之年九月，禮儀使奏：「太后沈氏厭代登眞，於今二十七載，大行皇帝至孝惟深，哀思罔極。建中之初，已發明詔，舟車所至，靡不周遍，歲月滋深，迎訪理絕。按晉庾蔚之議，尋求三年之後，又俟中壽而服之。今參詳禮例，伏請以大行皇帝啓攢宮日，百官舉哀於肅章門內之正殿，先令有司造褘衣一副，發哀日令內官以褘衣置於幄。自後宮人朝夕上食，先啓告元陵，次告天地宗廟、昭德皇后廟。上太皇太后謚册〔七〕，造神主，擇日祔於代宗廟。其褘衣備法駕奉迎於元陵祠，復置於代宗皇帝衮衣之右。便以發哀日爲國忌。」詔如奏。其年十一月，册謚曰睿眞皇后，奉神主祔於代宗之室。

代宗崔妃，博陵安平人。父峋，祕書少監；母楊氏，韓國夫人。天寶中，楊貴妃寵幸，即妃之姨母也。時韓國、虢國之寵，冠於戚里。時代宗爲廣平王，故玄宗選韓國之女，嬪于廣平邸，禮儀甚盛。生召王偲。初，妃挾母氏之勢，性頗妬悍，及西京陷賊，母黨皆誅，妃從王至靈武，恩顧漸薄，達京而薨。

代宗貞懿皇后獨孤氏，父穎，左威衞錄事參軍，以后貴，贈工部尚書。后以美麗入宮，嬖幸專房，故長秋虛位，諸姬罕所進御。后始册爲貴妃，生韓王迥、華陽公主。華陽聰悟過人，能候上顏色，發言必隨喜愠。上之所賞，則因而美之，上之所惡，則曲以全之，由是鍾愛特異。大曆九年，公主薨，上嗟悼過深，數日不視朝。宰臣等因中使吳承倩附奏，言修短常理，以社稷之重，宜節哀視事。初，公主疾，上令宗師道教，名曰瓊華眞人。及疾亟，上親自臨視，屬纊之際，嚙傷上指，其愛念如此。上旣未聽朝，宰臣等諫曰：「公主夙成神悟，仁眷特鍾，嘗禱必親，已承減膳，幽明遽間，倍軫慈衷。臣等微誠，無由感達。伏惟陛下守累聖之公器，御羣生之重畜，夷百戰之艱患，撫四海之傷殘。虜候爲虞，戎師近警，一言萬務，裁成聖心，得失謬於毫釐，安危存于晷刻。伏慮顧懷猶切，神志未和，衆情以之不寧，臣子以之兢悸。伏願抑周喪之私痛，均品物於至公，下慰黔黎，上安宗社。」上始聽朝。

大曆十年五月貴妃薨，追謚曰貞懿皇后，殯於內殿，累年不忍出宮。十三年十月方葬，命宰臣常衮爲哀册曰：

維大曆十年，歲在辛卯，十月辛酉朔。六日丙寅，貴妃獨孤氏薨。粤明日，追謚曰貞懿皇后，殯于內殿之西階。十三年十月癸酉，乃命門下侍郎、同平章事常衮持節册命，以其月二十五日丁酉，遷座于莊陵，禮也。素紗列位，黼帟周庭，輅升玉綴，軒鞅珠櫺。皇帝悼鸞掖以追懷，感麟迹而增慟，備百禮以殷遣，命六宮而哀送。宗祝薦告，司儀降收，爰詔侍臣，紀垂鴻休。其辭曰：

祚祉悠久，寵靈誕受，元魏戚藩，周、隋帝后。五侯迭興，七貴居右，肇啓皇運，光膺文母。纘女是因，以綱大倫，生知陰教，育我蒸人。瑞雲呈彩，瑤星降神，聰明睿智，婉麗貞仁。惟昔天監，搜求才淑，龍德在田，葛覃于谷。周姜胥宇，漢后推轂；王業惟艱，嬪風已穆。繼文傳聖，嗣徽克令，不曜其光，乃終有慶。祗奉園寢，肅恭靈命，越在哀煢，聿追孝敬。文織絲組，朱綠玄黃，上供祭服，以祀明堂。法度有節，不待珩璜，篇訓之制，自盈縑緗。敍我邦族，風于天下，始於憂勤，協成王化。慈厚諸女，寵臨下嫁，登進賢才，勞謙日夜。服綃示儉，脫簪申誡，訪問後言，讌遊夙退。內和羣娣〔八〕，動有矜誨，外睦諸親，泣辭封拜。闕翟有日，親蠶俟時，忽歸清漢，言復方祇。萬乘悼懷，羣臣慕思，玉衣追慶，金鈿同儀。嗚呼哀哉！

去昭陽兮窅然，乘雲駕兮何在？人代宛兮如舊，炎涼倏兮已改。翠葆森以成列，素旗儼而相待，言從玉兆之貞，永閟瑤華之彩。別長秋之西苑，過望春兮南登，招帝子于北渚，從母后於東陵。下土清兮動金翠，外無像兮中有馮，合簫挽以攢咽，結雲雨之淒凝。吾君感於幽期，俯層亭而望思，慘嬪媛以延佇，極容衞以盡時。搖巾袂兮遠訣，隔軒檻兮羣悲，不復見兮迴御輦，傷如何兮軫睿慈。下蘭皐兮背芷陽，旌悠悠兮野蒼蒼，帶白花兮掩淚，衣玄帉兮斷腸。當盛明兮共樂，忽幽處兮獨傷，去故廷兮日遠，卽新宮兮夜長。襚無文繡之飾，器無珠貝之藏，蓋自我之立制，刑有國之大方。

嗚呼哀哉！

見送往之空歸，歎終焉之如此，方士神兮是與非，甘泉畫兮疑復似。遺音在於玉瑱，陳迹留於金戺，獻萬壽兮無期，存二南之餘美。

帝追思不已，每事欲極哀情。常衮當代才臣，詔爲哀詞，文旨悽悼，覽之者惻然。華陽公主先葬于城東，地卑濕，至是徙葬，祔於莊陵之園，故哀詞云：「招帝子於北渚，從母后于東陵。」乃詔常參官爲挽歌，上自選其傷切者，令挽士歌之。大曆初，后寵遇無雙，以恩澤官其宗屬，叔太常少卿卓爲少府監，后兄良佐太子中允。

德宗昭德皇后王氏，父遇，官至祕書監。德宗爲魯王時，納后爲嬪。上元二年，生順宗皇帝，特承寵異。德宗卽位，册爲淑妃。貞元二年，妃病。十一月甲午，册爲皇后，是日崩於兩儀殿。臨畢，素服視事。既大殮成服，百僚服三日而釋，用晉文明后崩天下發哀三日止之義，上服凡七日而釋。謚曰昭德。初，令兵部侍郎李紓撰謚册文，既進，帝以紓文謂皇后曰「大行皇后」非禮，留中不出。詔翰林學士吳通玄爲之，通玄又云「咨后王氏」，議者亦以爲非，知禮者以貞觀中岑文本撰文德皇后謚册曰「皇后長孫氏」，斯得之矣。五月，葬于靖陵。后母郕國夫人鄭氏請設祭，詔曰：「祭筵不可用假花果，欲祭者從之。」自是宗室諸親及李晟渾瑊、神策六軍大將皆設祭。自啓攢後，日數祭，至發引方止。宰臣韓滉爲哀册。又命宰相張延賞、柳渾撰昭德皇后廟樂章，既進，上以詞句非工，留中不下，令學士吳通玄別撰進。初，后爲淑妃，德宗贈后父遇揚州大都督，遇子果眉州司馬，甥姪拜官者二十餘人。永貞元年十一月，徙靖陵，祔葬于崇陵。

德宗韋賢妃，不知氏族所出。初爲良娣，貞元二年，册爲賢妃。性敏惠，言無苟容，動必由禮，德宗深重之，六宮師其德行。及德宗崩，請於崇陵終喪紀，因侍於寢園。元和四年薨。

順宗莊憲皇后王氏，琅邪人。曾祖思敬，試太子賓客；祖難得，贈潞州都督，封琅邪郡公；父顏，金紫光祿大夫、衞尉卿。后幼以良家子選入宮爲才人，順宗在藩時，代宗以才人賜之，時年十三。大曆十三年，生憲宗皇帝，立爲宣王孺人。順宗升儲，册爲良娣。后言容恭謹，宮中稱其德行。順宗卽位，疾恙未平，后供侍醫藥，不離左右。屬帝不能言，册禮將行復止。及永貞內禪，冊爲太上皇后。元和元年正月，順宗晏駕，五月，尊太上皇后爲皇太后，冊禮畢，憲宗御紫宸殿宣赦。太后居興慶宮。后性仁和恭遜，深抑外戚，無絲毫假貸，訓厲內職，有母儀之風焉。

元和十一年三月，崩於南內之咸寧殿，謚曰莊憲皇后。初，太常少卿韋纁進謚議，公卿署定，欲告天地宗廟。禮院奏議曰：「謹按曾子問：『賤不誄貴，幼不誄長，禮也。』古者天子稱天以誄之，皇后之謚，則讀於廟。江都集禮引白虎通曰：『皇后何所謚之，以爲於廟。』又曰：『皇后無外事，無爲于郊。』傳曰：『故雖天子，必有尊也。』準禮，賤不得誄貴，子不得爵母。所以必謚于廟者，謚宜受成於祖宗，故天子謚成于郊，后妃謚成于廟。今請準禮，集百官連署謚狀訖，讀于太廟，然後上謚於兩儀殿。既符故事，允合禮經。」從之。初稱謚並云莊憲皇太后，禮儀使鄭絪奏議：「秦、漢已來，天子之后稱皇后，母稱皇太后，祖母稱太皇太后，崩亦如之。加『太』字者，所以別尊稱也。國朝典禮，皆依舊制。開元六年正月，太常奏昭成皇太后謚號，以牒禮部，禮部非之。太常報曰：『入廟稱后，義繫於夫；在朝稱太后，義繫於子。』此載於史册，垂之不刊。今百司移牒及奏狀，參詳典故，恐不合除『太』字；如謚册入陵，神主入廟，卽當去之。」其年八月，祔葬于豐陵。后生福王綰、漢陽雲安遂安三公主。后之祖、父、母、弟見外戚傳。

憲宗懿安皇后郭氏，尚父子儀之孫，贈左僕射、駙馬都尉曖之女。母代宗長女昇平公主。憲宗爲廣陵王時，納后爲妃。以母貴，父、祖有大勳於王室，順宗深寵異之。貞元十一年，生穆宗皇帝。元和元年八月，册爲貴妃。八年十二月，百僚拜表請立貴妃爲皇后，凡三上章，上以歲暮，來年有子午之忌，且止。帝後庭多私愛，以后門族華盛，慮正位之後，不容嬖幸，以是册拜後時。元和十五年正月，穆宗嗣位，閏正月，册爲皇太后，陳儀宣政殿庭，册曰：

嗣皇帝臣名再拜言：伏以正坤元，母天下，符至德以昇大號，因景運而飾鴻徽，煥乎前聞，焯彼古訓，以極尊尊親親之義，明因天事地之經，有自來矣。伏惟大行皇帝貴妃，大虹毓慶，霽月披祥，導靈派於昭回，揖殊仁於氣母，範圍百行，表飭六宮，粤在中闈，流宣陰教，輔佐先聖，勤勞庶工。顧以沖眇，遭罹閔凶，荷成命於守器之時，奉寶圖於鑄鼎之日，哀纏易月，痛鉅終天。而四海無虞，萬邦有截，仰惟顧復之德，敢揚聖善之風，謹上尊號曰皇太后。

是日，百僚稱慶，外命婦奉賀光順門。詔皇太后曾祖贈太保，追封岐國公敬之贈太傅，太后父駙馬都尉曖贈太尉，母虢國大長公主贈齊國大長公主，后兄司農卿釗爲刑部尚書、鏦爲金吾大將軍。

太后居興慶宮，帝每月朔望參拜，三朝慶賀，帝自率百官詣門上壽。或遇良辰美景，六宮命婦，戚里親屬，車騎駢噎於南內，鑾珮之音，鏘如九奏。穆宗意頗奢縱，朝夕供御，尤爲華侈。太后嘗幸驪山，登石瓮寺，上命景王率禁軍侍從，帝自於昭應奉迎，遊豫行樂，數日方還。敬宗卽位，尊爲太皇太后。

及寶曆季年，凶徒竊發，昭愍暴殞，內外震駭。宦官迎絳王監國，尋又加害。太皇太后下令曰：「大行皇帝睿哲多能，對越天命，宜荷九廟之重，永享億年之祚。豈謂姦妖竊發，矯專神器，蠱惑中外，扇誘羣情，駭動神人，釁深梟獍。咨爾江王，聰哲精粹，清明在躬，智算機閑，玄謀雷發，躬率義勇，大清醜類，允膺當璧之符，爰據枕戈之憤，旣殲巨逆，當享豐福。是命爾陟于元后，宜令司空、平章事、晉國公度奉册卽皇帝位。」

文宗孝而謙謹，奉祖母有禮，膳羞珍果，蠻夷奇貢，獻郊廟之後，及三宮而後進御。武宗卽位，以后祖母之尊，門地素貴，奉之益隆。旣而宣宗繼統，卽后之諸子也，恩禮愈異於前朝。大中年崩於興慶宮，謚曰懿安皇太后，祔葬於景陵。后歷位七朝，五居太母之尊，人君行子孫之禮，福壽隆貴，四十餘年，雖漢之馬、鄧，無以加焉。識者以爲汾陽社稷之功未泯，復鍾慶於懿安焉。

憲宗孝明皇后鄭氏，宣宗之母也。蓋內職御女之列，舊史殘缺，未見族姓所出、入宮之由。宣宗爲光王時，后爲王太妃；既卽位，尊爲皇太后。會昌六年，后弟光夢車中載日月，光芒燭六合，占者曰：「必暴貴。」月餘，武宗崩，宣宗卽位，光以元舅之尊，檢校戶部尙書、諸衞將軍，出爲平盧節度使。后大中末崩，謚曰孝明。

女學士、尙宮宋氏者，名若昭，貝州淸陽人。父庭芬，世爲儒學，至庭芬有詞藻。生五女，皆聰惠，庭芬始教以經藝，既而課爲詩賦，年未及笄，皆能屬文。長曰若莘，次曰若昭、若倫、若憲、若荀。若莘、若昭文尤淡麗，性復貞素閑雅，不尙紛華之飾。嘗白父母，誓不從人，願以藝學揚名顯親。若莘教誨四妹，有如嚴師。著女論語十篇，其言模倣論語，以韋逞母宣文君宋氏代仲尼，以曹大家等代顏、閔，其間問答，悉以婦道所尙。若昭注解，皆有理致。貞元四年，昭義節度使李抱眞表薦以聞。德宗俱召入宮，試以詩賦，兼問經史中大義，深加賞歎。德宗能詩，與侍臣唱和相屬，亦令若莘姊妹應制。每進御，無不稱善。嘉其節概不羣，不以宮妾遇之，呼爲學士先生。庭芬起家受饒州司馬，習藝館內，敕賜第一區，給俸料。

元和末，若莘卒，贈河內郡君。自貞元七年已後，宮中記注簿籍，若莘掌其事。穆宗復令若昭代司其職，拜尙宮。姊妹中，若昭尤通曉人事，自憲、穆、敬三帝，皆呼爲先生，六宮嬪媛、諸王、公主、駙馬皆師之，爲之致敬。進封梁國夫人。寶曆初卒，將葬，詔所司供鹵簿。敬宗復令若憲代司宮籍。文宗好文，以若憲善屬文，能論議奏對，尤重之。

大和中，神策中尉王守澄用事，委信翼城醫人鄭注、賊臣李訓，干竊時權。訓、注惡宰相李宗閔、李德裕，搆宗閔險邪，爲吏部侍郎時，令駙馬都尉沈𣁋通賂於若憲，求爲宰相。文宗怒，貶宗閔爲潮州司戶，𣁋柳州司馬，幽若憲於外第，賜死。若憲弟姪女婿等連坐者十三人，皆流嶺表。李訓敗，文宗悟其誣搆，深惜其才。若倫、若荀早卒。

穆宗恭僖皇后王氏，越人。父紹卿，婺州金華令。后少入太子宮，元和四年生敬宗。穆宗皇帝立爲妃。長慶四年二月尊爲皇太后。昭愍崇重母族，贈紹卿司空，后母張氏贈趙國夫人。文宗卽位之初，號寶曆太后。大和八年詔：「伏以皇太后與寶曆太后，每有司行遺，稱號未分，禮式非便。稽諸前代，詔令所施，不斥言太后，以宮名爲稱。今寶曆太后居義安殿，宜準故事稱義安太后。」

敬宗郭貴妃，父義，右威衞將軍。長慶末，以姿貌選入太子宮。敬宗即位，爲才人，生晉王普。帝以少年有子，復以才人容德冠絕，特寵異之。贈其父禮部尚書，又以兄環爲少府少監，賜第一區。俄册爲貴妃。及昭愍遇盜，宮闈變起，文宗即位，尤憐晉王，有若己子，故貴妃禮遇不衰。大和二年晉王薨，帝深嗟惜，贈曰悼懷太子。

穆宗貞獻皇后蕭氏，福建人。初，入十六宅爲建安王侍者，元和四年十月，生文宗皇帝。寶曆三年正月，敬宗遇弒，中尉王守澄率兵討賊，迎江王即位。文宗踐祚之日，奉册曰：「嗣皇帝臣名言：古先哲王之有天下也，必以孝敬奉於上，慈惠浹於下，極誠意以厚人倫，思由近以及遠，故自家而刑國。以臣奉嚴慈之訓，承教撫之仁，而長樂尙鬱其鴻名，內朝未崇於正位，則率土臣子，懃懃懇懇，延頸企踵，曷以塞其心乎！是用特舉彝章，式遵舊典，稽首再拜，謹上穆宗睿文惠孝皇帝妃尊號曰皇太后。伏惟與天合德，義申錫慶，允釐陰教，祗修內則。廣六宮之教，參十亂之功，頤神保和，弘覆萬有。」

后因亂去鄉里，自入王邸，不通家問，別時父母已喪，有母弟一人。文宗以母族鮮親，惟舅獨存，詔閩、越連率於故里求訪。有戶部茶綱役人蕭洪，自言有姊流落。估人趙縝引洪見后姊徐國夫人女壻呂璋，夫人亦不能省認，俱見太后，嗚咽不自勝。上以爲復得元舅，遂拜金吾將軍、檢校戶部尙書、河陽懷節度使，遷檢校左僕射、鄜坊節度使。

先是，有自神策兩軍出爲方鎭者，軍中多資其行裝，至鎭三倍償之。時有自左軍出爲鄜坊者，資錢未償而卒于鎭，乃徵錢於洪。宰相李訓雅知洪詐稱國舅，洪懼，請訓兄仲京爲鄜坊從事以彌縫之。洪恃與訓交，不與所償；又徵於卒者之子，洪俾其子接訴於宰相，李訓判絕之。左軍中尉仇士良深銜之。時有閩人蕭本者，復稱太后弟，士良以本上聞，發洪詐假，自鄜坊追洪下獄，御史臺按鞫，具服其僞，詔長流驩州，賜死于路，趙縝、呂璋亦從坐。

洪以僞敗，謂本爲眞，乃拜贊善大夫，賜緋魚，仍追封其曾祖傻爲太保，祖聰爲太傅，父儉爲太師，賜與鉅萬計。本，福建人，太后有眞母弟，孱弱不能自達，本就之，得其家代及內外族屬名諱，復士良保任之，上亦不疑詐妄。本歷衞尉少卿、左金吾將軍。開成二年，福建觀察使唐扶奏，得泉州晉江縣人蕭弘狀〔九〕，自稱是皇太后親弟，送赴闕庭，詔送御史臺按問，事皆僞妄，詔逐還本貫。

開成四年，昭義節度使劉從諫上章，論蕭本僞稱太后弟，云：「今自上及下，異口同音，皆言蕭弘是眞，蕭本是僞。請追蕭弘赴闕，與本證明。若含垢於一時，終取笑於千古。」遂詔御史中丞高元裕、刑部侍郎孫簡、大理卿崔郇三司按弘、本之獄，具，並僞。詔曰：

恭以皇太后族望，承齊、梁之後，僑寓流滯，久在閩中。慶靈鍾集，早歸椒掖，終鮮兄弟，常所咨嗟。朕自臨御已來，便遣尋訪，冀得諸舅，以慰慈顏。而姦濫之徒，探我情抱，因緣州里之近，附會祖先之名，覬幸我國恩，假託我外族。蕭洪之惡迹未遠，蕭本之覆轍相尋，弘之本末，尤更乖戾。三司推鞫，曾無似是之蹤；宰臣參驗，見其難容之狀。文款繼入，留中久之。朕於視膳之時，頻有咨稟，恭聞處分，惟在眞實。丐沐墮桑，既無可驗；鑿空作僞，豈得更容。據其罪狀，合當極法，尙爲含忍，投之荒裔。蕭本除名，長流愛州；蕭弘配流儋州。

初，蕭洪詐稱國舅十數年，兩授旄鉞，寵貴崇於天下。蕭本因士良鄉導，發洪之詐，聯歷顯榮。及從諫奏論，僞迹難掩，而太后終不獲眞弟。

文宗孝義天然，大和中，太皇太后居興慶宮，寶曆太后居義安殿，皇太后居大內，時號「三宮太后」。上五日參拜，四節獻賀，皆由複道幸南內，朝臣命婦詣宮門起居，上尤執禮，造次不失。有司嘗獻新苽、櫻桃，命獻陵寢宗廟之後，中使分送三宮、十宅。初，有司送三宮物，一例稱賜。帝曰：「物上三宮，安得名賜？」遽取筆塗籍，改「賜」爲「奉」。開成中正月望夜，帝於咸泰殿陳燈燭，奏仙韶樂，三宮太后俱集，奉觴獻壽，如家人禮，諸親王、公主、駙馬、戚屬皆侍宴。上性恭儉，延安公主衣裾寬大，卽時遣還，罰駙馬竇澣兩月賜錢。武宗卽位，供養彌謹。蕭太后徙居積慶殿，號積慶太后。會昌中崩，謚曰貞獻。

穆宗宣懿皇后韋氏，武宗昭肅皇帝之母也。事闕

武宗王賢妃。事闕

宣宗元昭皇后晁氏，懿宗皇帝之母也。事闕

懿宗惠安皇后王氏，僖宗皇帝之母也。事闕

昭宗積善皇后何氏，東蜀人。入侍壽王邸，婉麗多智，特承恩顧，生德王、輝王。昭宗卽位，立爲淑妃。乾寧中，車駕在華州，册爲皇后。國家自乾符已後，盜滿天下，妖生九重，宮廟榛蕪，奔播不暇。景福之際，姦臣內侮，后於蒙塵薄狩之中，嘗膳禦侮，不離左右。左

闕、右輔之幸，時事危迫，后消息撫御，終獲保全。自岐下還京，崔胤盡誅黄門宦官，每宣諭宰臣，但令宮嬪來往。是時國命奪於朱氏，左右前後，皆是汴人，宮中動息，雖纖芥必聞于朱全忠。宮人常懷惴慄，帝后垂泣相視。

天祐初，全忠逼遷輿駕，東幸洛陽。其年八月，昭宗遇弑。翌日，宰相柳璨、獨孤損等詐宣皇后令云：「帝爲宮人害，輝王祚宜昇帝位。」仍尊后爲皇太后。遭罹變故，迫以凶威，宮中哭泣，不敢聲聞于外。明年十二月，全忠將僭位，先行九錫，然後受禪。全忠牙將蔣玄暉在洛陽宮知樞密，與太常卿張廷範私議云：「山西、河北未平，禪代無利，請俟盪定。」欲有咨諫。宣徽副使趙殷衡素與張、蔣不協，且欲代知樞密事，因使于梁，誣告云：「玄暉私於何太后，相與盟詛，誓復唐室，不欲王受九錫。」全忠大怒，卽日遣使至洛陽，誅玄暉、廷範、柳璨等，太后亦被害於積善宮，又殺宮人阿秋、阿虔，仍廢太后爲庶人。

贊曰：坤德旣軌，彤管有煒。韋、武喪邦，毒侔蛇虺。陰教斯僻，嬪風寖毀。賢哉長孫，母儀何偉。

校勘記

〔一〕心知運曆所鍾　「心」字各本原作「必」，據御覽卷一四一改。

〔二〕陽城　各本原作「陽城」，全唐文卷三八作「陽城」，史記卷二夏本紀：禹辭辟舜之子商均於陽城。全唐文是，據改。

〔三〕從官單寡　「寡」字各本原作「寮」，據御覽卷一四一、通鑑卷二一八改。

〔四〕朱輝光　本書卷一一代宗紀、通鑑卷二二二作「朱光輝」。

〔五〕開元十三年　「十」字上各本原有「二」字。按下文云「明年，生代宗皇帝」，代宗生于開元十四年，則此當作十三年，故删去「二」字。

〔六〕易直父庫部員外郎介福贈太傅介福父德州刺史士衡贈太保　兩「父」字各本原均作「子」，據册府卷三〇三、新書卷七七后妃傳下改。

〔七〕上太皇太后謚册　「上」字各本原無，據唐會要卷三、新書卷七七后妃傳補。

〔八〕內和羣娣　「和」字各本原作「加」，據唐文粹卷三二改。

〔九〕晉江縣人　「人」字各本原作「令」，校勘記卷三二云：「令」當作「人」，新書作泉州男子，則知「令」爲「人」之誤。據改。

舊唐書卷五十三

列傳第三

李密

李密字玄邃，本遼東襄平人。魏司徒弼曾孫，後周賜弼姓徒何氏。祖曜，周太保、魏國公；父寬，隋上柱國、蒲山公：皆知名當代。徙爲京兆長安人。密以父蔭爲左親侍，嘗在仗下，煬帝顧見之，退謂許公宇文述曰：「向者左仗下黑色小兒爲誰？」許公對曰：「故蒲山公李寬子密也。」帝曰：「箇小兒視瞻異常，勿令宿衞。」他日，述謂密曰：「弟聰令如此，當以才學取官，三衞叢脞，非養賢之所。」密大喜，因謝病，專以讀書爲事，時人希見其面。嘗欲尋包愷，乘一黃牛，被以蒲韉，仍將漢書一帙掛於角上，一手捉牛靷，一手翻卷書讀之。尚書令、越國公楊素見於道，從後按轡躡之，既及，問曰：「何處書生，耽學若此？」密識越公，乃下牛再拜，自言姓名。又問所讀書，答曰：「項羽傳。」越公奇之，與語大悅，謂其子玄感等曰：「吾觀李密識度，汝等不及。」於是玄感傾心結託。

大業九年，煬帝伐高麗，使玄感於黎陽監運。時天下騷動，玄感將謀舉兵，潛遣人入關迎密，以爲謀主。密至，謂玄感曰：「今天子出征，遠在遼外，地去幽州，懸隔千里；南有巨海之限，北有胡戎之患，中間一道，理極艱危。今公擁兵出其不意，長驅入薊，直扼其喉。前有高麗，退無歸路，不過旬朔，賫糧必盡。舉麾一召，其衆自降，不戰而擒，此計之上也。關中四塞，天府之國，有衞文昇，不足爲意。若經城勿攻，西入長安，掩其無備，天子雖還，失其襟帶。據險臨之，固當必克，萬全之勢，此計之中也。若隨近逐便，先向東都，頓堅城之下，勝負殊未可知，此計之下也。」玄感曰：「公之下計，乃上策也。今百官家口，並在東都，若不取之，安能動物？且經城不拔，何以示威？」密計遂不行。

玄感旣至東都，頻戰皆捷，自謂天下響應，功在朝夕。及獲內史舍人韋福嗣，又委以腹心，是以軍旅之事，不專歸密。福嗣旣非同謀，因戰被執，每設籌畫，皆持兩端。玄感後使作檄文，福嗣固辭不肯。密揣其情，因謂玄感曰：「福嗣旣非同盟，實懷觀望。明公初起大事，而姦人在側，必爲所誤，請斬之以謝衆，方可安輯。」玄感曰：「何至於此！」密知言之不用，退謂所親曰：「楚公好反而不圖勝，如何？吾屬今爲虜矣！」後玄感將西入，福嗣竟亡歸東都。

隋左武衞大將軍李子雄坐事被收，繫送行在所，於路殺使者，亡投玄感，乃勸玄感速稱尊號。玄感問於密，密曰：「昔陳勝自欲稱王，張耳諫而被外；魏武將求九錫，荀彧止而見疏。今者密若正言，還恐追蹤二子；阿諛順意，又非密之本圖。何者？兵起已來，雖復頻捷，至於郡縣，未有從者。東都守禦尙彊，天下救兵益至。公當身先士衆，早定關中，乃欲急自尊崇，何示人不廣也！」玄感笑而止。

及隋將宇文述、來護兒等率軍且至，玄感謂曰：「計將安出？」密曰：「元弘嗣統彊兵於隴右，今可陽言其反，遣使迎公，因此入關，可得紿衆。」因引軍西入。至陝縣，欲圍弘農宮，密諫之曰：「公今詐衆西入，事宜在速，況乃追兵將至，安可稽留！若前不得據關，退無所守，大衆一散，何以自全？」玄感不從，遂圍之，三日不拔，方引而西。至於閿鄉，追兵遂及，玄感敗。密乃間行入關，爲捕者所獲。

時煬帝在高陽，密與其黨俱送帝所，謂其徒曰：「吾等之命，同於朝露，若至高陽，必爲葅醢。今在道中，猶可爲計，安得行就鼎鑊，不規逃避也！」衆然之。其多有金者，密令出示使者曰：「吾等死日，幸用相瘞，其餘卽皆報德。」使者利其金，許之。及出關外，防禁漸弛，密請市酒食，每夜讌飲，諠譁竟夕，使者不以爲意。行至邯鄲，密等七人穿牆而遁。抵平原賊帥郝孝德，孝德不甚禮之，密又捨去。詣淮陽，隱姓名，自稱劉智遠，聚徒敎授。經數月，鬱鬱不得志，爲五言詩曰：「金風蕩初節，玉露凋晚林。此夕窮塗士，鬱陶傷寸心。野平葭葦合，村荒藜藿深。眺聽良多感，徙倚獨霑襟。霑襟何所爲，悵然懷古意。秦俗猶未平，漢道將何冀？樊噲市井徒，蕭何刀筆吏。一朝時運會，千古傳名謚。寄言世上雄，虛生眞可愧。」詩成而泣下數行。時人有怪之者，以告太守趙佗，下縣捕之，密又亡去。

會東郡賊帥翟讓聚黨萬餘人，密往歸之。或有知密是玄感亡將，潛勸讓害之，讓囚密於營外。密因王伯當以策干讓曰：「當今主昏於上，人怨於下，銳兵盡於遼東，和親絕於突厥，方乃巡遊揚、越，委棄京都，此亦劉、項奮起之會。以足下之雄才大略，士馬精勇，席卷二京，誅滅暴虐，則隋氏之不足亡也。」讓深加敬慕，遽釋之。遣說諸小賊，所至皆降。密又說讓曰：「今兵衆既多，糧無所出，若曠日持久，則人馬困弊，大敵一臨，死亡無日矣！未若直取滎陽，休兵館穀，待士勇馬肥，然後與人爭利。」讓以爲然。自是破金隄關，掠滎陽諸縣城堡，多下之。

滎陽太守楊慶及通守張須陁以兵討讓，讓曾爲須陁所敗，聞其來，大懼，將遠避之。密曰：「須陁勇而無謀，兵又驟勝，既驕且狠，可一戰而擒之。公但列陣以待，爲公破之。」讓不得已，勒兵將戰，密分兵千餘人於木林間設伏。讓與戰不利，稍却，密發伏自後掩之，須陁衆潰，與讓合擊，大破之，遂斬須陁於陣。讓於是令密別統所部。密軍陣整肅，凡號令兵士，雖盛夏皆若背負霜雪。躬服儉素，所得金寶皆頒賜麾下，由是人爲之用。尋復說讓曰：「昏主蒙塵，播蕩吳、越，羣兵競起，海內飢荒。明公以英傑之才，而統驍雄之旅，宜當廓清天下，誅剪羣凶，豈可求食草間，常爲小盜而已。今東都士庶，中外離心，留守諸官，政令不一。明公親率大衆，直掩興洛倉，發粟以賑窮乏，遠近孰不歸附？百萬之衆，一朝可集，先發制人，此機不可失也！」讓曰：「僕起隴畝之間，望不至此，必如所圖，請君先發，僕領諸軍便爲後殿。得倉之日，當別議之。」

大業十三年春，密與讓領精兵千人出陽城北，踰方山，自羅口襲興洛倉，破之。開倉恣人所取，老弱襁負，道路不絕，衆至數十萬。隋越王侗遣虎賁郎將劉長恭率步騎二萬五千討密，密一戰破之，長恭僅以身免。讓於是推密爲主，號爲魏公。二月，於鞏南設壇場，即位，稱元年，其文書行下稱行軍元帥魏公府。以房彥藻爲左長史，邴元眞爲右長史，楊得方爲左司馬，鄭德韜爲右司馬。拜翟讓爲司徒，封東郡公。單雄信爲左武候大將軍，徐世勣爲右武候大將軍，祖君彥爲記室，其餘封拜各有差。於是城洛口周迴四十里以居之。

長白山賊孟讓率所部歸密，鞏縣長柴孝和、侍御史鄭頤以鞏縣降密。隋虎賁郎將裴仁基率其子行儼以武牢歸密，拜爲上柱國，封河東郡公。因遣仁基與孟讓率兵三萬餘人襲迴洛倉，破之，入東都，俘掠居人，燒天津橋，東都出兵乘之，仁基等大敗，僅以身免。密復親率兵三萬逼東都，將軍段達、虎賁郎將高毗劉長林等出兵七萬拒之，戰於故都城，隋軍敗走。密復下迴洛倉而據之，大修營壍，以逼東都，仍作書以移郡縣曰：

自元氣肇闢，厥初生人，樹之帝王，以爲司牧。是以羲、農、軒、頊之后，堯、舜、禹、湯之君，靡不祗畏上玄，愛育黔首，乾乾終日，翼翼小心，馭朽索而同危，履春冰而是懼。故一物失所，若納隍而愧之；一夫有罪，遂下車而泣之。謙德軫於責躬，憂勞切於罪己。普天之下，率土之濱，蟠木距於流沙，瀚海窮於丹穴，莫不鼓腹擊壤，鑿井耕田，治致昇平，驅之仁壽。是以愛之如父母，敬之若神明，用能享國多年，祚延長世。未有暴虐臨人，克終天位者也。

隋氏往因周末，預奉綴衣，狐媚而圖聖寶，胠篋以取神器。及纘承負扆，狼虎其心，始曀明兩之暉，終干少陽之位。先皇大漸，侍疾禁中，遂爲梟獍，便行鴆毒。禍深於莒僕，釁酷於商臣，天地難容，人神嗟憤。州吁安忍，閼伯日尋，劍閣所以懷凶，晉陽所以興亂，甸人爲罄，淫刑斯逞。夫九族既睦，唐帝闡其欽明；百世本枝，文王表其光大。況復隳壞盤石，剿絕維城，脣亡齒寒，寧止虞、虢，欲其長久，其可得乎！其罪一也。

禽獸之行，在於聚麀，人倫之體，別於內外。而蘭陵公主逼幸告終，誰謂獸首之賢，翻見齊襄之恥。逮於先皇嬪御，並進鋃鐺；諸王子女，咸貯金屋。牝雞鳴於詰旦，雄雉恣其羣飛，袒衣戲陳侯之朝，穹廬同冒頓之寢。爵賞之出，女謁遂成，公卿宣淫，無復綱紀。其罪二也。

平章百姓，一日萬機，未曉求衣，昃晷不食。大禹不貴於尺璧，光武不隔於支體，以是憂勤，深慮幽枉。而荒湎于酒，俾晝作夜，式號且呼，甘嗜聲伎，常居窟室，每藉糟丘。朝謁罕見其身，羣臣希覩其面，斷決自此不行，敷奏於是停擁。中山千日之飲，酩酊無名；襄陽三雅之盃，留連詎比。又廣召良家，充選宮掖，潛爲九市，親駕四驢，自比商人，見要逆旅。殷辛之譴爲小，漢靈之罪更輕，內外驚心，遐邇失望。其罪三也。

上棟下宇，著在易爻；茅茨采椽，陳諸史籍。聖人本意，惟避風雨，詎待朱玉之華，寧須綈錦之麗。故璿室崇構，商辛以之滅亡；阿房崛起，二世是以傾覆。而不遵古典，不念前章，廣立池臺，多營宮觀，金鋪玉戶，青瑣丹墀，蔽虧日月，隔閡寒暑。窮生人之筋力，罄天下之資財，使鬼尚難爲之，勞人固其不可。其罪四也。

公田所徹，不過十畝；人力所供，纔止三日。是以輕徭薄賦，不奪農時，寧積於人，無藏於府。而科稅繁猥，不知紀極；猛火屢燒，漏卮難滿。頭會箕斂，逆折十年之租；杼軸其空，日損千金之費。父母不保其赤子，夫妻相棄於匡牀，萬戶則城郭空虛，千里則煙火斷滅。西蜀王孫之室，翻同原憲之貧；東海糜竺之家，俄成鄧通之鬼。其罪五也。

古先哲王，卜征巡狩，唐、虞五載，周則一紀。本欲親問疾苦，觀省風謠，乃復廣積薪芻，多備饔餼。年年歷覽，處處登臨，從臣疲弊，供頓辛苦。飄風凍雨，聊竊比於先驅；車轍馬跡，遂周行於天下。秦皇之心未已，周穆之意難窮，宴西母而歌雲，浮東海而觀日。家苦納秸之勤，人阻來蘇之望。且夫天子有道，守在海外，夷不亂華，在德非險。長城之役，戰國所爲，乃是狙詐之風，非關稽古之法。而追蹤秦代，板築更興，襲其基墟，延袤萬里，屍骸蔽野，血流成河，積怨滿於山川，號哭動於天地。其罪六也。

遼水之東，朝鮮之地，禹貢以爲荒服，周王棄而不臣，示以羈縻，達其聲教，苟欲愛人，非求拓土。又強弩末矢，理無穿於魯縞；衝風餘力，詎能動於鴻毛。石田得而無堪，雞肋啖而何用。而恃衆怙力，強兵黷武，惟在并吞，不思長策。夫兵猶火也，不戢將自焚，遂令億兆夷人，隻輪莫返。夫差喪國，實爲黃池之盟；苻堅滅身，良由壽春之役。欲捕鳴蟬於前，不知挾彈在後。復矢相顧，髽而成行，義夫切齒，壯士扼腕。其罪七也。

直言啓沃，王臣匪躬，惟木從繩，若金須礪。唐堯建鼓，思聞獻替之言；夏禹懸韜，時聽箴規之美。而愎諫違卜，蠹賢嫉能，直士正人，皆由屠害。左僕射、齊國公高熲，上柱國、宋國公賀若弼，或文昌上相，或細柳功臣，暫吐良藥之言，翻加屬鏤之賜。龍逢無罪，便遭夏癸之誅；王子何辜，濫被商辛之戮。遂令君子結舌，賢人緘口。指白日而比盛，射蒼天而敢欺，不悟國之將亡，不知死之將至。其罪八也。

設官分職，貴在銓衡，察獄問刑，無聞販鬻。而錢神起論，銅臭爲公，梁冀受黃金之蛇，孟佗薦蒲萄之酒。遂使彝倫攸斁，政以賄成，君子在野，小人在位。積薪居上，同汲黯之言；囊錢不如，傷趙壹之賦。其罪九也。

宣尼有言，無信不立，用命賞祖，義豈食言。自昏主嗣位，每歲行幸，南北巡狩，東西征伐。至如浩亹陪蹕，東都守固，閿鄉野戰，鴈門解圍。自外征夫，不可勝紀，既立功勳，須酬官爵。而志懷翻覆，言行浮詭，危急則勳賞懸授，克定則絲綸不行，異商鞅之頒金，同項王之刓印。芳餌之下，必有懸魚，惜其重賞，求人死力，走丸逆坂，匹此非難。凡百驍雄，誰不讎怨。至於匹夫蕞爾，宿諾不虧，既在乘輿，二三其德。其罪十也。

有一於此，未或不亡。況四維不張，三靈總瘁，無小無大，愚夫愚婦，共識殷亡，咸知夏滅。罄南山之竹，書罪未窮；決東海之波，流惡難盡。是以窮奇災於上國，猰貐暴於中原，三河縱封豕之貪，四海被長蛇之毒，百姓殲亡，殆無遺類，十分爲計，纔一而已。蒼生懍懍，咸憂杞國之崩；赤子嗷嗷，但愁歷陽之陷。且國祚將改，必有常期，六百殷亡之年，三十姬終之世。故讖籙云：「隋氏三十六年而滅。」此則厭德之象已彰，代終之兆先見。皇天無親，惟德是輔。況乃欃槍竟天，申繻謂之除舊；歲星入井，甘公以爲義興。兼朱雀門燒，正陽日蝕，狐鳴鬼哭，川竭山崩。並是宗廟爲墟之妖，荊棘旅庭之事。夏氏則災釁非多，殷人則咎徵更少。牽牛入漢，方知大亂之期；王良策馬，始驗兵車之會。

今者順人將革，先天不違，大誓孟津，陳命景亳，三千列國，八百諸侯，不謀而同辭，不召而自至。轟轟隱隱，如霆如雷，彪虎嘯而谷風生，應龍驤而景雲起。我魏公聰明神武，齊聖廣淵，總七德而在躬，包九功而挺出。周太保、魏公之孫，上柱國、蒲山公之子。家傳盛德，武王承季歷之基；地啓元勳，世祖嗣元皇之業。篤生白水，日角之相便彰；載誕丹陵，大寶之文斯著。加以姓符圖緯，名協歌謠，六合所以歸心，三靈所以改卜。文王厄於羑里，赤雀方來；高祖隱於碭山，彤雲自起。兵誅不道，赤伏至自長安；鋒銳難當，黃星出於梁、宋。九五龍飛之始，天人豹變之初，歷試諸難，大敵彌勇。上柱國、司徒、東郡公翟讓功宣締構，翼亮經綸，伊尹之佐成湯，蕭何之輔高帝。

上柱國、總管、齊國公孟讓，柱國、歷城公孟暢，柱國、絳郡公裴行儼，大將軍、左長史邴元眞等，並運籌千里，勇冠三軍，擊劍則截蛟斷鼇，彎弧則吟猿落鴈。韓、彭、絳、灌，成沛公之基；寇、賈、吳、馮，奉蕭王之業。復有蒙輪挾輈之士，拔距投石之夫，驥馬追風，吳戈照日。

魏公屬當期運，伏兹億兆，躬擐甲冑，跋涉山川，櫛風沐雨，豈辭勞倦。遂起西伯之師，將問南巢之罪，百萬成旅，四七爲名，呼吸則河、渭絕流，叱咤則嵩、華自拔。以此攻城，何城不陷；以此擊陣，何陣不摧。譬猶瀉滄海而灌殘熒，舉崑崙而壓小卵。鼓行而進，百道俱前，以今月二十一日屆於東都。而昏朝文武、留守段達等，昆吾惡稔，飛廉姦佞，久迷天數，敢拒義兵，驅率醜徒，衆有十萬，迴洛倉北，遂來舉斧。於是熊羆角逐，貔虎爭先，因其倒戈之心，乘我破竹之勢，曾未旋踵，瓦解冰銷，坑卒則長平未多，積甲則熊耳爲小。達等助桀爲虐，嬰城自固，梯衝亂舞，徒設九拒之謀；鼓角將鳴，空憑百樓之險。燕巢衞幕，魚遊宋池，殄滅之期，匪朝伊暮。

然興洛、虎牢，國家儲積，我已先據，爲日久矣。既得迴洛，又取黎陽，天下之倉，盡非隋有。四方起義，足食足兵，無前無敵。裴光祿仁基，雄才上將，受脤專征，遐邇攸憑，安危是託，乃識機知變，遷殷事夏。袁謙擒自藍水，張須陁獲在滎陽，竇慶戰沒於淮南，郭詢授首於河北，隋之亡候，聊可知也。清河公房彥藻，近秉戎律，略地東南，師之所臨，風行電擊。安陸、汝南，隨機蕩定；淮安、濟陽，俄然送款。徐圓朗已平魯郡，孟海公又破濟陽，海內英雄，咸來響應。封民贍取平原之境，郝孝德據黎陽之倉，李士雄虎視於長平，王德仁鷹揚於上黨，滑公李景、考功郎中房山基發自臨渝，劉興祖起於白朔〔二〕，崔白駒在潁川起，方獻伯以譙郡來，各擁數萬之兵，俱期牧野之會。滄溟之右，函谷以東，牛酒獻於軍前，壺漿盈於道路。諸君等並衣冠世胄〔三〕，杞梓良才，神鼎靈繹之秋，裂地封侯之始，豹變鵠起，今也其時，鼍鳴鼈應，見機而作，宜各鳩率子弟，共建功名。耿弇之赴光武，蕭何之奉高帝，豈止金章紫綬，華蓋朱輪，富貴以重當年，忠貞以傳奕葉，豈不盛哉！

若隋代官人，同吠堯之犬，尚荷王莽之恩，仍懷蒯聵之祿。審配死於袁氏，不如張郃歸曹〔三〕；范增困於項王，未若陳平從漢。魏公推以赤心，當加好爵，擇木而處，令不自疑。脫猛虎猶豫，舟中敵國，夙沙之人共縛其主，彭寵之僕自殺其君，高官上賞，卽以相授。如闇於成事，守迷不反，崑山縱火，玉石俱焚，爾等噬臍，悔將何及！黃河帶地，明余旦旦之言；皎日麗天，知我勤勤之意。布告海內，咸使聞知。

祖君彥之辭也。

俄而德韜、德方俱死，復以鄭頲爲左司馬，鄭虔象爲右司馬。柴孝和說密曰：「秦地阻山帶河，西楚背之而亡，漢高都之而霸。如愚意者，令仁基守迴洛，翟讓守洛口，明公親簡精銳，西襲長安，百姓孰不郊迎，必當有征無戰。旣克京邑，業固兵強，方更長驅崤函，掃蕩東洛，傳檄指撝，天下可定。但今英雄競起，實恐他人我先，一朝失之，噬臍何及！」密曰：「君之所圖，僕亦思之久矣，誠乃上策。但昏主尙存，從兵猶衆，我之所部，並是山東人，旣見未下洛陽，何肯相隨西入？諸將出於羣盜，留之各競雄雌。若然者，殆將敗矣！」

密恃兵鋒甚銳〔四〕，每入苑與隋軍連戰。會密爲流矢所中，臥於營內，東都復出兵乘之，密衆大潰，棄迴洛倉，歸于洛口。煬帝遣王世充率勁卒五萬擊之，密與戰不利，孝和溺死於洛水，密哭之甚慟。世充營於洛西，與密相拒百餘日，大小六十餘戰。武陽郡丞元寶藏、黎陽賊帥李文相〔五〕、洹水賊帥張昇、淸河賊帥趙君德、平原賊帥郝孝德，並歸於密，共襲破黎陽倉，據之。永安大族周法明舉江、黃之地以附密，齊郡賊帥徐圓朗、任城大俠徐師仁、淮陽太守趙佗皆歸之。

翟讓部將王儒信勸讓爲大冢宰，總統衆務，以奪密之權。讓兄寬復謂讓曰：「天子止可自作，安得與人！汝若不能作，我當爲之。」密聞其言，陰有圖讓之計。會世充列陣而至，讓出拒之，爲世充所擊，讓軍少失利，密與單雄信等率精銳赴之，世充敗走。明日，讓徑至密所，欲爲宴樂，密具饌以待之，其所將左右各分令就食。密引讓入坐，以良弓示讓，讓方引滿，密遣壯士自後斬之，并殺其兄寬及王儒信。讓部將徐世勣爲亂兵所斫，中重瘡，密遽止之，得免，單雄信等頓首求哀，密並釋而慰諭之。於是詣讓營，諭其將士，無敢動者。乃命徐世勣、單雄信、王伯當分統其衆。

未幾，世充襲倉城，密復破之。世充復移營洛北，造浮橋，悉衆以擊密，密與千餘騎拒之，不利而退。世充因薄其城下，密簡銳卒數百人以邀之，世充大潰，爭趣浮橋，溺死者數萬。虎賁郎將楊威、王辯、霍舉、劉長恭、梁德、董智皆沒于陣，世充僅而獲免。其夜，大雨雪，士卒凍死者殆盡。密乘勝陷偃師，於是修金墉城居之，有衆三十餘萬。留守韋津又與密戰於上春門，津大敗，執於陣。將作大匠宇文愷叛東都，降于密。東至海、岱，南至江、淮，郡縣莫不遣使歸密。竇建德、朱粲、楊士林、孟海公、徐圓朗、盧祖尚、周法明等並隨使通表於密勸進，於是密下官屬咸勸密卽尊號，密曰：「東都未平，不可議此。」

及義旗建，密負其強盛，欲自爲盟主，乃致書呼高祖爲兄，請合從以滅隋，大略云欲與高祖爲盟津之會，殪商辛於牧野，執子嬰於咸陽，其旨以弑後主執代王爲意。高祖覽書笑曰：「李密陸梁放肆，不可以折簡致之。吾方安輯京師，未遑東討，卽相阻絕，便是更生一秦。密今適所以爲吾拒東都之兵，守成皋之扼，更求韓、彭，莫如用密。宜卑辭推奬，以驕其志，使其不虞於我。我得入關，據蒲津而屯永豐，阻崤函而臨伊、洛，吾大事濟矣。」令記室温大雅作書報密曰：

頃者，崑山火烈，海水羣飛，赤縣丘墟，黔黎塗炭。布衣戎卒，鋤耰棘矜，爭霸圖王，狐鳴蜂起。翼翼京洛，强弩圍城，膴膴周原，僵屍滿路。主上南巡，泛膠舟而忘返；匈奴北熾，將被髮於伊川。輦上無虞，羣下結舌，大盜移國，莫之敢指。忽焉至此，自貽伊戚，七百之基，窮於二世。周、齊以往，書契以還，邦國淪胥，未有如斯之酷者也。天生蒸民，必有司牧，當今爲牧，非子而誰？老夫年餘知命，願不及此，欣戴大弟，攀鱗附翼。惟冀早應圖籙，以寧兆庶。宗盟之長，屬籍見容；復封於唐，斯榮足矣！殪商辛於牧野，所不忍言；執子嬰於咸陽，非敢聞命。汾、晉左右，尚須安輯，盟津之會，未暇卜期。今日鑾輿南幸，恐同永嘉之勢。顧此中原，鞠爲茂草，興言感歎，實疚于懷。脫知動靜，數遲貽報，未面靈襟，用增勞軫。名利之地，鋒鏑縱橫，深愼垂堂，勉茲鴻業。

密得書甚悅，示其部下曰：「唐公見推，天下不足定也！」於是不虞義師而專意於世充。俄而宇文化及率衆自江都北指黎陽，兵十餘萬，密乃自將步騎二萬拒之。隋越王侗稱尊號，遣使授密太尉、尚書令、東南道大行臺行軍元帥、魏國公，令先平化及，然後入朝輔政。密將與化及相抗，恐前後受敵，因卑辭以報謝焉。化及至黎陽，與密相遇，密知其軍少食，利在急戰，故不與交鋒，又遏其歸路。密遣徐世勣守倉城，化及攻之不能下。密知化及糧且盡，因僞與和，以弊其衆。化及弗之悟，大喜，恣其兵食，冀密饋之。後知其計，化及怒，與密大戰于衞州之童山下，密爲流矢所中，頓於汲縣。化及力竭糧盡，衆多叛之，掠汲縣，北趣魏縣。其將陳智略、張童仁等率所部兵歸于密者前後相繼。初，化及留輜重於東郡，遣其所署刑部尚書王軌守之，至是軌舉郡降密。

密引兵而西，遣使朝于東都，執弑煬帝人于弘達獻越王侗。侗召密入朝，至温縣，聞世充作難而止，乃歸金墉城。時密兵少衣，世充乏食，乃請交易，密初難之，邴元眞好求私利，屢勸密，密遂許焉。初，東都絕糧，兵士歸密者日有數百，至此得食，而降人益少，密方悔而止。密雖據倉而無府庫，兵數戰皆不獲賞，又厚撫初附之兵，由是衆心漸怨。

武德元年九月，世充以其衆五千來決戰，密留王伯當守金墉，自引精兵就偃師，北阻邙山以待之。世充軍至，密遂敗績，裴仁基、祖君彥並爲世充所虜，密與萬餘人馳向洛口。世充圍偃師，守將鄭頲之下兵士劫叛，以城降世充。密將入洛口倉城，邴元眞已遣人潛引世充，密陰知之，不發其事，欲待世充兵半渡洛水，然後擊之。及世充軍至，密候騎不時覺，比將出戰，世充軍已濟矣。密自度不能支，引騎而遁，徑赴武牢，元眞竟以城降於世充。

密將如黎陽，或謂密曰：「殺翟讓之際，徐世勣幾至於死，今向其所，安可保乎？」時王伯當棄金墉，保河陽，密以輕騎自武牢歸之，謂伯當曰：「兵敗矣，久苦諸君！我今自刎，請以謝衆。」伯當抱密，號叫慟絕，衆皆泣，莫能仰視。密復曰：「諸軍幸不相棄，當共歸關中，密身雖愧無功，諸君必保富貴。」其府掾柳奭對曰：「昔盆子歸漢，尚食均輸。明公與唐公同族，兼有疇昔之遇，雖不陪從起義，然而阻東都斷隋歸路，使唐公不戰而據京師，此亦公之功也。」衆咸曰：「然。」密又謂王伯當曰：「將軍室家重大，豈復與孤俱行哉！」伯當曰：「昔漢高誅項，蕭何率子弟以從，伯當恨不昆季盡從，以此爲愧耳。豈以公今日失利，遂輕去就。縱身分原野，亦所甘心。」左右莫不感激，於是從入關者尙二萬人。高祖遣使迎勞，相望於道，密大喜，謂其徒曰：「我有衆百萬，一朝至此，命也。今事敗歸國，幸蒙殊遇，當思竭忠，以事所奉耳！且山東連城數百，知吾至此，遣使招之，盡當歸國。比於竇融，勳亦不細，豈不以一台司見處乎？」及至京師，禮數益薄，執政者又來求賄，意甚不平。尋拜光祿卿，封邢國公。

未幾，聞其所部將帥皆不附世充，高祖使密領本兵往黎陽，招集故時將士，經略世充。時王伯當爲左武衞將軍，亦令爲副。密行至桃林，高祖復徵之，密大懼，謀將叛。伯當頗止之，密不從，因謂密曰：「義士之立志也，不以存亡易心。伯當荷公恩禮，期以性命相報。公必不聽，今祇可同去，死生以之，然終恐無益也。」乃簡驍勇數十人，著婦人衣，戴羃䍦，藏刀裙下，詐爲妻妾，自率之入桃林縣舍。須臾，變服突出，因據縣城，驅掠畜產，直趣南山，乘險而東，遣人馳告張善相，令以兵應接。

時右翊衞將軍史萬寶留鎮熊州，遣副將盛彥師率步騎數千追躡，至陸渾縣南七十里，與密相及。彥師伏兵山谷，密軍半度，橫出擊，敗之，遂斬密，時年三十七。王伯當亦死之，與密俱傳首京師。時李勣爲黎陽總管，高祖以勣舊經事密，遣使報其反狀。勣表請收葬，詔許之。高祖歸其屍，勣發喪行服，備君臣之禮。大具威儀，三軍皆縞素，葬于黎陽山南五里。故人哭之，多有歐血者。邴元眞之降世充也，以爲行臺僕射，鎮滑州。密故將杜才幹恨元眞背密，詐與之會，伏甲斬之，以其首祭于密冢。

單雄信者，曹州人也。翟讓與之友善。少驍健，尤能馬上用槍，密軍號爲「飛將」。密偃師失利，遂降於王世充，署爲大將軍。太宗圍逼東都，雄信出軍拒戰，援槍而至，幾及太宗，徐世勣呵止之，曰：「此秦王也。」雄信惶懼，遂退，太宗由是獲免。東都平，斬於洛陽。

史臣曰：當隋政板蕩，煬帝荒淫，搖動中原，遠征遼海，內無賢臣以匡國，外乏良吏以理民，兩京空虛，兆庶疲弊。李密因民不忍，首爲亂階，心斷機謀，身臨陣敵，據鞏、洛之口，號百萬之師，竇建德輩皆効樂推，唐公給以欣戴，不亦偉哉！及偃師失律，猶存麾下數萬衆，苟去猜忌，疾趣黎陽，任世勣爲將臣，信魏徵爲謀主，成敗之勢，或未可知。至於天命有歸，大事已去，比陳涉有餘矣。始則稱首舉義兵，終乃甘心爲降虜，其爲計也，不亦危乎！又不能委質爲臣，竭誠事上，竟爲叛者，終是狂夫，不取伯當之言，遂及桃林之禍。或以項羽擬之，文武器度即有餘，壯勇斷果則不及。楊素既知密之才幹，合爲王之爪牙，委之癡兒，卒爲謀主，覆族之禍，其宜也哉！

贊曰：烏陽既昇，爝火不息。狂哉李密，始亂終逆。

校勘記

〔一〕白朔　英華卷六四六、全唐文卷一三二作「北朔」。

〔二〕諸君等並衣冠世胄　「君」字各本原作「軍」，據英華卷六四六改。

〔三〕不如張郃歸曹　「郃」字各本原作「洽」，據英華卷六四六改。

〔四〕密恃兵鋒甚銳　「恃」字各本原作「將」，據葉校本改。

〔五〕李文相　「相」字各本原作「柏」，據御覽卷一〇七、新書卷八四李密傳、通鑑卷一八三改。

舊唐書卷五十四

列傳第四

王世充　竇建德

王世充字行滿，本姓支，西域胡人也。寓居新豐。祖支頹耨早死。父收隨母嫁霸城王氏，因冒姓焉，仕至汴州長史。世充頗涉經史，尤好兵法及龜策、推步之術。開皇中，以軍功拜儀同，累轉兵部員外郎。善敷奏，明習法律，然舞弄文法，高下其心。或有駁難之者，世充利口飾非，辭議鋒起，衆雖知其不可而莫能屈。

大業中，累遷江都丞，兼領江都宮監。時煬帝數幸江都，世充善候人主顏色，阿諛順旨，每入言事，帝必稱善。乃雕飾池臺，陰奏遠方珍物，以媚於帝，由是益昵之。世充知隋政將亂，陰結豪俊，多收羣心，有繫獄抵罪，皆枉法出之，以樹私恩。及楊玄感作亂，吳人朱燮、晉陵人管崇起兵江南以應之，自稱將軍，擁衆十餘萬。隋遣將軍吐萬緒、魚俱羅等討之，不克。世充爲其偏將，募江都萬餘人，頻擊破之。每有克捷，必歸功於下，所獲軍實，皆推與士卒，由此人爭爲用，功最居多。

十年，齊郡賊帥孟讓自長白山寇掠諸郡，至盱眙，有衆十餘萬。世充以兵拒之，保都梁山，爲五柵，相持不戰，乃唱言兵走，羸師示弱〔二〕。讓笑曰：「王世充文法小吏，安能領兵？吾今生縛取之，鼓行而入江都。」時百姓皆入壁，野無所掠，賊衆漸餒，又苦柵當其道，不得南侵，卽分兵圍五柵。世充每日擊之，陽不利，走還入柵。如是數日，讓益輕之，乃稍分人於南方抄掠〔三〕，留兵纔足以圍柵。世充知其懈，乃於營中夷竈撤幕，設方陣，四面外向，毁柵而出，奮擊，大破之，讓以數十騎遁去，斬首萬餘級，俘虜十餘萬人。煬帝以世充有將帥才略，復遣領兵討諸小盜，所向盡平。

十一年，突厥圍煬帝於鴈門。世充盡發江都人將往赴難，在軍中蓬首垢面，悲泣無度，曉夜不解甲，藉草而臥。煬帝聞之，以爲忠，益信任之。十二年，遷江都通守。時厭次人格謙爲盜數年，兵十餘萬在豆子䴚中，爲太僕卿楊義臣所殺，世充帥師擊其餘衆，破之。又擊盧明月於南陽，虜獲數萬。後還江都，煬帝大悅，自執杯酒以賜之。及李密攻陷洛口倉，進逼東都，煬帝特詔世充大發兵，於洛口拒密，前後百餘戰，未有勝負。又遣就軍拜世充爲將軍，趣令破賊。世充引軍渡洛水與李密戰，世充軍敗績，溺死者萬餘人，乃率餘衆歸河陽。

時天寒大雪，兵士在道凍死者又數萬人，比至河陽，纔以千數。世充自繫獄請罪，越王侗遣使赦之，徵還洛陽，置營於含嘉倉城，收合亡散，復得萬餘人。

俄而宇文化及作難，太府卿元文都、武衞將軍皇甫無逸、右司郎中盧楚奉越王侗嗣位於東都，拜世充爲吏部尚書，封鄭國公。文都謂楚等曰：「今化及弑逆，讎恥未報，吾雖志在枕戈，而力所不及。爲國計者，莫如以尊官寵李密，以庫物權啗之，使擊化及，令兩賊自鬭，化及既破，而密之兵固亦疲矣。又其士卒得我之賞，居我之官，內外相親，易爲反間，我師養力以乘其弊，則密亦可圖也。」楚等以爲然。卽日遣使拜密爲太尉、尙書令，令討化及。

密遂稱臣奉制，以兵拒化及於黎陽，每戰勝則遣使告捷，衆皆悅。世充獨謂其麾下諸將曰：「文都之輩，刀筆吏耳，吾觀其勢，必爲李密所擒。且吾軍人每與密戰，殺其父兄子弟，前後已多，一旦爲之下，吾屬無類矣！」出言以激怒其衆。文都知而大懼，與楚等謀，因世充入內，伏甲而殺之，期有日矣。納言段達庸懦，恐事不果，遣其女婿張志以楚等謀告世充。其夜，勒兵圍宮城，將軍費曜、田闍等拒戰於東太陽門外，曜軍敗，世充遂攻門而入，無逸以單騎遁走，獲楚殺之。時宮門閉，世充遣人扣門言於侗曰：「元文都等欲執皇帝降于李密，段達知而告臣，臣非敢反，誅反者耳。」初，文都聞變，入奉侗於乾陽殿，陳兵衞之，令將帥乘城以拒難。段達矯侗命，執文都送於世充，至則亂擊而死。達又矯侗命，開門以納世充，世充悉遣人代宿衞者，然後入謁陳謝，曰：「文都等無狀，謀相屠害，事急爲此，不敢背國。」侗與之盟。其日，進拜尚書左僕射，總督內外諸軍事。世充去含嘉城，移居尚書省，專宰朝政。以其兄世惲爲內史令，入居禁中，子弟咸擁兵馬，鎭諸城邑。

未幾，李密破化及還，其勁兵良馬多戰死，士卒疲倦。世充欲乘其弊而擊之，恐人心不一，乃假託鬼神，言夢見周公。乃立祠於洛水，遣巫宣言周公欲令僕射急討李密，當有大功，不則兵皆疫死。世充兵多楚人，俗信妖言，衆皆請戰。世充簡練精勇，得二萬餘人，馬二千餘匹，軍於洛水南。密軍偃師北山上。時密新破化及，有輕世充之心，不設壁壘。世充夜遣三百餘騎潛入北山，伏谿谷中，令軍人秣馬蓐食，遲明而薄密。密出兵應之，陣未成列而兩軍合戰。其伏兵發，乘高而下，馳壓密營，又縱火焚其廬舍，密軍潰，降其將張童仁、陳智略，進下偃師，密走保洛口。初，世充兄世偉及子玄應隨化及至東郡，密得而囚之於城中，至是盡獲之。又執密長史邴元眞妻子、司馬鄭虔象之母及諸將子弟，皆撫慰之，各令潛呼其父兄。世充進兵，次洛口，邴元眞、鄭虔象等舉倉城以應之，密以數十騎走河陽，率餘衆入朝。世充盡收其衆，振旅而還。

侗進拜世充太尉，以尚書省爲其府，備置官屬。世充立三牓於府門之外：一求文才學識堪濟世務者，一求武藝絕人摧鋒陷陣者，一求能理冤枉擁抑不申者。於是上書陳事，日有數百，世充皆躬自省覽，殷勤慰勞。好行小惠，下至軍營騎士，皆飾辭以誘之。當時有識者見其心口相違，頗以懷貳。世充嘗於侗前賜食，還家大嘔吐，疑遇毒所致，自是不復朝請，與侗絕矣。遣雲定興、段達入奏於侗，請加九錫之禮。

二年三月，遂策授相國，總百揆，封鄭王，加九錫備物。有道士桓法嗣者，自言解圖讖，乃上孔子閉房記，畫作丈夫持一竿以驅羊，釋云：「隋，楊姓也。干一者，王字也。王居羊後，明相國代隋爲帝也。」又取莊子人間世、德充符二篇上之，法嗣釋曰：「上篇言『世』，下篇言『充』，此卽相國名矣，明當德被人間，而應符命爲天子也。」世充大悅曰：「此天命也。」再拜受之，卽以法嗣爲諫議大夫。世充又羅取雜鳥，書帛繫其頸，自言符命而散放之。有彈射得鳥來而獻者，亦拜官爵。段達、雲定興等入見於侗曰：「天命不常，鄭王功德甚盛，願陛下揖讓告禪，遵唐、虞之迹。」侗怒曰：「天下者高祖之天下，若隋德未衰，此言不可發，必天命有改，亦何論於禪讓？公等皆是先朝舊臣，忽有斯言，朕復當何所望！」段達等莫不流涕。世充又使人謂曰：「今海內未定，須得長君，待四方乂安，復子明辟。必若前盟，義不違負。」

四月，假爲侗詔策禪位，遣兄世惲廢侗於含涼殿，世充僭卽皇帝位，建元曰開明，國號鄭。先封同姓王隆爲淮陽王，整爲東郡王，楷爲馮翊王，素爲樂安王。次封叔瓊爲陳王；兄世衡爲秦王，世偉爲楚王，世惲爲齊王。又封瓊子辯爲杞王；衡子虔壽爲蔡王；偉子弘烈爲魏王，行本爲荆王，琬爲代王；惲子仁則爲唐王，道誠爲衞王，道詢爲趙王，道稜爲燕王；兄世師子太爲宋王，君度爲越王。立子玄應爲皇太子，封子玄恕爲漢王。世充每聽朝，必殷勤誨諭，言辭重復，千端萬緒，百司奉事，疲於聽受。或輕騎遊歷街衢，亦不清道，百姓但避路而已，按轡徐行，謂百姓曰：「昔時天子深坐九重，在下事情，無由聞徹。世充非貪寶位，本欲救時，今當如一州刺史，每事親覽，當與士庶共評朝政。恐門禁有限，慮致壅塞，今止順天門外置座聽朝。」又令西朝堂受抑屈，東朝堂受直諫。於是獻書上事，日有數百，條疏既煩，省覽難遍，數日後不復更出。

五月，世充禮部尚書裴仁基及其子左輔大將軍行儼、尚書左丞宇文儒童等數十人謀誅世充，復尊立侗。事洩，皆見害，夷其三族。六月，世惲因勸世充害侗，以絕衆望。世充遣其姪行本鴆殺侗，謚曰恭皇帝。其將軍羅士信率其衆千餘人來降。十月，世充率衆東徇地，至于滑州，仍以兵臨黎陽。十一月，竇建德入世充之殷州，殺掠居人，焚燒積聚，以報黎陽之役。

三年二月，世充殿中監豆盧達來降。世充見衆心日離，乃嚴刑峻制，家一人逃者，無少長皆坐爲戮，父子、兄弟、夫妻許其相告而免之。又令五家相保，有全家叛去而隣人不覺者，誅及四隣。殺人相繼，其逃亡益甚。至於樵採之人，出入皆有限數，公私窘急，皆不聊生。又以宮城爲大獄，意有所忌，卽收繫其人及家屬於宮中。又每使諸將出外，亦收其親屬質於宮內。四者相次，不減萬口，旣餒食，餒死者日數十人。世充屯兵不散，倉粟日盡，城中人相食。或握土置瓮中，用水淘汰，沙石沉下，取其上浮泥，投以米屑，作餠餌而食之，人皆體腫而脚弱，枕倚於道路。其尙書郎盧君業、郭子高等皆死於溝壑。

七月，秦王率兵攻之，師至新安，世充鎭堡相次來降。八月，秦王陳兵於青城宮，世充悉兵來拒，隔澗而言曰：「隋末喪亂，天下分崩，長安、洛陽，各有分地，世充唯願自守，不敢西侵。計熊、穀二州，相去非遠，若欲取之，豈非度內？旣敦隣好，所以不然。王乃盛相侵軼，遠入吾地，三崤之道，千里饋糧，以此出師，未見其可。」太宗謂曰：「四海之內，皆承正朔，唯公執迷，獨阻聲教。東都士庶，亟請王師，關中義勇，感恩致力。至尊重違衆願，有斯弔伐。若轉禍來降，則富貴可保，如欲相抗，無假多言。」世充無以報。太宗分遣諸將攻其城鎭，所至輒下。九月，王君廓攻拔世充之轘轅縣，東徇地至管城而還，於是河南州縣相次降附。竇建德自侵殷州之後，與世充遂結深隙，信使斷絕。十一月，竇建德又遣人結好，幷陳救援之意。世充乃遣其兄子琬及內史令長孫安世報聘，且乞師。

四年二月，世充率兵出方諸門，與王師相抗，世充軍敗，因乘勝追之，屯其城門，世充步卒不得入，驚散南走，追斬數千級，虜五千餘人。世充從此不復敢出，但嬰城自守，以待建德之援。三月，秦王擒建德并王琬、長孫安世等于武牢，迴至東都城下以示之，且遣安世入城，使言敗狀。世充惶惑，不知所爲，將潰圍而出，南走襄陽，謀於諸將，皆不答，乃率其將吏詣軍門請降。於是收其府庫，頒賜將士。世充黄門侍郎薛德音以文檄不遜，先誅之。次收世充黨與段達、楊汪、單雄信、陽公卿、郭士衡、郭什柱、董濬、張童仁、朱粲等十餘人，皆戮于洛渚之上。

秦王以世充至長安，高祖數其罪，世充對曰：「計臣之罪，誠不容誅，但陛下愛子秦王許臣不死。」高祖乃釋之。與兄芮、妻、子同徙于蜀，將行，爲讎人定州刺史獨孤修所殺。子玄應及兄世偉等在路謀叛，伏誅。世充自篡位，凡三年而滅。

竇建德，貝州漳南人也。少時，頗以然諾爲事。嘗有鄉人喪親，家貧無以葬，時建德耕於田中，聞而嘆息，遽輟耕牛，往給喪事，由是大爲鄉黨所稱。初，爲里長，犯法亡去，會赦得歸。父卒，送葬者千餘人，凡有所贈，皆讓而不受。

大業七年，募人討高麗，本郡選勇敢尤異者以充小帥，遂補建德爲二百人長。時山東大水，人多流散，同縣有孫安祖，家爲水所漂，妻子餒死。縣以安祖驍勇，亦選在行中。安祖辭貧，白言漳南令，令怒笞之。安祖刺殺令，亡投建德，建德舍之。是歲，山東大饑，建德謂安祖曰：「文皇帝時，天下殷盛，發百萬之衆以伐遼東，尙爲高麗所敗。今水潦爲災，黎庶窮困，而主上不恤，親駕臨遼，加以往歲西征，瘡痍未復，百姓疲弊，累年之役，行者不歸，今重發兵，易可搖動。丈夫不死，當立大功，豈可爲逃亡之虜也。我知高雞泊中廣大數百里，莞蒲阻深，可以逃難，承間而出虜掠，足以自資。旣得聚人，且觀時變，必有大功於天下矣。」安祖然其計。建德招誘逃兵及無產業者，得數百人，令安祖率之，入泊中爲羣盜，安祖自稱將軍。鄃人張金稱亦結聚得百人，在河阻中。蓨人高士達又起兵得千餘人，在淸河界中。時諸盜往來漳南者，所過皆殺掠居人，焚燒舍宅，獨不入建德之閭。由是郡縣意建德與賊徒交結，收繫家屬，無少長皆殺之。建德聞其家被屠滅，率麾下二百人亡歸士達〔三〕。士達自稱東海公，以建德爲司兵。後安祖爲張金稱所殺，其兵數千人又盡歸于建德。自此漸盛，兵至萬餘人，猶往來高雞泊中。每傾身接物，與士卒均執勤苦，由是能致人之死力。

十二年，涿郡通守郭絢率兵萬餘人來討士達。士達自以智略不及建德，乃進爲軍司馬，咸以兵授焉。建德旣初董衆，欲立奇功以威羣賊，請士達守輜重，自簡精兵七千人以拒絢，詐爲與士達有隙而叛之。士達又宣言建德背亡，而取虜獲婦人紿爲建德妻子，於軍中殺之。建德僞遣人遺絢書請降，願爲前驅，破士達以自効。絢信之，卽引兵從建德至長河界，期與爲盟，共圖士達。絢兵益懈而不備，建德襲之，大破絢軍，殺略數千人，獲馬千餘匹，絢以數十騎遁走，遣將追及於平原，斬其首以獻士達。由是建德之勢益振。

隋遣太僕卿楊義臣率兵萬餘人討張金稱，破之於淸河，所獲賊衆皆屠滅，餘散在草澤間者復相聚而投建德。義臣乘勝至平原，欲入高雞泊中，建德謂士達曰：「歷觀隋將，善用兵者唯義臣耳。新破金稱，遠來襲我，其鋒不可當。請引兵避之，令其欲戰不得，空延歲月，將士疲倦，乘便襲擊，可有大功。今與爭鋒，恐公不能敵也。」士達不從其言，因留建德守壁，自率精兵逆擊義臣，戰小勝，而縱酒高宴，有輕義臣之心。建德聞之曰：「東海公未能破賊而自矜大，此禍至不久矣。隋兵乘勝，必長驅至此，人心驚駭，吾恐不全。」遂留人守壁，自率精銳百餘據險，以防士達之敗。後五日，義臣果大破士達，於陣斬之，乘勢追奔，將圍建德。守兵既少，聞士達敗，衆皆潰散。建德率百餘騎亡去，行至饒陽，觀其無守備，攻陷之，撫循士衆，人多願從，又得三千餘兵。

初，義臣既殺士達，以爲建德不足憂。建德復還平原，收士達敗兵之死者，悉收葬焉。爲士達發喪，三軍皆縞素。招集亡卒，得數千人，軍復大振，始自稱將軍。初，羣盜得隋官及山東士子皆殺之，唯建德每獲士人，必加恩遇。初得饒陽縣長宋正本，引為上客，與參謀議。此後隋郡長吏稍以城降之，軍容益盛，勝兵十餘萬人。

十三年正月，築壇場於河間樂壽界中，自稱長樂王，年號丁丑，署置官屬。七月，隋遣右翊衞將軍薛世雄率兵三萬來討之，至河間城南，營於七里井。建德聞世雄至，選精兵數千人伏河間南界澤中，悉拔諸城偽遁，云亡入豆子䴚中。世雄以為建德畏己，乃不設備。建德覘知之，自率敢死士一千人襲擊世雄。會雲霧晝晦，兩軍不辨，隋軍大潰，自相踏藉，死者萬餘，世雄以數百騎而遁，餘軍悉陷。於是建德進攻河間，頻戰不下。其後城中食盡，又聞煬帝被弒，郡丞王琮率士吏發喪，建德遣使弔之，琮因使者請降，建德退舍具饌以待焉。琮率官屬素服面縛詣軍門，建德親解其縛，與言隋亡之事，琮俯伏悲哀，建德亦為之泣。諸賊帥或進言曰：「琮拒我久，殺傷甚衆，計窮方出，今請烹之。」建德曰：「此義士也。方加擢用，以勵事君者，安可殺之。往在泊中共為小盜，容可恣意殺人，今欲安百姓以定天下，何得害忠良乎？」因令軍中曰：「先與王琮有隙者，今敢動搖，罪三族。」卽日授琮瀛州刺史。始都樂壽，號曰金城宮，自是郡縣多下之。

武德元年冬至日，於金城宮設會，有五大鳥降于樂壽，羣鳥數萬從之，經日而去，因改年為五鳳。有宗城人獻玄珪一枚，景城丞孔德紹曰：「昔夏禹膺籙，天錫玄珪。今瑞與禹同，宜稱夏國。」建德從之。先是，有上谷賊帥王須拔自號漫天王〔四〕，擁衆數萬，入掠幽州，中流矢而死。其亞將魏刀兒代領其衆，自號歷山飛，入據深澤，有徒十萬。建德與之和，刀兒因弛守備，建德襲破之，又盡幷其地。

二年，宇文化及僭號於魏縣，建德謂其納言宋正本、內史侍郎孔德紹曰：「吾爲隋之百姓數十年矣，隋爲吾君二代矣。今化及殺之，大逆無道，此吾讎矣，請與諸公討之，何如？」德紹曰：「今海內無主，英雄競逐，大王以布衣而起漳浦，隋郡縣官人莫不爭歸附者，以大王仗順而動，義安天下也。宇文化及與國連姻，父子兄弟受恩隋代，身居不疑之地，而行弑逆之禍，篡隋自代，乃天下之賊也。此而不誅，安用盟主！」建德稱善。卽日引兵討化及，連戰大破之。化及保聊城，建德縱撞車拋石，機巧絕妙，四面攻城，陷之。建德入城，先謁隋蕭皇后，與語稱臣。悉收弑煬帝元謀者宇文智及、楊士覽、元武達、許弘仁、孟景，集隋文武官對而斬之，梟首轅門之外。化及幷其二子同載以檻車，至大陸縣斬之。

建德每平城破陣，所得資財，並散賞諸將，一無所取。又不噉肉，常食唯有菜蔬、脫粟之飯。其妻曹氏不衣紈綺，所使婢妾纔十數人。至此，得宮人以千數，並有容色，應時放散。得隋文武官及驍果尙且一萬，亦放散，聽其所去。又以隋黃門侍郎裴矩爲尙書左僕射，兵部侍郎崔君肅爲侍中，少府令何稠爲工部尙書，自餘隨才拜授，委以政事。其有欲往關中及東都者亦恣聽之，仍給其衣糧，以兵援之，送出其境。攻陷洛州，虜刺史袁子幹。遷都于洛州，號萬春宮。遣使往灌津，祠竇青之墓〔五〕，置守冢二十家。又與王世充結好，遣使朝隋越王侗於洛陽。後世充廢侗自立，乃絕之，始自尊大，建天子旌旗，出警入蹕，下書言詔。追謚隋煬帝爲閔帝，封齊王暕子政道爲鄖公。然猶依倚突厥。隋義城公主先嫁突厥，及是遣使迎蕭皇后，建德勒兵千餘騎送之入蕃，又傳化及首以獻公主。既與突厥相連，兵鋒益盛。

九月，南侵相州，河北大使淮安王神通不能拒，退奔黎陽。相州陷，殺刺史呂珉。又進攻衞州，陷黎陽，左武衞大將軍李世勣、皇妹同安長公主及神通並爲所虜。滑州刺史王軌爲奴所殺，攜其首以奔建德，曰：「奴殺主爲大逆，我何可納之。」命立斬奴，而返軌首於滑州。吏人感之，卽日而降。齊、濟二州及兗州賊帥徐圓朗皆聞風而下。建德釋李世勣，使其領兵以鎭黎州。

三年正月，世勣捨其父而逃歸，執法者請誅之，建德曰：「勣本唐臣，爲我所虜，不忘其主，逃還本朝，此忠臣也，其父何罪！」竟不誅。舍同安長公主及神通於別館，待以客禮。高祖遣使與之連和，建德卽遣公主與使俱歸。嘗破趙州，執刺史張昂、邢州刺史陳君賓、大使張道源等，以侵軼其境，建德將戮之。其國子祭酒凌敬進曰：「夫犬各吠非其主，今鄰人堅守，力屈就擒，此乃忠確士也。若加酷害，何以勸大王之臣乎？」建德盛怒曰：「我至城下，猶迷不降，勞我師旅，罪何可赦？」敬又曰：「今大王使大將軍高士興於易水抗禦羅藝，兵纔至，士興卽降，大王之意復爲可不？」建德乃悟，卽命釋之。其寬厚從諫，多此類也。

又遣士興進圍幽州，攻之不克，退軍於籠火城，爲藝所襲，士興大潰。先是，其大將王伏寶多勇略，功冠等倫，羣帥嫉之。或言其反，建德將殺之，伏寶曰：「我無罪也，大王何聽讒言，自斬左右手乎？」既殺之，後用兵多不利。

九月，建德自帥師圍幽州，藝出兵與戰，大破之，斬首千二百級。藝兵頻勝而驕，進襲其營，建德列陣於營中，塡塹而出，擊藝敗之。建德薄其城，不克，遂歸洺州。其納言宋正本好直諫，建德又聽讒言殺之。是後人以爲誡，無復進言者，由此政教益衰。

先，曹州濟陰人孟海公擁精兵三萬，據周橋城以掠河南之地。其年十一月，建德自率兵渡河以擊之。時秦王攻王世充於洛陽，建德中書舍人劉斌說建德曰：「今唐有關內，鄭有河南，夏居河北，此鼎足相持之勢也。聞唐兵悉衆攻鄭，首尾二年，鄭勢日蹙而唐兵不解。唐強鄭弱，其勢必破鄭，鄭破則夏有齒寒之憂。爲大王計者，莫若救鄭，鄭拒其內，夏攻其外，破之必矣。若却唐全鄭，此常保三分之勢也。若唐軍破後而鄭可圖，則因而滅之，總二國之衆，乘唐軍之敗，長驅西入，京師可得而有，此太平之基也。」建德大悅曰：「此良策矣。」

適會世充遣使乞師于建德，卽遣其職方侍郞魏處繪入朝，請解世充之圍。

四年二月，建德克周橋，虜海公，留其將范願守曹州，悉發海公及徐圓朗之衆來救世充。軍至滑州，世充行臺僕射韓洪開城納之，遂進逼元州、梁州、管州，皆陷之，屯于滎陽。三月，秦王入武牢，進薄其營，多所傷殺，幷擒其將殷秋、石瓚。時世充弟世辨爲徐州行臺，遣其將郭士衡領兵數千人從之，合衆十餘萬，號爲三十萬，軍次成皐，築宮于板渚，以示必戰。又遣間使約世充共爲表裏。經二月，迫於武牢，不得進。秦王遣將軍王君廓領輕騎千餘抄其糧運，獲其大將張青特，虜獲甚衆。

建德數不利，人情危駭，將帥已下破孟海公，皆有所獲，思歸洺州。凌敬進說曰：「宜悉兵濟河，攻取懷州河陽，使重將居守。更率衆鳴鼓建旗，踰太行，入上黨，先聲後實，傳檄而定。漸趨壺口，稍駭蒲津，收河東之地，此策之上也。行此必有三利：一則入無人之境，師有萬全；二則拓土得兵；三則鄭圍自解。」建德將從之，而世充之使長孫安世陰齎金玉啗其諸將，以亂其謀。衆咸進諫曰：「凌敬書生耳，豈可與言戰乎？」建德從之，退而謝敬曰：「今衆心甚銳，此天贊我矣。因此決戰，必將大捷。已依衆議，不得從公言也。」敬固爭，建德怒，扶出焉。其妻曹氏又言於建德曰：「祭酒之言可從，大王何不納也？請自滏口之道，乘唐國之虛，連營漸進，以取山北，又因突厥西抄關中，唐必還師以自救，此則鄭圍解矣。

今頓兵武牢之下，日月淹久，徒爲自苦，事恐無功。」建德曰：「此非女子所知也。且鄭國懸命朝暮，以待吾來，既許救之，豈可見難而退，示天下以不信也？」於是悉衆進逼武牢，官軍按甲挫其銳。

及建德結陣於汜水，秦王遣騎挑之，建德進軍而戰，竇抗當之。建德少却，秦王馳騎深入，反覆四五合，然後大破之。建德中槍，竄於牛口渚，車騎將軍白士讓、楊武威生獲之。先是，軍中有童謠曰：「豆入牛口，勢不得久。」建德行至牛口渚，甚惡之，果敗於此地。

建德所領兵衆，一時奔潰，妻曹氏及其左僕射齊善行將數百騎遁于洺州。餘黨欲立建德養子爲主，善行曰：「夏王平定河朔，士馬精強，一朝被擒如此，豈非天命有所歸也？不如委心請命，無爲塗炭生人。」遂以府庫財物悉分士卒，各令散去。善行乃與建德右僕射裴矩、行臺曹旦及建德妻率僞官屬舉山東之地，奉傳國等八璽來降。七月，秦王俘建德至京師，斬于長安市，年四十九。自起軍至滅，凡六歲，河北悉平。其年，劉黑闥復盜據山東。

史臣曰：世充姦人，遭逢昏主，上則諛佞詭俗以取榮名，下則強辯飾非以制羣論。終行簒逆，自恣陸梁，安忍殺人，矯情馭衆，凡所委任，多是叛亡。出降秦王，不致顯戮，其爲幸也多矣。建德義伏鄉閭，盜據河朔，撫馭士卒，招集賢良。中絕世充，終斬化及，不殺徐蓋，生還神通，沉機英斷，靡不有初。及宋正本、王伏寶被讒見害，凌敬、曹氏陳謀不行，遂至亡滅，鮮克有終矣。然天命有歸，人謀不及。

贊曰：世充簒逆，建德愎諫，二凶即誅，中原弭亂。

校勘記

〔一〕羸師示弱　「示」字各本原作「自」，據冊府卷六九四、新書卷八五王世充傳、通鑑卷一八二改。

〔二〕乃稍分人於南方抄掠　「掠」字各本原無，據通鑑卷一八二補。

〔三〕亡歸士達　「士達」二字各本原無，據新書卷八五竇建德傳、通鑑卷一八一補。

〔四〕自號漫天王　「王」字各本原無，據新書卷八五竇建德傳、通鑑卷一八二補。

〔五〕祠竇青之墓　「竇青」，葉校本作「竇充」。

舊唐書卷五十五

列傳第五

薛舉 子仁杲　李軌　劉武周 苑君璋附　高開道　劉黑闥 徐圓朗

薛舉，河東汾陰人也。其父汪，徙居金城。舉容貌瓌偉，凶悍善射，驍武絕倫，家產鉅萬，交結豪猾，雄於邊朔。初，爲金城府校尉。大業末，隴西羣盜蜂起，百姓飢餒，金城令郝瑗募得數千人，使舉討捕。授甲於郡中，吏人咸集，置酒以饗士。舉與其子仁杲及同謀者十三人〔一〕，於座中劫瑗，矯稱收捕反者，因發兵囚郡縣官，開倉以賑貧乏。自稱西秦霸王，建元爲秦興，封仁杲爲齊公，少子仁越爲晉公。有宗羅睺者，先聚黨爲羣盜，至是帥衆會之，封爲義興公，餘皆以次封拜。掠官收馬，招集羣盜，兵鋒甚銳，所至皆下。

隋將皇甫綰屯兵一萬在枹罕，舉選精銳二千人襲之，與綰軍遇於赤岸，陳兵未戰，俄而風雨暴至。初風逆舉陣，而綰不擊之；忽返風，正逆綰陣，氣色昏昧，軍中擾亂。舉策馬先登，衆軍從之，隋軍大潰，遂陷枹罕。時羌首鍾利俗擁兵二萬在岷山界，盡以衆降舉，兵遂大振。進仁杲爲齊王，授東道行軍元帥；仁越爲晉王，兼河州刺史；羅睺爲義興王，以副仁杲。總兵略地，又克鄯、廓二州，數日間，盡有隴西之地，衆至十三萬。

十三年秋七月，舉僭號於蘭州，以妻鞠氏爲皇后，母爲皇太后，起墳塋，置陵邑，立廟於城南。其月，舉陳兵數萬，出拜墓，禮畢大會。仁杲進兵圍秦州。仁越兵趣劍口，至河池郡，太守蕭瑀拒退之。舉命其將常仲興渡河擊李軌，與軌將李贇大戰于昌松，仲興敗績，全軍陷於軌。及仁杲克秦州，舉自蘭州遷都之。遣仁杲引軍寇扶風郡，汧源賊帥唐弼率衆拒之，兵不得進。初，弼起扶風，立隴西李弘芝爲天子，有徒十萬。舉遣使招弼，弼殺弘芝，引軍從舉。仁杲因弼弛備，襲破之，並有其衆，弼以數百騎遁免。舉勢益張，軍號三十萬，將圖京師。

會義兵定關中，遂留攻扶風。太宗帥師討敗之，斬首數千級，追奔至隴坻而還。舉又懼太宗踰隴追之，乃問其衆曰：「古來天子有降事否？」僞黃門侍郎褚亮曰：「昔越帝趙佗卒歸漢祖，蜀主劉禪亦仕晉朝，近代蕭琮，至今猶貴。轉禍爲福，自古有之。」其衞尉卿郝瑗趣而進曰：「皇帝失問。褚亮之言，又何悖也！昔漢祖屢經敗績，蜀先主亟亡妻子，戰之利害，何代無之，安得一戰不捷，而爲亡國之計也！」舉亦悔之，答曰：「聊發此問，試君等耳。」乃厚賞瑗，引爲謀主。瑗又勸舉連結梁師都，共爲聲勢，厚賂突厥，餌其戎馬，合從并力，進逼京師。舉從其言，與突厥莫賀咄設謀取京師。莫賀咄設許以兵隨之，期有日矣。會都水監宇文歆使于突厥，歆說莫賀咄設止其出兵，故舉謀不行。

武德元年，豐州總管張長遜進擊宗羅睺，舉悉衆來援，軍屯高墌，縱兵虜掠，至于豳、岐之地。太宗又率衆擊之，軍次高墌城，度其糧少，意在速戰，乃命深溝堅壁，以老其師。未及與戰，會太宗不豫，行軍長史劉文靜、殷開山請觀兵於高墌西南，恃衆不設備，爲舉兵掩乘其後。太宗聞之，知其必敗，遽與書責之。未至，兩軍合戰，竟爲舉所敗，死者十五六，大將慕容羅睺、李安遠、劉弘基皆陷于陣。太宗歸于京師，舉軍取高墌，又遣仁杲進圍寧州。郝瑗言於舉曰：「今唐兵新破，將帥並擒，京師騷動，可乘勝直取長安。」舉然之。臨發而舉疾，召巫視之，巫言唐兵爲祟，舉惡之，未幾而死。舉每破陣，所獲士卒皆殺之，殺人多斷舌、割鼻，或碓擣之。其妻性又酷暴，好鞭撻其下，見人不勝痛而宛轉於地，則埋其足，纔露腹背而捶之。由是人心不附。仁杲代董其衆，僞謚舉爲武皇帝，未葬而仁杲滅。

仁杲，舉長子也，多力善騎射，軍中號爲萬人敵。然所至多殺人，納其妻妾。獲庾信子立，怒其不降，磔於猛火之上，漸割以啗軍士。初，拔秦州，悉召富人倒懸之，以醋灌鼻，或杙其下竅，以求金寶。舉每誡之曰：「汝智略縱横，足辦我家事，而傷於苛虐，與物無恩，終當覆我宗社。」舉死，仁杲立於折墌城，與諸將帥素多有隙，及嗣位，衆咸猜懼。郝瑗哭舉悲思，因病不起，自此兵勢日衰。

自劉文靜爲舉所敗後，高祖命太宗率諸軍以擊仁杲，師次高墌，而堅壁不動。諸將咸請戰，太宗曰：「我士卒新敗，銳氣猶少。賊以勝自驕，必輕敵好鬬，故且閉壁以折之。待其氣衰而後奮擊，可一戰而破，此萬全計也。」乃令軍中曰：「敢言戰者斬。」相持者久之。仁杲勇而無謀，兼糧餽不屬，將士稍離，其內史令翟長孫以其衆來降，仁杲妹夫僞左僕射鍾俱仇以河州歸國。太宗知其可擊，遣將軍龐玉擊賊將宗羅睺於淺水原。兩軍酣戰，太宗以勁兵出賊不意，奮擊大破之。乘勝進薄其折墌城，仁杲窮蹙，率僞百官開門降，太宗納之。王師振旅，以仁杲歸於京師，及其首帥數十人皆斬之〔三〕。舉父子相繼僞位至滅，凡五年，隴西平。

李軌字處則，武威姑臧人也。有機辯，頗窺書籍，家富於財，賑窮濟乏，人亦稱之。大業末，爲鷹揚府司馬。時薛舉作亂於金城，軌與同郡曹珍、關謹、梁碩、李贇、安修仁等謀曰：

「薛舉殘暴，必來侵擾，郡官庸怯，無以禦之。今宜同心戮力，保據河右，以觀天下之事，豈可束手於人，妻子分散！」乃謀共舉兵，皆相讓，莫肯爲主。曹珍曰：「常聞圖讖云『李氏當王』。今軌在謀中，豈非天命也。」遂拜賀之，推以爲主。軌令修仁夜率諸胡入內苑城，建旗大呼，軌於郭下聚衆應之，執縛隋虎賁郎將謝統師、郡丞韋士政。軌自稱河西大涼王，建元安樂，署置官屬，並擬開皇故事。初，突厥曷娑那可汗率衆內屬，遣弟闕達度闕設領部落在會寧川中，有二千餘騎，至是自稱可汗，來降于軌。

武德元年冬，軌僭稱尊號，以其子伯玉爲皇太子，長史曹珍爲左僕射。謹等議欲盡殺隋官，分其家產，軌曰：「諸人見逼爲主，便須稟吾處分。義兵之起，意在救焚，今殺人取物，是爲狂賊。立計如此，何以求濟乎！」乃署統師太僕卿，士政太府卿。薛舉遣兵侵軌，軌遣其將李贇擊敗于昌松，斬首二千級，盡虜其衆，復議放還之。贇言於軌曰：「今竭力戰勝，俘虜賊兵，又縱放之，還使資敵，不如盡坑之。」軌曰：「不然。若有天命，自擒其主，此輩士卒，終爲我有。若事不成，留此何益？」遂遣之。未幾，攻陷張掖、燉煌、西平、枹罕，盡有河西五郡之地。

其年，軌殺其吏部尙書梁碩。初，軌之起也，碩爲謀主，甚有智略，衆咸憚之。碩見諸胡種落繁盛，乃陰勸軌宜加防察，與其戶部尙書安修仁由是有隙。又軌子仲琰懷恨，形於辭色，修仁因之構成頤罪，更譖毀之，云其欲反，軌令齎鴆就宅殺焉。是後，故人多疑懼之，心膂從此稍離。

時高祖方圖薛舉，遣使潛往涼州與之相結，下璽書謂之爲從弟。軌大悅，遣其弟懋入朝，獻方物。高祖授懋大將軍，遣還涼州。又令鴻臚少卿張俟德持節册拜爲涼州總管，封涼王，給羽葆鼓吹一部。軌召羣僚廷議曰：「今吾從兄膺受圖籙，據有京邑，天命可知，一姓不宜競立，今去帝號受册可乎？」曹珍進曰：「隋失天下，英雄競逐，稱王號帝，鼎峙瓜分。唐國自據關中，大涼自處河右，已爲天子，奈何受人官爵？若欲以小事大，宜依蕭詧故事，自稱梁帝而稱臣於周。」軌從之。

二年，遣其尚書左丞鄧曉隨使者入朝，表稱皇從弟大涼皇帝臣軌而不受官。時有胡巫惑之曰：「上帝當遣玉女從天而降。」遂徵兵築臺以候玉女，多所糜費，百姓患之。又屬年饑，人相食，軌傾家賑之，私家罄盡，不能周遍。又欲開倉給粟，召衆議之。珍等對曰：「國以人爲本，本既不立，國將傾危，安可惜此倉粟而坐觀百姓之死乎？」其故人皆云，給粟爲便。謝統師等隋舊官人，爲軌所獲，雖被任使，情猶不附。每與羣胡相結，引進朋黨，排軌舊人，因其大餒，欲離其衆。乃詬珍曰：「百姓餓者自是弱人，勇壯之士終不肯困，國家倉粟須備不虞，豈可散之以供小弱？僕射苟悅人情，殊非國計。」軌以爲然，由是士庶怨憤，多欲叛之。

初，安修仁之兄興貴先在長安，表請詣涼州招慰軌。高祖謂曰：「李軌據河西之地，連好吐谷渾，結援於突厥，興兵討擊，尙以爲難，豈單使所能致也？」興貴對曰：「李軌凶強，誠如聖旨。今若諭之以逆順，曉之以禍福，彼則憑固負遠，必不見從。何則？臣於涼州，奕代豪望，凡厥士庶，靡不依附。臣之弟爲軌所信任，職典樞密者數十人，以此候隙圖之，易於反掌，無不濟矣。」高祖從之。

興貴至涼州，軌授以左右衞大將軍，又問以自安之術，興貴諭之曰：「涼州僻遠，人物凋殘，勝兵雖餘十萬，開地不過千里，既無險固，又接蕃戎，戎狄豺狼，非我族類，此而可久，實用爲疑。今大唐據有京邑，略定中原，攻必取，戰必勝，是天所啓，非人力焉。今若舉河西之地委質事之，卽漢家竇融，未足爲比。」軌默然不答，久之，謂興貴曰：「昔吳濞以江左之兵，猶稱己爲『東帝』；我今以河右之衆，豈得不爲『西帝』。彼雖強大，其如予何？君與唐爲計，誘引於我，酬彼恩遇耳。」興貴懼，乃僞謝曰：「竊聞富貴不在故鄉，有如衣錦夜行。今合家子弟並蒙信任，榮慶實在一門，豈敢興心，更懷他志。」

興貴知軌不可動，乃與修仁等潛謀引諸胡衆起兵圖軌，將圍其城，軌率步騎千餘出城拒戰。先時，有薛舉柱國奚道宜率羌兵三百人亡奔于軌，既許其刺史而不授之，禮遇又薄，深懷憤怨。道宜率所部共修仁擊軌，軌敗入城，引兵登陴，冀有外救。興貴宣言曰：「大唐使我來殺李軌，不從者誅及三族！」於是諸城老幼皆出詣修仁。軌歎曰：「人心去矣，天亡我乎！」攜妻子上玉女臺，置酒爲別，修仁執之以聞。時鄧曉尙在長安，聞軌敗，舞蹈稱慶。高祖數之曰：「汝委質於人，爲使來此，聞軌淪陷，曾無慼容，苟悅朕情，妄爲慶躍。旣不能留心於李軌，何能盡節於朕乎？」竟廢而不齒。軌尋伏誅，自起至滅三載，河西悉平。詔授興貴右武候大將軍、上柱國，封涼國公，食實封六百戶，賜帛萬段；修仁左武候大將軍，封中國公，幷給田宅，食實封六百戶。

劉武周，河間景城人。父匡，徙家馬邑。匡嘗與妻趙氏夜坐庭中，忽見一物，狀如雄雞，流光燭地，飛入趙氏懷，振衣無所見，因而有娠，遂生武周。驍勇善射，交通豪俠。其兄山伯每誡之曰：「汝不擇交遊，終當滅吾族也。」數詈辱之。武周因去家入洛，爲太僕楊義臣帳內，募征遼東，以軍功授建節校尉。

還家，爲鷹揚府校尉。太守王仁恭以其州里之雄，甚見親遇，每令率虞候屯於閤下。因與仁恭侍兒私通，恐事泄，又見天下已亂，陰懷異計，乃宣言於郡中曰：「今百姓飢餓，死人相枕於野，王府尹閉倉不恤，豈憂百姓之意乎！」以此激怒衆人，皆發憤怨。武周知衆心搖動，因稱疾不起，鄉閭豪傑多來候問，遂椎牛縱酒大言曰：「盜賊若此，壯士守志，並死溝壑。今倉內積粟皆爛，誰能與我取之？」諸豪傑皆許諾。與同郡張萬歲等十餘人候仁恭視事，武周上謁，萬歲自後而入，斬仁恭於郡廳，持其首出徇郡中，無敢動者。於是開廩以賑窮乏，馳檄境內，其屬城皆歸之，得兵萬餘人。

武周自稱太守，遣使附于突厥。隋鴈門郡丞陳孝意、虎賁將王智辯合兵討之，圍其桑乾鎮。會突厥大至，與武周共擊智辯，隋師敗績。孝意奔還鴈門，部人殺之，以城降于武周。於是襲破樓煩郡，進取汾陽宮，獲隋宮人以賂突厥，始畢可汗以馬報之，兵威益振。乃攻陷定襄，復歸于馬邑。突厥立武周爲定楊可汗，遺以狼頭纛。因僭稱皇帝，以妻沮氏爲皇后，建元爲天興。以衞士楊伏念爲左僕射，妹壻同縣人苑君璋爲內史令。

先是，上谷人宋金剛有衆萬餘人，在易州界爲羣盜，與定州賊帥魏刀兒相表裏。後刀兒爲竇建德所滅，金剛救之，戰敗，率餘衆四千人奔于武周。武周素聞金剛善用兵，得之甚喜，號爲宋王，委以軍事，中分家產遺之。金剛亦深自結納，遂出其妻，請聘武周之妹。又說武周入圖晉陽，南向以爭天下。武周授金剛西南道大行臺，令率兵二萬人侵并州，軍黃蛇鎮。又引突厥之衆，兵鋒甚盛，襲破榆次縣，進陷介州。高祖遣太常少卿李仲文率衆討之，爲賊所執，一軍全沒。仲文後得逃還。復遣右僕射裴寂拒之，戰又敗績。武周進逼，總管齊王元吉委城遁走，武周遂據太原。遣金剛進攻晉州，六日城陷，右驍衞大將軍劉弘基沒于賊。進取澮州，屬縣悉下。

夏縣人呂崇茂殺縣令，自號魏王，以應賊。河東賊帥王行本又密與金剛連和，關中大駭。高祖命太宗益兵進討，屯于柏壁，相持者久之。又命永安王孝基、陝州總管于筠、工部尙書獨孤懷恩、內史侍郎唐儉進取夏縣，不能克，軍于城南。崇茂與賊將尉遲敬德襲破孝基營，諸軍並陷，四將俱沒。敬德還澮州，太宗邀擊於美良川，大破之。敬德與賊將尋相又援王行本於蒲州，太宗復破之於蒲州。高祖親幸蒲津關，太宗自柏壁輕騎謁高祖於行在所。宋金剛遂圍絳州。及太宗還，金剛懼而引退。武周復攻李仲文于浩州，頻戰皆敗，又餽運不屬，賊衆大餒，於是金剛遂遁。太宗復追及金剛于雀鼠谷，一日八戰，皆破之，俘斬數萬人，獲輜重千餘兩。金剛走入介州，王師逼之。金剛尙有衆二萬，出其西門，背城而陣，太宗與諸將力戰破之，金剛輕騎遁走。其驍將尉遲敬德、尋相、張萬歲收其精兵，舉介州及永安來降。武周大懼，率五百騎棄幷州北走，自乾燭谷亡奔突厥。金剛復收其亡散以拒官軍，人莫之從，與百餘騎復奔突厥。太宗進平幷州，悉復故地。未幾，金剛背突厥而亡，將還上谷，爲追騎所獲，腰斬之。武周又欲謀歸馬邑，事洩，爲突厥所殺。武周自初起至死，凡六載。

初，武周引兵南侵，苑君璋說曰：「唐主舉一州之兵，定三輔之地，郡縣影附，所向風靡，此固天命，豈曰人謀。且并州已南，地形險阻，若懸軍深入，恐後無所繼，不如連和突厥，結援唐朝，南面稱孤，足爲上策。」武周不聽，遣君璋守朔州，遂侵汾、晉。及敗，泣謂君璋曰：「恨不用君言，乃至於此！」

武周既死，突厥又以君璋爲大行臺，統其餘衆，仍令郁射設督兵助鎮。高祖遣諭之，君璋部將高滿政謂君璋曰：「夷狄無禮，本非人類，豈可北面事之，不如盡殺突厥以歸唐朝。」君璋不從，滿政因人心夜逼君璋，君璋亡奔突厥。滿政遂以城來降，拜朔州總管，封榮國公。

明年，君璋復引突厥來攻馬邑，滿政死之，君璋盡殺其黨而去，退保恆安。君璋所部稍稍離散，勢蹙請降，高祖許之，遣使賜以金劵。會突厥頡利可汗復遣召之，君璋猶豫未決。其子孝政曰：「劉武周足爲殷鑒。今旣降唐，又歸頡利，取滅之道也。糧儲已盡，人情悉離，如更遲留，變生肘腋。」恆安人郭子威說君璋曰：「恆安之地，王者舊都，山川形勝，足爲險固。突厥方強，爲我脣齒。據此堅城，足觀天下之變，何乃欲降於人也。」君璋然其計，乃執我行人送於突厥，與突厥合軍寇太原之北境。君璋復見頡利政亂，竟率所部來降，拜安州都督，封芮國公，賜實封五百戶。

高開道，滄州陽信人也。少以煮鹽自給，有勇力，走及奔馬。隋大業末，河間人格謙擁兵於豆子䴚，開道往從之，署爲將軍。後謙爲隋師所滅，開道與其黨百餘人亡匿海曲。復出掠滄州，招集得數百人，北掠城鎭，臨渝至于懷遠皆破之，悉有其衆。

武德元年，隋將李景守北平郡，開道引兵圍之，連年不能克。景自度不能支，拔城而去。開道又取其地，進陷漁陽郡，有馬數千匹，衆且萬人，自立爲燕王，都于漁陽。先是，有懷戎沙門高曇晟者，因縣令設齋，士女大集，曇晟與其僧徒五十人擁齋衆而反，殺縣令及鎭將，自稱大乘皇帝，立尼靜宣爲耶輸皇后，建元爲法輪。至夜，遣人招誘開道，結爲兄弟，改封齊王。開道以衆五千人歸之，居數月，襲殺曇晟，悉幷其衆。

三年，復稱燕王，建元，署置百官。羅藝在幽州，爲竇建德所圍，告急於開道，乃率二千騎援之。建德憚其驍銳，於是引去。開道因藝遣使來降，詔封北平郡王，賜姓李氏，授蔚州總管。時幽州大饑，開道許給之粟，藝遣老弱就食，開道皆厚遇之。藝甚悅，不以爲虞，乃發兵三千人、車數百乘、驢馬千餘匹，請粟于開道。悉留之，北連突厥，告絕於藝，復稱燕國。

是歲，劉黑闥入寇山東，開道與之連和，引兵攻易州，不克而退。又遣其將謝稜詐降於藝，請兵援接，藝出兵應之，將至懷戎，稜襲破藝兵。開道又引突厥頻來爲寇，恆、定、幽、易等州皆罹其患。突厥頡利可汗攻馬邑，以開道兵善爲攻具，引之陷馬邑而去。時天下大定，開道欲降，自以數翻復，終恐致罪，又北恃突厥之衆。其將士多山東人，思還本土，人心頗離。

先是，劉黑闥亡將張君立奔於開道，因與其將張金樹潛相結連。時開道親兵數百人，皆勇敢士也，號爲「義兒」，常在閤內。金樹每督兵於閤下。金樹將圖開道，潛令數人入其閤內，與諸義兒陽爲遊戲，至日將夕，陰斷其弓弦，又藏其刀仗，聚其矟於床下。迨暝，金樹以其徒大呼來攻閤下，向所遣人抱義兒矟一時而出，諸義兒遽將出戰，而弓弦皆絕，刀仗已失。君立於外城舉火相應，表裏驚擾。義兒窮蹙，爭歸金樹。開道知不免，於是擐甲持兵坐堂上，與其妻妾樂酣宴。金樹之黨憚其勇，不敢逼。天將曉，開道先縊其妻妾及諸子而後自殺。金樹陳兵，執其義兒皆斬之。又殺張君立，死者五百餘人，遂歸國。開道自初起至滅，凡八歲。以其地爲嬀州。

劉黑闥，貝州漳南人。無賴，嗜酒，好博弈，不治產業，父兄患之。與竇建德少相友善，家貧無以自給，建德每資之。隋末亡命，從郝孝德爲羣盜，後歸李密爲裨將。密敗，爲王世充所虜。世充素聞其勇，以爲騎將。見世充所爲而竊笑之，乃亡歸建德〔三〕，建德署爲將軍，封漢東郡公，令將奇兵東西掩襲。黑闥既遍遊諸賊，善觀時變，素驍勇，多姦詐。建德有所經略，必令專知斥候，常間入敵中覘視虛實，或出其不意，乘機奮擊，多所克獲，軍中號爲神勇。及建德敗，黑闥自匿於漳南，杜門不出。

會高祖徵建德故將范願、董康買、曹湛、高雅賢等將赴長安，願等相與謀曰：「王世充以洛陽降，其下驍將楊公卿〔四〕、單雄信之徒皆被夷滅，我輩若至長安，必無保全之理。且夏王往日擒獲淮安王，全其性命，遣送還之。唐家今得夏王，即加殺害，我輩殘命，若不起兵報讎，實亦恥見天下人物。」於是相率復謀反叛。卜以劉氏爲主吉，共往漳南，見建德故將劉雅告之，且請。雅曰：「天下已平，樂在丘園爲農夫耳。起兵之事，非所願也。」衆怒，殺雅而去。范願曰：「漢東公劉黑闥果敢多奇略，寬仁容衆，恩結於士卒。吾久常聞劉氏當有王者，今舉大事，欲收夏王之衆，非其人莫可。」遂往詣黑闥，以告其意。黑闥大悅，殺牛會衆，舉兵得百餘人，襲破漳南縣。貝州刺史戴元詳、魏州刺史權威合兵擊之，並爲黑闥所敗，元詳及威皆沒于陣。黑闥盡收其器械及餘衆千餘人，於是范願、高雅賢等宿舊左右漸來歸附，衆至二千人。

武德四年七月，設壇於漳南，祭建德，告以舉兵之意，自稱大將軍。淮安王神通、將軍秦武通、王行敏前後討之，皆爲所敗。於是移書趙、魏，其建德將士往往殺官吏以應。黑闥北連懷戎賊帥高開道，兵鋒甚銳，進至宗城，有衆數萬。黎州總管李世勣不能拒，棄城走保洺州。黑闥追擊破之，步卒五千人，皆歿于陣，世勣與武通僅以身免。黑闥又徵王琮爲中書令，劉斌爲中書侍郎，以掌文翰。遣使北連突厥，頡利可汗遣俟斤宋耶那率胡騎從之。黑闥軍大振，進陷相州，半歲悉復建德故地。兗州賊帥徐圓朗舉齊、兗之地以附于黑闥，其勢益張。

五年正月，黑闥至相州，僭稱漢東王，建元爲天造。以范願爲左僕射，董康買爲兵部尙書，高雅賢爲右領軍，又引建德時文武悉復本位，都於洺州。其設法行政，皆師建德，而攻戰勇決過之。於是太宗又自請統兵討之，師次衞州，黑闥數以兵挑戰，輒爲官軍所挫。黑闥懼，委相州，而退保于列人營。時洺水縣人請爲內應，太宗遣總管羅士信入城據守，黑闥又攻陷其城，士信死之，遂據洺州。三月，太宗阻洺水列營以逼之，分遣奇兵，斷其糧道。黑闥又數挑戰，太宗堅壁不應，以挫其鋒。黑闥城中糧盡，太宗度其必來決戰，預擁洛水上流，謂守堤吏曰：「我擊賊之日，候賊半度而決堰。」黑闥果率步騎二萬渡洛水而陣，與官軍大戰，賊衆大潰，水又大至，黑闥衆不得渡，斬首萬餘級，溺死者數千人。黑闥與范願等以千餘人奔于突厥，山東悉定。太宗遂引軍於河南以討徐圓朗。

六月，黑闥復借兵於突厥，來寇山東。七月，至定州，其舊將曹湛、董康買先亡在鮮虞，復聚兵以應黑闥。高祖遣淮陽王道玄、原國公史萬寶討之，戰于下博，王師敗績，道玄死于陣，萬寶輕騎逃還。由是河北諸州盡叛，又降于黑闥，旬日間悉復故城，復都洺州。十一月，高祖遣齊王元吉擊之，遲留不進。又令隱太子建成督兵進討，頻戰大捷。六年二月，又大破之于館陶，黑闥引軍北走。建成與元吉合千餘騎屯於永濟渠，縱騎擊之，黑闥敗走，命騎將劉弘基追之。黑闥爲王師所蹙，不得休息，道遠兵疲，比至饒陽，從者纔百餘人，衆皆餒，入城求食。黑闥所署饒州刺史諸葛德威出門迎拜〔四〕，延之入城。黑闥初不許，德威謬爲誠敬，涕泣固請。黑闥乃進至城傍，德威勒兵執之，送于建成，斬於洺州，山東復定。

徐圓朗者，兗州人也。隋末，亡命爲羣盜，據本郡，縱兵略地，自琅邪已西，北至東平，盡有之，勝兵二萬餘人。仍附於李密，密敗，歸王世充。及洛陽平，歸國，拜兗州總管，封魯郡公。高祖令葛國公盛彥師安輯河南，行至任城。會劉黑闥作亂，潛結於圓朗，因執彥師舉兵應黑闥，自稱魯王。黑闥以圓朗爲大行臺元帥，兗、鄆、陳、杞、伊、洛、曹、戴等八州豪猾皆殺其長吏以應之。太宗平黑闥，進師曹州，遣淮安王神通及李世勣攻之。圓朗數出戰，不利，城內百姓爭踰城降。圓朗窮蹙，與數騎棄城夜遁，爲野人所殺，其地悉平。

史臣曰：薛舉父子勇悍絕倫，性皆好殺，仁杲尤甚，無恩衆叛，雖猛何爲。李軌竊據鷹揚，僭號河西，安隋朝官屬，不奪其財，破李贇甲兵，放還其衆，是其興也。及殺害謀主，崇信妖巫，衆叛親離，其亡也宜哉。武周始爲鼠竊，偶恣鴟張，不用君璋之謀，竟爲突厥所殺。苑君璋及總餘衆，別生異圖，見頡利歸朝，亦是見機者也。黑闥、開道，勇而無謀，顧其行師，祇是狂賊，皆爲麾下所殺，馭衆之道謬哉。

贊曰：國無紀綱，盜興草澤。不有隋亂，焉知唐德。

校勘記

〔一〕仁杲　通鑑卷一八三據太宗實錄及醴泉昭陵石刻等作「仁果」。

〔二〕首帥數十人　「十」字各本原作「千」，據新書卷八六薛舉傳、合鈔卷一〇六薛舉傳改。

〔三〕乃亡歸建德　「亡歸」下各本原有「質其父蓋而使世勣典兵攻新鄉詐以取信遂虜黑闥獻於」二十三字。按：竇建德嘗收李世勣父爲質，見李勣傳，與劉黑闥無關，此二十三字當屬錯簡竄入，今據校勘記卷三三引殿本考證及張宗泰說刪。

〔四〕楊公卿　「楊」字各本原無，據新書卷八六劉黑闥傳補。

〔五〕諸葛德威　「諸」字各本原無，據新書卷八六劉黑闥傳、通鑑卷一九〇補。

舊唐書卷五十六

列傳第六

蕭銑 杜伏威 輔公祏 闞稜 王雄誕 沈法興 李子通 朱粲 林士弘 張善安 羅藝 梁師都 劉季真 李子和

蕭銑，後梁宣帝曾孫也。祖巖，隋開皇初叛隋降於陳，陳亡，爲文帝所誅。銑少孤貧，傭書自給，事母以孝聞。煬帝時，以外戚擢授羅川令。

大業十三年，岳州校尉董景珍、雷世猛，旅帥鄭文秀、許玄徹、萬瓚、徐德基、郭華，沔州人張繡等同謀叛隋。郡縣官屬衆欲推景珍爲主，景珍曰：「吾素寒賤，雖假名號，衆必不從。今若推主，當從衆望。羅川令蕭銑，梁氏之後，寬仁大度，有武皇之風。吾又聞帝王膺籙，必有符命，而隋氏冠帶，盡號『起梁』，斯乃蕭家中興之兆。今請以爲主，不亦應天順人乎？」衆乃遣人諭意，銑大悅，報景珍書曰：「我之本國，昔在有隋，以小事大，朝貢無闕。乃貪我土宇，滅我宗祊，我是以痛心疾首，無忘雪恥。今天啓公等，協我心事，若合符節，豈非上玄之意也。吾當糾率士庶，敬從來請。」即日集得數千人，揚言討賊而實欲相應。遇潁川賊帥沈柳生來寇羅川縣，銑擊之，不利，因謂其衆曰：「岳州豪傑首謀起義，請我爲主。今隋政不行，天下皆叛，吾雖欲獨守，力不自全。且吾先人昔都此地，若從其請，必復梁祚，遣召柳生，亦當從我。」衆皆大悅，卽日自稱梁公，改隋服色，建梁旗幟。柳生以衆歸之，拜爲車騎大將軍，率衆往巴陵。自起軍五日，遠近投附者數萬人。

景珍遣徐德基、郭華率州中首領數百人詣軍迎謁，未及見銑，而前造柳生。柳生謂其下曰：「我先奉梁公，勳居第一。今岳州兵衆，位多於我，我若入城，便出其下。不如殺德基，質其首領，獨挾梁公進取州城〔一〕。」遂與左右殺德基，方詣中軍白銑。銑大驚曰：「今欲撥亂，忽自相殺，我不能爲汝主矣。」乃步出軍門。柳生大懼，伏地請罪，銑責而赦之，令復舊位。銑陳兵入城，景珍進言於銑曰：「徐德基丹誠奉主，柳生凶悖擅殺之，若不加誅，何以爲政？且其爲賊，凶頑已久，今雖從義，不革此心，同處一城，必將爲變。若不預圖，後悔無及。」銑又從之。景珍遂斬柳生於城內，其下將帥皆潰散。

銑於是築壇於城南，燔燎告天，自稱梁王。以有異鳥之瑞，建元爲鳳鳴。義寧二年，僭稱皇帝，署置百官，一準梁故事。僞諡其從父琮爲孝靖帝，祖巖爲河間忠烈王，父璿爲文憲王；封董景珍爲晉王，雷世猛爲秦王，鄭文秀爲楚王，許玄徹爲燕王，萬瓚爲魯王，張繡爲齊王，楊道生爲宋王。隋將張鎮州、王仁壽擊之，不能克。及聞隋滅，鎮州因與甯長眞等率嶺表諸州盡降於銑。九江鄱陽初有林士弘僭號，俄自相誅滅，士弘逃于安成之山洞，其郡亦降於銑。遣其將楊道生攻陷南郡，張繡略定嶺表，東至三硤〔三〕，南盡交阯，北拒漢川，皆附之，勝兵四十餘萬。

武德元年，遷都江陵，修復園廟。引岑文本爲中書侍郎，令掌機密。銑又遣楊道生攻硤州，刺史許紹出兵擊破之，赴水死者大半。高祖詔夔州總管趙郡王孝恭率兵討之，拔其通、開二州，斬僞東平郡王蕭闍提。時諸將橫恣，多專殺戮，銑因令罷兵，陽言營農，實奪將帥之權也。其大司馬董景珍之弟爲僞將軍，怨銑放其兵，遂謀爲亂，事洩，爲銑所誅。時景珍出鎮長沙，銑下書赦之，召還江陵，景珍懼，遣間使詣孝恭送款。銑遣其齊王張繡攻之，景珍謂繡曰：「『前年醢彭越，往年殺韓信』，卿豈不見之乎？奈何今日相攻！」繡不答，進兵圍之。景珍潰圍而走，爲其麾下所殺。銑以繡爲尙書令，繡恃勳驕慢，專恣弄權，銑又惡而殺之。既大臣相次誅戮，故人邊將皆疑懼，多有叛者，銑不能復制，以故兵勢益弱。

四年，高祖命趙郡王孝恭及李靖率巴蜀兵發自夔州，沿流而下；廬江王瑗從襄州道，黔州刺史田世康趣辰州道，黃州總管周法明趣夏口道以圖銑。及大軍將至，銑江州總管蓋彥舉以五州降。又遣其將文士弘等率兵拒戰，孝恭與李靖皆擊破之，進逼其都。初，銑之放兵散也，自留宿衞兵士數千人，忽聞孝恭至而倉卒追兵，並江、嶺之南，道里遼遠，未能相及。孝恭縱兵入郭，布長圍以守之。數日，克其水城，獲其舟船數千艘。其交州總管丘和、長史高士廉、司馬杜之松等先來謁銑，聞兵敗，便詣李靖來降。銑自度救兵不至，謂其羣下曰：「天不祚梁，數歸於滅。若待力屈，必害黎元，豈以我一人致傷百姓？及城未拔，宜先出降，冀免亂兵，幸全衆庶。諸人失我，何患無君。」乃巡城號令，守陴者皆慟哭。銑以太牢告于其廟，率官屬緦縗布幘而詣軍門，曰：「當死者唯銑，百姓非有罪也，請無殺掠。」孝恭囚之，送于京師。銑降後數日，江南救兵十餘萬一時大至，知銑降，皆送款於孝恭。銑至，高祖數其罪，銑對曰：「隋失其鹿，英雄競逐，銑無天命，故至於此。亦猶田橫南面，非負漢朝。若以爲罪，甘從鼎鑊。」竟斬于都市，年三十九。銑自初起，五年而滅。

杜伏威，齊州章丘人也。少落拓，不治產業，家貧無以自給，每穿窬爲盜。與輔公祏爲刎頸之交。公祏姑家以牧羊爲業，公祏數攘羊以餽之，姑有憾焉，因發其盜事。郡縣捕之急，伏威與公祏遂俱亡命，聚衆爲羣盜，時年十六。常營護諸盜，出則居前，入則殿後，故其黨咸服之，共推爲主。

大業九年，率衆入長白山，投賊帥左君行，不被禮，因捨去，轉掠淮南，自稱將軍。時下邳有苗海潮，亦聚衆爲盜，伏威使公祏謂曰：「今同苦隋政，各興大義，力分勢弱，常恐見擒，何不合以爲强，則不患隋軍相制。若公能爲主，吾當敬從，自揆不堪，可來聽命，不則一戰以決雄雌。」海潮懼，即以其衆歸于伏威。江都留守遣校尉宋顥率兵討之，伏威與戰，陽爲奔北，引入葭蘆中，而從上風縱火，迫其步騎陷于大澤，火至皆燒死。有海陵賊帥趙破陣，聞伏威兵少而輕之，遣使召伏威，請與并力。伏威令公祏嚴兵居外以待變，親將十人持牛酒入謁。破陣大悅，引伏威入幕，盡集其酋帥縱酒高會。伏威於坐斬破陣而并其衆。由此兵威稍盛，復屠安宜。

煬帝遣右禦衛將軍陳稜以精兵八千討之，稜不敢戰，伏威遺稜婦人之服以激怒之，并致書號爲「陳姥」，稜大怒，悉兵而至。伏威逆拒，自出陣前挑戰，稜部將射中其額，伏威怒，指之曰：「不殺汝，我終不拔箭。」遂馳之。稜部將走奔其陣，伏威因入稜陣，大呼衝擊，所向披靡，獲所射者，使其拔箭，然後斬之，擕其首復入稜軍奮擊，殺數十人。稜陣大潰，僅以身免。乘勝破高郵縣，引兵據歷陽，自稱總管，分遣諸將略屬縣，所至輒下，江淮間小盜爭來附之。伏威嘗選敢死之士五千人，號爲「上募」，寵之甚厚，與同甘苦。有攻戰輒令上募擊之，及戰罷閱視，有中在背便殺之，以其退而被擊也。所獲貲財，皆以賞軍士，有戰死者，以其妻妾殉葬，故人自爲戰，所向無敵。

宇文化及之反也，署爲歷陽太守，伏威不受。又移居丹陽，進用人士，大修器械，薄賦斂，除殉葬法，其犯姦盜及官人貪濁者，無輕重皆殺之。仍上表於越王侗，侗拜伏威爲東道大總管，封楚王。太宗之圍王世充，遣使招之，伏威請降。高祖遣使就拜東南道行臺尚書令、江淮以南安撫大使、上柱國，封吳王，賜姓李氏，預宗正屬籍，封其子德俊爲山陽公，賜帛五千段、馬三百匹。伏威遣其將軍陳正通、徐紹宗率兵來會。

武德四年，遣其將軍王雄誕討李子通於杭州，擒之以獻。又破汪華於歙州，盡有江東、淮南之地，南接於嶺，東至于海。尋聞太宗平劉黑闥，進攻徐圓朗，伏威懼而來朝，拜爲太子太保，仍兼行臺尚書令。留于京師，禮之甚厚，位在齊王元吉之上，以寵異之。初，輔公祏之反也，詐稱伏威之令以紿其衆。高祖遣趙郡王孝恭討之。時伏威在長安暴卒。及公祏平，孝恭收得公祏反辭，不曉其詐，遽以奏聞，乃除伏威名，籍沒其妻子。貞觀元年，太宗知其冤，赦之，復其官爵，葬以公禮。

輔公祏，齊州臨濟人。隋末，從杜伏威爲羣盜。初，伏威自稱總管，以公祏爲長史。李子通之敗沈法興也，伏威使公祏以精卒數千渡江討之。子通率衆數萬以拒公祏，兵鋒甚銳。公祏簡甲士千人，皆使執長刀，仍令千餘人隨後，令之曰：「有卻者斬。」公祏自領餘衆，復居其後。俄而子通方陣而前，公祏所遣千人皆殊死決戰，公祏乃縱左右翼攻之，子通大潰，降其衆數千人。公祏尋與伏威遣使歸國，拜爲淮南道行臺尚書左僕射，封舒國公。

初，伏威與公祏少相愛狎，公祏年長，伏威每兄事之，軍中咸呼爲伯，畏敬與伏威等。伏威潛忌之，爲署其養子闞稜爲左將軍，王雄誕爲右將軍，推公祏爲僕射，外示尊崇，而陰奪其兵權。公祏知其意，快快不平，乃與故人左遊仙僞學道辟穀以遠其事。武德五年，伏威將入朝，留公祏居守，復令雄誕典兵以副公祏，陰謂曰：「吾入京，若不失職，無令公祏爲變。」其後左遊仙乃說公祏令反。會雄誕屬疾於家，公祏奪其兵，詐言伏威不得還江南，貽書令其起兵。因僭卽僞位，自稱宋國，於陳故都築宮以居焉。署置百官，以左遊仙爲兵部尚書、東南道大使、越州總管。大修兵甲，轉漕糧饋。時吳興賊帥沈法興據毗陵，公祏擊破之。又遣其將馮惠亮屯於博望山，陳正通、徐紹宗屯於青林山以拒官軍。高祖命趙郡王孝恭率諸將奮擊，大破之。紹宗、正通以五騎奔於丹陽。公祏懼而遁走，欲就左遊仙於會稽，至武康，爲野人所執，送於丹陽，孝恭斬之，傳首京師。公祏與伏威同起，至滅凡十三載，江東悉平。

初，伏威養壯士三十餘人爲假子，分領兵馬，唯闞稜、王雄誕知名。

闞稜，齊州臨濟人。善用大刀，長一丈，施兩刃，名爲拍刃，每一舉，輒斃數人，前無當者。及伏威據有江淮之地，稜數有戰功，署爲左將軍。伏威步兵皆出自羣賊，類多放縱，有相侵奪者，稜必殺之，雖親故無所捨，令行禁止，路不拾遺。後從伏威入朝，拜左領軍將軍，遷越州都督。

及公祏僭號，稜從軍討之，與陳正通相遇。陣方接，稜脫兜鍪謂賊衆曰：「汝不識我邪？何敢來戰！」其衆多稜舊之所部，由是各無鬬志，或有還拜者。公祏之破，稜功居多，頗有自矜之色。及擒公祏，誣稜與己通謀。又杜伏威、王雄誕及稜家產在賊中者，合從原放，孝恭乃皆籍沒。稜訴理之，有忤於孝恭，孝恭怒，遂以謀反誅之。

王雄誕者，曹州濟陰人。初，伏威之起也，用其計，屢有克獲，署爲驃騎將軍。伏威後率衆渡淮，與海陵賊李子通合。後子通惡伏威雄武，使騎襲之，伏威被重創墮馬，雄誕負之，逃於葭蘆中。伏威復招集餘黨，攻劫郡縣，隋將來整又擊破之，亡失餘衆。其部將西門君儀妻王氏勇決多力，負伏威而走，雄誕率麾下壯士十餘人衛護。隋軍追至，雄誕輒還禦之，身被數槍，勇氣彌厲，竟脫伏威。時闞稜年長於雄誕，故軍中號稜爲大將軍，雄誕爲小將軍。

後伏威令輔公祏擊李子通於江都，使雄誕與稜爲副，戰于溧水，子通大敗。公祏乘勝追之，卻爲子通所破，軍士皆堅壁不敢出。雄誕謂公祏曰：「子通軍無營壘，且狃於初勝而不設備，若擊之，必克。」公祏不從。雄誕以其私屬數百人銜枚夜擊之，因順風縱火，子通大敗，走渡太湖，復破沈法興，居其地。高祖聞伏威據有吳、楚，遣使諭之。雄誕率衆討之，子通以精兵守獨松嶺，雄誕遣其部將陳當率千餘人，出其不意，乘高據險，多張旗幟，夜則縛炬火於樹上，布滿山澤間。子通大懼，燒營而走，保於杭州。雄誕追擊敗之，擒子通於陣，送于京師。

歙州首領汪華，隋末據本郡稱王十餘年，雄誕迴軍擊之。華出新安洞口以拒雄誕，甲兵甚銳。雄誕伏精兵於山谷間，率羸弱數千人當之，戰纔合，僞退歸本營。華攻之不能克，會日暮欲還，雄誕伏兵已據其洞口，華不得入，窘急面縛而降。蘇州賊帥聞人遂安據崑山縣而無所屬，伏威又命雄誕攻之。雄誕以崑山險隘，難以力勝，遂單騎詣其城下，陳國威靈，示以禍福，遂安感悅，率諸將出降。以前後功授歙州總管，封宜春郡公。

伏威之入朝也，留輔公祏鎭江南，而兵馬屬於雄誕。公祏將爲逆，奪其兵，拘之別室，遣西門君儀諭以反計，雄誕曰：「當今方太平，吳王又在京輦，國家威靈，無遠不被，公何得爲族滅事耶！雄誕有死而已，不敢聞命。」公祏知不可屈，遂縊殺之。雄誕善撫恤將士，皆得其死力，每破城鎭，約勒部下，絲毫無犯，故死之日，江南士庶莫不爲之流涕。高祖嘉其節，命其子果襲封宜春郡公。太宗即位，追贈左衞大將軍、越州都督，謚曰忠。果，垂拱初官至廣州都督、安西大都護。

沈法興，湖州武康人也。父恪，陳特進、廣州刺史。法興，隋大業末爲吳興郡守。東陽賊帥樓世幹舉兵圍郡城，煬帝令法興與太僕丞元祐討之。俄而宇文化及弒煬帝於江都，法興自以代居南土，宗族數千家，爲遠近所服，乃與祐部將孫士漢、陳果仁執祐於坐，號令遠近，以誅化及爲名。發自東陽，行收兵，將趨江都，下餘杭郡，比至烏程，精卒六萬。毗陵郡通守路道德率兵拒之，法興請與連和，因會盟襲殺道德，進據其城。時齊郡賊帥樂伯通據丹陽，爲化及城守，法興使果仁攻陷之，於是據有江表十餘郡，自署江南道總管。復聞越王侗立，乃上表於侗，自稱大司馬、錄尙書事、天門公。承制置百官，以陳果仁爲司徒，孫士漢爲司空，蔣元超爲尚書左僕射，殷芊爲尚書左丞，徐令言爲尚書右丞，劉子翼爲選部侍郎，李百藥爲府掾。

法興自克毗陵後，謂江淮已南可指撝而定，專立威刑，將士有小過，便卽誅戮，而言笑自若，由是將士解體。稱梁王，建元曰延康，改易隋官，頗依陳氏故事。是時，杜伏威據歷陽，陳稜據江都，李子通據海陵，並握強兵，俱有窺覦江表之志。法興三面受敵，軍數挫衄。陳稜尋被李子通圍於江都，稜窘急，送質求救，法興使其子綸領兵數萬救之。子通率衆攻綸，大敗，乘勝渡江，陷其京口。法興使蔣元超拒之於庱亭，元超戰死。法興與左右數百人投吳郡賊帥聞人遂安，遣其將葉孝辯迎之。法興至中路而悔，欲殺孝辯，更向會稽。孝辯覺之，法興懼，乃赴江死。初，法興以義寧二年起兵，至武德三年而滅。

李子通，東海丞人也。少貧賤，以魚獵爲事。居鄉里，見班白提挈者，必代之。性好施惠，家無蓄積，睚眦之怨必報。隋大業末，有賊帥左才相，自號博山公，據齊郡之長白山，子通歸之，以武力爲才相所重。有鄉人陷於賊者，必全護之。時諸賊皆殘忍，唯子通獨行仁恕，由是人多歸之，未半歲，兵至萬人。才相稍忌之，子通自引去，因渡淮，與杜伏威合。尋爲隋將來整所敗，子通擁其餘衆奔海陵，得衆二萬，自稱將軍。

初，宇文化及以隋將軍陳稜爲江都太守，子通率師擊之。稜南求救於沈法興，西乞師於杜伏威，二人各以兵至，伏威屯清流，法興保楊子，相去數十里間。子通納言毛文深進計，募江南人詐爲法興之兵，夜襲伏威。伏威不悟，恨法興之侵己，又遣兵襲法興。二人相疑，莫敢先動。子通遂得盡銳攻陷江都，陳稜奔于伏威。子通入據江都，盡虜其衆，因僭卽皇帝位，國稱吳，建元爲明政。

丹陽賊帥樂伯通率衆萬餘來降，子通拜尚書左僕射。更進擊法興於庱亭，斬其僕射蔣元超，法興棄城宵遁，遂有晉陵之地。獲法興府掾李百藥，引爲內史侍郎，使典文翰；以法興尚書左丞殷芊爲太常卿，使掌禮樂。由是隋郡縣及江南人士多歸之。後伏威遣輔公祏攻陷丹陽，進屯溧水，子通擊之，反爲公祏所敗。又屬糧盡，子通棄江都，保于京口，江西之地盡歸伏威。子通又東走太湖，鳩集亡散，得二萬人，襲沈法興於吳郡，破之，率其官屬都于餘杭。東至會稽，南至于嶺，西距宣城，北至太湖，盡有其地。

未幾，杜伏威遣其將王雄誕攻之，大戰於蘇州，子通敗績，退保餘杭。雄誕進逼之，戰於城下，軍復敗，子通窮蹙請降。伏威執之，幷其左僕射樂伯通送于京師，盡收其地。高祖不之罪，賜宅一區、公田五頃，禮賜甚厚。及伏威來朝，子通謂伯通曰：「伏威旣來，東方未靜，我所部兵，多在江外，往彼收之，可有大功於天下矣。」遂相與亡，至藍田關，爲吏所獲，與伯通俱伏誅。時又有朱粲、林士弘、張善安，皆僭號於江、淮之間。

朱粲者，亳州城父人也。初爲縣佐史。大業末，從軍討長白山賊，遂聚結爲羣盜，號「可達寒賊」，自稱迦樓羅王，衆至十餘萬。引軍渡淮，屠竟陵、沔陽，後轉掠山南，郡縣不能守，所至殺戮，噍類無遺。義寧中，招慰使馬元規擊破之。俄而收輯餘衆，兵又大盛，僭稱楚帝於冠軍，建元爲昌達，攻陷鄧州，有衆二十萬。

粲所克州縣，皆發其藏粟以充食，遷徙無常，去輒焚餘貲，毀城郭，又不務稼穡，以劫掠爲業。於是百姓大餒，死者如積，人多相食。軍中罄竭，無所虜掠，乃取嬰兒蒸而噉之，因令軍士曰：「食之美者，寧過於人肉乎！但令他國有人，我何所慮。」卽勒所部，有略得婦人小兒皆烹之，分給軍士，乃稅諸城堡，取小弱男女以益兵糧。隋著作佐郎陸從典、通事舍人顏愍楚因譴左遷，並在南陽，粲悉引之爲賓客，後遭飢餒，合家爲賊所噉。又諸城懼稅，皆相攜逃散。

顯州首領楊士林、田瓚率兵以背粲，諸州響應，相聚而攻之，大戰于淮源，粲敗，以數千兵奔于菊潭縣，遣使請降。高祖令假散騎常侍段確迎勞之，確因醉侮粲曰：「聞卿噉人，作何滋味？」粲曰：「若噉嗜酒之人，正似糟藏猪肉。」確怒，慢駡曰：「狂賊，入朝後一頭奴耳，更得噉人乎！」粲懼，於坐收確及從者數十人，奔于王世充，拜爲龍驤大將軍。東都平，獲之，斬于洛水之上。士庶嫉其殘忍，競投瓦礫以擊其屍，須臾封之若冢。

林士弘者，饒州鄱陽人也。大業十二年，與其鄉人操師乞起爲羣盜。師乞自號元興王，攻陷豫章郡而據之，以士弘爲大將軍。隋遣持書侍御史劉子翊率師討之，師乞中矢而死。士弘代董其衆，復與子翊大戰于彭蠡湖，隋師敗績，子翊死之。士弘大振，兵至十餘萬。大業十三年，徙據虔州，自稱皇帝，國號楚，建元太平，以其黨王戎爲司空。攻陷臨川、廬陵、南康、宜春等諸郡，北至九江，南洎番禺，悉有其地。其黨張善安保南康郡，懷貳於士弘，以舟師循江而下，擊破豫章。士弘尙有南昌、虔、循、潮數州之地。及蕭銑破後，散兵稍往歸之，士弘復振。荆州總管趙王孝恭遣使招慰之，其循、潮二州並來降。

武德五年，士弘遣其弟鄱陽王藥師率兵二萬攻圍循州，刺史楊略與戰，大破之。士弘懼而遁走，潛保于安城之山洞。王戎亦以南昌來降，拜爲南昌州刺史。戎於是召士弘藏之于宅，招誘舊兵，更謀作亂。其年，洪州總管張善安密知其事，發兵討之，會士弘死，部兵潰散，戎爲善安所虜。

張善安者，兗州方與人也。年十七便爲劫盜，轉掠淮南，有衆百餘人。會孟讓爲王世充所破，其散卒稍歸之，得八百人。襲破廬江郡，因渡江，附林士弘於豫章。士弘不信之，營於南塘上。善安憾之，襲擊士弘，焚其郛郭。而士弘後去豫章，善安復來據之，仍以其地歸國，授洪州總管。

輔公祏之反也，善安亦舉兵相應，公祏以爲西南道大行臺。安撫使李大亮以兵擊之，兩軍隔水而陣，大亮諭以禍福。答曰：「善安無背逆之心，但爲將士所誤。今欲歸降，又恐不免於死。」大亮謂曰：「張總管既有降心，吾亦不相疑阻。」因獨身踰澗就之，入其陣，與善安握手交言，示無猜意。善安大喜，因許降，將數十騎至大亮營，大亮引之而入，因令武士執之，從者遁走。既而送善安於長安，稱不與公祏交通，高祖初善遇之，及公祏敗，搜得其書，與相往復，遂誅之。

羅藝字子延，本襄陽人也，寓居京兆之雲陽。父榮，隋監門將軍。藝性桀黠，剛愎不仁，勇於攻戰，善射，能弄矟。大業時，屢以軍功官至虎賁郎將，煬帝令受右武衞大將軍李景節度，督軍於北平。藝少習戎旅，分部嚴肅，然任氣縱暴，每凌侮於景，頻爲景所辱，藝深銜之。

後遇天下大亂，涿郡物殷阜，加有伐遼器仗，倉粟盈積。又臨朔宮中多珍產，屯兵數萬，而諸賊競來侵掠。留守官虎賁郎將趙什住、賀蘭誼、晉文衍等皆不能拒，唯藝獨出戰，前後破賊不可勝計，威勢日重。什住等頗忌藝，藝陰知之，將圖爲亂，乃宣言於衆曰：「吾輩討賊，甚有功效，城中倉庫山積，制在留守之官，而無心濟貧，此豈存恤之意也！」以此言激怒其衆，衆人皆怨。既而旋師，郡丞出城候藝，藝因執之，陳兵而入，什住等懼，皆來聽命。於是發庫物以賜戰士，開倉以賑窮乏，境內咸悅。殺渤海太守唐禕等不同己者數人，威振邊朔，柳城、懷遠並歸附之。藝黜柳城太守楊林甫，改郡爲營州，以襄平太守鄧暠爲總管，藝自稱幽州總管。

宇文化及至山東，遣使召藝，藝曰：「我隋室舊臣，感恩累葉，大行顚覆，實所痛心。」乃斬化及使者，而爲煬帝發喪，大臨三日。竇建德、高開道亦遣使於藝，藝謂官屬曰：「建德、開道皆劇賊耳，化及弑逆，並不可從。今唐公起兵，皆符人望，入據關右，事無不成。吾率衆歸之，意已決矣，有沮衆異議者必戮之。」會我使人張道源綏輯山東，遣人諭意，藝大悅。武德三年，奉表歸國，詔封燕王，賜姓李氏，預宗正屬籍。

太宗之擊劉黑闥也，藝領本兵數萬，破黑闥弟什善於徐河，俘斬八千人。明年，黑闥引突厥俱入寇，藝復將兵與隱太子建成會於洺州，因請入朝，高祖遇之甚厚，俄拜左翊衞大將軍。藝自以功高位重，無所降下，太宗左右嘗至其營，藝無故毆擊之。高祖怒，以屬吏，久而乃釋，待之如初。時突厥屢爲寇患，以藝素有威名，爲北夷所憚，令以本官領天節軍將鎭涇州。

太宗卽位，拜開府儀同三司，而藝懼不自安，遂於涇州詐言閱武，因追兵，矯稱奉密詔勒兵入朝，率衆軍至于豳州。治中趙慈皓不知藝反，馳出謁之，藝遂入據豳州。太宗命吏部尚書長孫無忌、右武候大將軍尉遲敬德率衆討藝。王師未至，慈皓與統軍楊岌潛謀擊之，事洩，藝執慈皓繫獄。岌時在城外，覺變，遽勒兵攻之，藝大潰，棄妻子，與數百騎奔於突厥。至寧州界，過烏氏驛，從者漸散，其左右斬藝，傳首京師，梟之于市。復其本姓羅氏。藝弟壽，時爲利州都督，緣坐伏誅。

先是，曹州女子李氏爲五戒，自言通於鬼物，有病癩者，就療多愈，流聞四方，病人自遠而至，門多車騎。高祖聞之，詔赴京師。因往來藝家，謂藝妻孟氏曰：「妃骨相貴不可言，必當母儀天下。」孟篤信之，命密觀藝，又曰：「妃之貴者，由於王；王貴色發矣，十日間當昇大位。」孟氏由是遽勸反，孟及李皆坐斬。

梁師都，夏州朔方人也。代爲本郡豪族，仕隋鷹揚郎將。大業末，罷歸。屬盜賊羣起，師都陰結徒黨數十人，殺郡丞唐宗，據郡反。自稱大丞相，北連突厥。隋將張世隆擊之，反爲所敗。師都因遣兵掠定雕陰、弘化、延安等郡，於是僭卽皇帝位，稱梁國，建元爲永隆。突厥始畢可汗遺以狼頭纛，號爲大度毗伽可汗。師都乃引突厥居河南之地，攻破鹽川郡。

武德二年，高祖遣延州總管段德操督兵討之。師都與突厥之衆數千騎來寇延安，營於野猪嶺。德操以衆寡不敵，按甲以挫其銳。後伺師都稍怠，遣副總管梁禮率衆擊之，德操以輕騎出其不意。師都與禮酣戰久之，德操多張旗幟，奄至其後，師都大潰，逐北二百餘里，虜男女二百餘口。經數月，師都又以步騎五千來寇，德操擊之，俘斬略盡。

及劉武周之敗，師都大將張舉、劉旻相次來降，師都大懼，遣其尚書陸季覽說處羅可汗曰：「比者中原喪亂，分爲數國，勢均力弱，所以北附突厥。今武周旣滅，唐國益大，師都甘從亡破，亦恐次及可汗。願可汗行魏孝文之事，遣兵南侵，師都請爲鄉導。」處羅從之。謀令莫賀咄設入自原州，泥步設與師都入自延州，處羅入自幷州，突利可汗與奚、霫、契丹、靺鞨入自幽州，合于竇建德，經滏口道來會于晉、絳。兵臨發，遇處羅死，乃止。

高祖又令德操悉發邊兵進擊師都，拔其東城。師都退據西城，又求救於突厥頡利可汗，頡利以勁兵萬騎救援之。時稽胡大帥劉仚成率衆降師都，師都信讒殺之，於是羣情疑懼，多叛師都來降。師都勢蹙，乃往朝頡利，爲陳入寇之計。自此頻致突厥之寇，邊州略無寧歲。頡利可汗之寇渭橋，亦師都計也。

頡利政亂，太宗知師都勢危援孤，以書諭之，不從。遣夏州長史劉旻、司馬劉蘭經略之。有得其生口者，輒縱遣令爲反間，離其君臣之計。頻選輕騎踐其禾稼，城中漸虛，歸命者相繼，皆善遇之，由是益相猜阻。有李正寶、辛獠兒者，皆其名將，謀執師都，事洩不果，正寶竟來降。貞觀二年，太宗遣右衞大將軍柴紹、殿中少監薛萬均討之，又使劉旻、劉蘭率勁卒直據朔方東城以逼之。頡利可汗遣兵來援師都，紹逆擊破之，進屯城下。師都兵勢日蹙，其從父弟洛仁斬師都，詣紹降，拜洛仁爲右驍衞將軍，封朔方郡公。師都自起至滅，凡十二歲。以其地爲夏州。時又有劉季眞、李子和，屯據北邊，與劉武周、梁師都遞爲表裏。

劉季眞者，離石胡人也。父龍兒，隋末擁兵數萬，自號劉王，以季眞爲太子。龍兒爲虎賁郎將梁德所斬，其衆漸散。及義師起，季眞與弟六兒復舉兵爲盜，引劉武周之衆攻陷石州。季眞北連突厥，自稱突利可汗，以六兒爲拓定王，甚爲邊患。時西河公張綸、眞鄉公李仲文俱以兵臨之，季眞懼而來降，授石州總管，賜姓李氏，封彭城郡王。季眞見宋金剛與官軍相持於澮州，久而未決，遂復親武周，與之合勢。及金剛敗，季眞亡奔高滿政，尋爲所殺。

李子和者，同州蒲城人也。本姓郭氏。大業末，爲左翊衞，犯罪徙榆林，見郡內大饑，遂潛引敢死士，得十八人，攻郡門，執郡丞王才，數以不恤百姓，斬之，開倉以賑窮乏。自稱永樂王，建元爲正平，尊其父爲太公，以弟子政爲尙書令，子端、子升爲左、右僕射。有衆二千餘騎，南連梁師都，北附突厥始畢可汗，並送子爲質以自固。始畢先署劉武周爲定楊天子，梁師都爲解事天子，又以子和爲平楊天子，子和固辭不敢當，始畢乃更署子和爲屋利設。

武德元年，遣使歸款，授榆林郡守。尋就拜雲州總管，封金河郡公。二年，進封郕國公。時師都強暴，子和慮爲所攻，尋勒兵襲師都寧朔城，克之。子和既絕師都，又伺突厥間釁，遣使以聞，爲處羅可汗候騎所獲，處羅大怒，囚其弟子升。子和自以孤危，甚懼。四年，拔戶口南徙，詔以延州故城居之。五年，從太宗平劉黑闥，陷陣有功。高祖嘉其誠節，賜姓李氏，拜右武衞將軍。貞觀元年，賜實封三百戶。十一年，除婺州刺史，改封夷國公。顯慶元年，累轉黔州都督。以年老乞骸骨，許之，加金紫光祿大夫。麟德九年卒。

史臣曰：蕭銑聚烏合之衆，當鹿走之時，放兵以奪將權，殺舊以求位定，洎大軍奄至，束手出降，宜哉！杜伏威恃勇聚徒，見機歸國，或致疑於高祖，竟見雪於太宗。輔公祏竊兵爲叛，王雄誕守節不回，訓子孫以忠貞，感士庶之流涕。子通修仁馭衆，終懷貳以伏誅；羅藝歸國立功，信妖言而爲叛。善始令終者鮮矣。沈法興狂賊，梁師都凶人，皆至覆亡，殊無改悔。自隋朝維絕，宇縣瓜分，小則鼠竊狗偷，大則鯨吞虎據。大唐舉義，兆庶歸仁，高祖運應璿圖，太宗天資神武，羣凶席卷，寰海鏡淸，祚享永年，功宣後代，謚曰神堯、文武，豈不韙哉！

贊曰：失政資盜，圖王僭號。眞主勃興，風驅電掃。

校勘記

〔一〕獨挾梁公　「公」字各本原作「王」，據通鑑卷一八四改。

〔三〕東至三硤　新書卷八七蕭銑傳作「西至三峽」，通鑑卷一八五作「東自九江，西抵三峽」，本書疑有脫誤。

舊唐書卷五十七

列傳第七

裴寂 子律師 律師子承先 劉文靜 弟文起 文靜子樹義 樹藝 李孟嘗
劉世龍 趙文恪 張平高 李思行 李高遷 許世緒 劉師立 錢九隴 樊興
公孫武達 龐卿惲 張長遜 李安遠

裴寂字玄眞，蒲州桑泉人也。祖融，司木大夫。父瑜，絳州刺史。寂少孤，爲諸兄之所鞠養。年十四，補州主簿。及長，疎眉目，偉姿容。隋開皇中，爲左親衞。家貧無以自業，每徒步詣京師，經華嶽廟，祭而祝曰：「窮困至此，敢修誠謁，神之有靈，鑒其運命。若富貴可期，當降吉夢。」再拜而去。夜夢白頭翁謂寂曰：「卿年三十已後方可得志，終當位極人臣耳。」後爲齊州司戶。

大業中，歷侍御史、駕部承務郎、晉陽宮副監。高祖留守太原，與寂有舊，時加親禮，每延之宴語，間以博奕，至於通宵連日，情忘厭倦。時太宗將舉義師而不敢發言，見寂爲高祖所厚，乃出私錢數百萬，陰結龍山令高斌廉與寂博戲，漸以輸之。寂得錢既多，大喜，每日從太宗遊。見其歡甚，遂以情告之，寂卽許諾。寂又以晉陽宮人私侍高祖，高祖從寂飲，酒酣，寂白狀曰：「二郎密纘兵馬，欲舉義旗，正爲寂以宮人奉公，恐事發及誅，急爲此耳。今天下大亂，城門之外，皆是盜賊。若守小節，旦夕死亡；若舉義兵，必得天位。衆情已協，公意如何？」高祖曰：「我兒誠有此計，既已定矣，可從之。」

及義兵起，寂進宮女五百人，并上米九萬斛、雜綵五萬段、甲四十萬領，以供軍用。大將軍府建，以寂爲長史，賜爵聞喜縣公。從至河東，屈突通拒守，攻之不下，三輔豪傑歸義者日有千數。高祖將先定京師，議者恐通爲後患，猶豫未決。寂進說曰：「今通據蒲關，若不先平，前有京城之守，後有屈突之援，此乃腹背受敵，敗之道也。未若攻蒲州，下之而後入關。京師絕援，可不攻而定矣。」太宗曰：「不然。兵法尙權，權在於速。宜乘機早渡，以駭其心。我若遲留，彼則生計。且關中羣盜，所在屯結，未有定主，易以招懷，賊附兵強，何城不克？屈突通自守賊耳，不足爲虞。若失入關之機，則事未可知矣。」高祖兩從之，留兵圍河東，而引軍入關。及京師平，賜良田千頃、甲第一區、物四萬段，轉大丞相府長史，進封魏國公，食邑三千戶〔一〕。

及隋恭帝遜位，高祖固讓不受，寂勸進，又不答。寂請見曰：「桀、紂之亡，亦各有子，未聞湯、武臣輔之，可爲龜鏡，無所疑也。寂之茅土、大位，皆受之於唐，陛下不爲唐帝，臣當去官耳。」又陳符命十餘事，高祖乃從之。寂出，命太常具禮儀，擇吉日。高祖既受禪，謂寂曰：「使我至此，公之力也。」拜尙書右僕射，賜以服翫，不可勝紀，仍詔尙食奉御，每日賜寂御膳。高祖視朝，必引與同坐，入閤則延之臥內，言無不從，呼爲裴監而不名。當朝貴戚，親禮莫與爲比。

武德二年，劉武周將黃子英、宋金剛頻寇太原，行軍總管姜寶誼、李仲文相次陷沒，高祖患之。寂自請行，因爲晉州道行軍總管，得以便宜從事。師次介休，而金剛據城以抗寂。寂保于度索原，營中乏水，賊斷其澗路，由是危迫。欲移營就水，賊因犯之，師遂大潰，死散略盡。寂一日一夜馳至平陽〔三〕，晉州以東城鎭俱沒。金剛進逼絳州。寂抗表陳謝，高祖慰諭之，復令鎭撫河東之地。寂性怯，無捍禦之才，唯發使絡繹，催督虞、秦二州居人，勒入城堡，焚其積聚。百姓惶駭，復思爲亂。夏縣人呂崇茂遂殺縣令舉兵反，引金剛爲援，寂擊之，復爲崇茂所敗。被徵入朝，高祖數之曰：「義舉之始，公有翼佐之勳，官爵亦極矣。前拒武周，兵勢足以破敵，致此喪敗，不獨愧於朕乎？」以之屬吏，尋釋之，顧待彌重。

高祖有所巡幸，必令居守。麟州刺史韋雲起告寂謀反，訊之無端。高祖謂寂曰：「朕之有天下者，本公所推，今豈有貳心？皁白須分，所以推究耳。」因令貴妃三人齎珍饌、寶器就寂第，宴樂極歡，經宿而去。又嘗從容謂寂曰：「我李氏昔在隴西，富有龜玉，降及祖禰，姻婭帝室。及舉義兵，四海雲集，纔涉數月〔三〕，昇爲天子。至如前代皇王，多起微賤，劬勞行陣，下不聊生。公復世冑名家，歷職淸顯，豈若蕭何、曹參起自刀筆吏也！唯我與公，千載之後，無媿前修矣。」其年，改鑄錢，特賜寂令自鑄造。又爲趙王元景聘寂女爲妃。

六年，遷尙書左僕射，賜宴於含章殿，高祖極歡，寂頓首而言曰：「臣初發太原，以有慈旨，淸平之後，許以退耕。今四海乂安，伏願賜臣骸骨。」高祖泣下霑襟曰：「今猶未也，要相偕老耳。公爲台司，我爲太上，逍遙一代，豈不快哉！」俄冊司空，賜實封五百戶，遣尙書員外郞一人每日更直寂第，其見崇貴如此。

貞觀元年，加實封并前一千五百戶。二年，太宗祠南郊，命寂與長孫無忌同昇金輅，寂辭讓，太宗曰：「以公有佐命之勳，無忌亦宣力於朕，同載參乘，非公而誰？」遂同乘而歸。

三年，有沙門法雅，初以恩倖出入兩宮，至是禁絕之，法雅怨望，出妖言，伏法。兵部尙書杜如晦鞫其獄，法雅乃稱寂知其言，寂對曰：「法雅惟云時候方行疾疫，初不聞妖言。」法雅證之，坐是免官，削食邑之半，放歸本邑。寂請住京師，太宗數之曰：「計公勳庸，不至於此，徒以恩澤，特居第一。武德之時，政刑紕繆，官方弛紊，職公之由。但以舊情，不能極法，歸掃墳墓，何得復辭？」寂遂歸蒲州。

未幾，有狂人自稱信行，寓居汾陰，言多妖妄，常謂寂家僮曰：「裴公有天分。」于時信行已死，寂監奴恭命以其言白寂，寂惶懼不敢聞奏，陰呼恭命殺所言者。恭命縱令亡匿，寂不知之。寂遣恭命收納封邑，得錢百餘萬，因用而盡。寂怒，將遣人捕之，恭命懼而上變。太宗大怒，謂侍臣曰：「寂有死罪者四：位爲三公而與妖人法雅親密，罪一也；事發之後，乃負氣憤怒，稱國家有天下，是我所謀，罪二也；妖人言其有天分，匿而不奏，罪三也；陰行殺戮以滅口，罪四也。我殺之非無辭矣。議者多言流配，朕其從衆乎。」於是徙交州，竟流靜州。俄逢山羌爲亂，或言反獠劫寂爲主，太宗聞之曰：「我國家於寂有性命之恩，必不然矣。」未幾，果稱寂率家僮破賊。太宗思寂佐命之功，徵入朝，會卒，時年六十。贈相州刺史、工部尚書、河東郡公。

子律師嗣，尚太宗妹臨海長公主，官至汴州刺史。律師子承先，則天時爲殿中監，爲酷吏所殺。

劉文靜字肇仁，自云彭城人，代居京兆之武功。祖懿，周石州刺史。父韶，隋時戰沒，贈上儀同三司。少以其父身死王事，襲父儀同三司。偉姿儀，有器幹，倜儻多權略。隋末，爲晉陽令，遇裴寂爲晉陽宮監，因而結友。夜與同宿，寂見城上烽火，仰天歎曰：「卑賤之極，家道屢空，又屬亂離，當何取濟？」文靜笑曰：「世途若此，時事可知。吾二人相得，何患於卑賤。」

及高祖鎮太原，文靜察高祖有四方之志，深自結託。又竊觀太宗，謂寂曰：「非常人也。大度類於漢高，神武同於魏祖，其年雖少，乃天縱矣。」寂初未然之。後文靜坐與李密連婚，煬帝令繫於郡獄。太宗以文靜可與謀議，入禁所視之。文靜大喜曰：「天下大亂，非有湯、武、高、光之才，不能定也。」太宗曰：「卿安知無，但恐常人不能別耳。今入禁所相看，非兒女之情相憂而已。時事如此，故來與君圖舉大計，請善籌其事。」文靜曰：「今李密長圍洛邑，主上流播淮南，大賊連州郡、小盜阻山澤者萬數矣，但須眞主驅駕取之。誠能應天順人，舉旗大呼，則四海不足定也。今太原百姓避盜賊者，皆入此城。文靜爲令數年，知其豪傑，一朝嘯集，可得十萬人，尊公所領之兵復且數萬，君言出口，誰敢不從？乘虛入關，號令天下，不盈半歲，帝業可成。」太宗笑曰：「君言正合人意。」於是部署賓客，潛圖起義，候機當發，恐高祖不從，沉吟者久之。文靜見高祖厚於裴寂，欲因寂開說，於是引寂交於太宗，得通謀議。

及高君雅爲突厥所敗，高祖被拘，太宗又遣文靜共寂進說曰：「易稱『知幾其神乎』，今大亂已作，公處嫌疑之地，當不賞之功，何以圖全？其裨將敗衄，以罪見歸。事誠迫矣，當須爲計。晉陽之地，士馬精強，宮監之中，府庫盈積，以茲舉事，可立大功。關中天府，代王沖幼，權豪並起，未有適從。願公興兵西入，以圖大事。何乃受單使之囚乎？」高祖然之。時太宗潛結死士，與文靜等協議，克日舉兵，會高祖得釋而止。乃命文靜詐爲煬帝敕，發太原、西河、鴈門、馬邑人年二十已上五十已下悉爲兵，期以歲暮集涿郡，將伐遼東。由是人情大擾，思亂者益衆。文靜因謂裴寂曰：「公豈不聞『先發制人，後發制於人』乎！唐公名應圖讖，聞於天下，何乃推延，自貽禍釁。宜早勸唐公以時舉義。」又脅寂曰：「且公爲宮監，而以宮人侍客，公死可爾，何誤唐公也？」寂甚懼，乃屢促高祖起兵。會馬邑人劉武周殺太守王仁恭，自稱天子，引突厥之衆，將侵太原。太宗遣文靜及長孫順德等分部募兵，以討武周爲辭；又令文靜與裴寂僞作符敕，出宮監庫物以供留守資用，因募兵集衆。

及義兵將起，副留守王威、高君雅獨懷猜貳。後數日，將大會於晉祠，威及君雅潛謀害高祖，晉陽鄉長劉世龍以白太宗。太宗既知迫急，欲先事誅之，遣文靜與鷹揚府司馬劉政會投急變之書，詣留守告威等二人謀反。是日，高祖與威、君雅同坐視事，文靜引政會至庭中，云有密狀，知人欲反。高祖指威等取狀看之，政會不肯與，曰：「所告是副留守事，唯唐公得看之耳。」高祖陽驚曰：「豈有是乎！」覽狀訖，謂威等曰：「此人告公事，如何？」君雅大詬曰：「此是反人欲殺我也！」文靜叱左右執之，囚于別室。既拘威等，竟得舉兵。

高祖開大將軍府，以文靜爲軍司馬。文靜勸改旗幟以彰義舉，又請連突厥以益兵威，高祖並從之。因遣文靜使于始畢可汗，始畢曰：「唐公起事，今欲何爲？」文靜曰：「皇帝廢冢嫡，傳位後主，致斯禍亂。唐公國之懿戚，不忍坐觀成敗，故起義軍，欲黜不當立者。願與可汗兵馬同入京師，人衆土地入唐公，財帛金寶入突厥。」始畢大喜，卽遣將康鞘利領騎二千隨文靜而至，又獻馬千匹。高祖大悅，謂文靜曰：「非公善辭，何以致此。」

尋率兵禦隋將屈突通於潼關，通遣武牙郎將桑顯和率勁兵來擊，文靜苦戰者半日，死者數千人。文靜度顯和軍稍怠，潛遣奇兵掩其後，顯和大敗，悉虜其衆。通尙擁兵數萬，將遁歸東都，文靜遣諸將追而執之，略定新安以西之地。轉大丞相府司馬，進授光祿大夫，封魯國公。

高祖踐祚，拜納言。時高祖每引重臣共食，文靜奏曰：「陛下君臨億兆，率土莫非臣，而當朝撝抑，言尙稱名；又宸極位尊，帝座嚴重，乃使太陽俯同萬物，臣下震恐，無以措身。」高祖不納。時制度草創，命文靜與當朝通識之士更刊隋開皇律令而損益之，以爲通法。高祖謂曰：「本設法令，使人共解，而往代相承，多爲隱語，執法之官，緣此舞弄。宜更刊定，務使易知。」

會薛舉寇涇州，命太宗討之，以文靜爲元帥府長史。遇太宗不豫，委於文靜及司馬殷開山，誡之曰：「舉糧少兵疲，懸軍深入，意在決戰，不利持久，卽欲挑戰，愼無與決。待吾差，當爲君等取之。」文靜用開山計，出軍爭利，王師敗績。文靜奔還京師，坐除名。俄又從太宗討舉，平之，以功復其爵邑，拜民部尙書，領陝東道行臺左僕射。武德二年，從太宗鎭長春宮。

文靜自以才能幹用在裴寂之右，又屢有軍功，而位居其下，意甚不平。每廷議多相違戾，寂有所是，文靜必非之，由是與寂有隙。文靜嘗與其弟通直散騎常侍文起酣宴，出言怨望，拔刀擊柱曰：「必當斬裴寂耳！」家中妖怪數見，文起憂之，遂召巫者於星下被髮銜刀，爲厭勝之法。時文靜有愛妾失寵，以狀告其兄，妾兄上變。高祖以之屬吏，遣裴寂、蕭瑀問狀。文靜曰：「起義之初，忝爲司馬，計與長史位望略同；今寂爲僕射，據甲第，臣官賞不異衆人，東西征討，家口無託，實有觖望之心。因醉或有怨言，不能自保。」高祖謂羣臣曰：「文靜此言，反明白矣。」李綱、蕭瑀皆明其非反。太宗以文靜義旗初起，先定非常之策，始告寂知，及平京城，任遇懸隔，止以文靜爲觖望，非敢謀反，極佑助之。而高祖素疏忌之，裴寂又言曰：「文靜才略，實冠時人，性復粗險，忿不思難，醜言悖逆，其狀已彰。當今天下未定，外有勍敵，今若赦之，必貽後患。」高祖竟聽其言，遂殺文靜、文起，仍籍沒其家。文靜臨刑，撫膺歎曰：「高鳥逝，良弓藏，故不虛也。」時年五十二。貞觀三年，追復官爵，以子樹義襲封魯國公，許尚公主。後與其兄樹藝怨其父被戮，又謀反，伏誅。

文靜初爲納言時，有詔以太原元謀立功，尚書令、秦王某，尚書左僕射裴寂及文靜，特恕二死。左驍衞大將軍長孫順德、右驍衞大將軍劉弘基、右屯衞大將軍竇琮、左翊衞大將軍柴紹、內史侍郎唐儉、吏部侍郎殷開山、鴻臚卿劉世龍、衞尉少卿劉政會、都水監趙文恪、庫部郎中武士彠、驃騎將軍張平高李思行李高遷、左屯衞府長史許世緒等十四人，約免一死。

武德九年十月，太宗始定功臣實封差第，文靜已死，於是裴寂加食九百戶，通前爲一千五百戶，長孫無忌、王君廓、尉遲敬德、房玄齡、杜如晦等五人食邑一千三百戶，長孫順德、柴紹、羅藝、趙郡王孝恭等四人食邑一千二百戶，侯君集、張公謹、劉師立等三人食邑一千戶，李勣、劉弘基二人食邑九百戶，高士廉、宇文士及、秦叔寶、程知節四人食七百戶，安興貴、安修仁、唐儉、竇軌、屈突通、蕭瑀、封德彝、劉義節八人各食六百戶，錢九隴、樊興、公孫武達、李孟嘗、段志玄、龐卿惲、張亮、李藥師、杜淹、元仲文十人各食四百戶，張長遜、張平高、李安遠、李子和、秦行師、馬三寶六人各食三百戶。其王君廓事在廬江王瑗傳，安興貴、安修仁事在李軌傳，李子和事在梁師都傳，馬三寶事在柴紹傳。李孟嘗，趙州平棘人，官至右威衞大將軍、漢東郡公。元仲文，洛州人，至右監門將軍、河南縣公。秦行師，并州太原人，至左監門將軍、清水郡公。並事微不錄。自餘無傳者，盡附於此。

劉世龍者，并州晉陽人。大業末，爲晉陽鄉長。高祖鎭太原，裴寂數薦之，由是甚見接待，亦出入王威、高君雅家，然獨歸心於高祖。義兵將起，威與君雅內懷疑貳，世龍輒探得其情，以白高祖。及誅威等，授銀青光祿大夫。從平京城，累轉鴻臚卿，仍改名義節。

時草創之始，傾竭府藏以賜勳人，而國用不足，義節進計曰：「今義師數萬，並在京師，樵薪貴而布帛賤。若採街衢及苑中樹爲樵以易布帛，歲收數十萬匹立可致也。又藏內繒絹，匹匹軸之使申，截取剩物，以供雜費，動盈十餘萬段矣。」高祖並從之，大收其利。再遷太府卿，封葛國公。貞觀初，轉少府監，以罪配流嶺南，尋授欽州別駕，卒。

義節從子思禮，萬歲通天二年，爲箕州刺史。思禮少嘗學相術於許州張憬藏，相己必歷刺史，位至太師。及授箕州，益自喜，以爲太師之職，位極人臣，非佐命無以致之。與洛州錄事參軍綦連耀結構謀反，謂耀曰：「公體有龍氣。」耀亦謂思禮曰：「公是金刀，合爲我輔。」因相解釋圖讖，郎定君臣之契。又令思禮自衒相術，每所見人，皆謂之「合得三品」，使務進之士，聞之滿望，然始謂云：「綦連耀有天分，公因之以得富貴。」事發繫獄，乃多證引朝士，冀以自免。所誅陷者三十餘家，耀、思禮並伏誅。鳳閣侍郎李元素、夏官侍郎孫元亨、知天官侍郎事石抱忠、鳳閣舍人王勮、勮兄前涇州刺史勔、太子司議郎路敬淳等坐與耀及思禮交結，皆死。

初，則天命河內王武懿宗按思禮之獄。懿宗寬思禮於外，令廣引逆徒。而思禮以爲得計，從容自若，嘗與相忤者，必引令枉誅。臨刑猶在外，尙不之覺，及衆人就戮，乃收誅之。

趙文恪者，并州太原人也。隋末，爲鷹揚府司馬。義師之舉，授右三統軍。武德二年，拜都水監，封新興郡公。時大亂之後，中州少馬，遇突厥和親，令文恪至并州與齊王元吉誘至北蕃，市牛馬以資國用。俄而劉武周將宋金剛來寇太原，屬城皆沒。眞鄉公李仲文退守浩州，城孤兵弱，元吉遣文恪率步騎千餘助爲聲援。及太原爲賊所陷，文恪遂棄城遁去，坐是賜死獄中。

張平高，綏州膚施人也。隋末，爲鷹揚府校尉，戍太原，爲高祖所識，因參謀議。義旗建，以爲軍頭。從平京城，累授左領軍將軍，封蕭國公。貞觀初，出爲丹州刺史，坐事免，令以右光祿大夫還第，卒。後改封羅國公。永徽中，追贈潭州都督。

李思行，趙州人也。嘗避仇太原。高祖將舉義兵，令赴京城覘動靜，及還，具論機變，深稱旨，授左三統軍。從破宋老生，平京城，累授嘉州刺史，封樂安郡公。永徽初卒，贈洪州都督，謚曰襄。

李高遷，岐州岐山人也。隋末，客遊太原，高祖常引之左右。及擒高君雅、王威等，高遷有功焉，授右三統軍。從平霍邑，圍京城，力戰功最，累遷左武衞大將軍，封江夏郡公，檢校西麟州刺史。武德初，突厥寇馬邑，朔州總管高滿政請救，高祖令高遷督兵助鎮。俄而賊兵甚盛，高遷乃斬關宵遁，其將士皆沒，竟坐除名徙邊。後以佐命功，拜陵州刺史。

永徽五年卒，贈梁州都督。

許世緒者，并州人也。大業末，爲鷹揚府司馬。見隋祚將亡，言於高祖曰：「天道輔德，人事與能，蹈機不發，必貽後悔。今隋政不綱，天下鼎沸，公姓當圖籙，名應歌謠，握五郡之兵〔四〕，當四戰之地。若遂無他計，當敗不旋踵。未若首建義旗，爲天下唱，此帝王業也。」高祖甚奇之，親顧日厚。義兵起，授右一府司馬。武德中，累除蔡州刺史，封眞定郡公，卒。

弟洛仁，亦以元從功臣，官至冠軍大將軍、行左監門將軍。永徽初卒，贈代州都督，謚曰勇，陪葬昭陵。

劉師立者，宋州虞城人也。初爲王世充將軍，親遇甚密。洛陽平，當誅，太宗惜其才，特免之，爲左親衞。太宗之謀建成、元吉也，嘗引師立密籌其事，或自宵達曙。其後師立與尉遲敬德、龐卿惲、李孟嘗等九人同誅建成有功，超拜左衞率。尋遷左驍衞將軍，封襄武郡公，賜絹五千匹。後人告師立自云「眼有赤光，體有非常之相，姓氏又應符讖」。太宗謂之曰：「人言卿欲反，如何？」師立大懼，俯而對曰：「臣任隋朝，不過六品，身材駑下，不敢輒希富貴。過蒙非常之遇，常以性命許國。而陛下功成事立，臣復致位將軍，顧己循躬，實踰涯分，臣是何人，輒敢言反！」太宗笑曰：「知卿不然，此妄言耳。」賜帛六十匹，延入臥內慰諭之。

羅藝之反也，長安人情騷動，以師立檢校右武候大將軍以備非常。及藝平，憲司窮究黨與，師立坐與交通，遂除名。又以藩邸之舊，尋檢校岐州都督。師立上書請討吐谷渾，書奏未報，便遣使間其部落，諭以利害，多有降附，列其地爲開、橋二州。又有党項首領拓拔赤辭，先附吐谷渾，負險自固，師立亦遣人爲陳利害，赤辭遂率其種落內屬。太宗甚嘉之，拜赤辭爲西戎州都督〔五〕。後師立以母憂當去職，父老上表請留，詔不許赴哀，復令居任。時河西党項破丑氏常爲邊患〔六〕，又阻新附，師立總兵擊之。軍未至，破丑氏大懼，遁於山谷，師立追之，至卹于眞山而還。又戰吐谷渾於小莫門川，擊破之，多所虜獲。尋轉始州刺史。十四年卒，諡曰肅。

錢九隴，本晉陵人也，父在陳爲境上所獲，沒爲皇家隸人。九隴善騎射，高祖信愛之，常置左右。義兵起，以軍功授金紫光祿大夫。及克京城，拜左監門郎將。從平薛仁杲、劉武周，以前後戰功累授右武衞將軍。其後從太宗擒獲竇建德，平王世充；從隱太子討劉黑闥於魏州，力戰破賊，策勳爲最。累封郇國公，仍以本官爲苑遊將軍。貞觀初，出爲眉州刺史，再遷右監門大將軍。十二年，改封巢國公，加食廬州實封六百戶。尋卒，贈左武衞大將軍、潭州都督，謚曰勇，陪葬獻陵。

樊興者，本安陸人也，父犯罪配沒爲皇家隸人。興從平京城，累除右監門將軍。又從太宗破薛舉，平王世充、竇建德，積戰功，累封榮國公〔七〕，賜物二千段、黄金三十鋌。尋坐事削爵。貞觀六年，陵州獠反，興率兵討之，拜左驍衞將軍。又從特進李靖擊吐谷渾，爲赤水道行軍總管，坐遲留不赴軍期，又士卒多死，失亡甲仗，以勳減死。久之，累拜左監門大將軍，封襄城郡公。太宗之征遼東，以興忠謹，令副司空房玄齡留守京師。俄又檢校右武候將軍。永徽初卒，贈左武候大將軍、洪州都督，陪葬獻陵。

公孫武達者，雍州櫟陽人也。少有膂力，稱爲豪俠。在隋爲驍果。武德初，至長春宮請謁太宗，從討劉武周，力戰，功居最。又從平王世充、竇建德，累遷秦王府右三軍驃騎，封清水縣公。貞觀初，檢校右監門將軍，尋除肅州刺史。歲餘，突厥數千騎、輜重萬餘入侵肅州，欲南入吐谷渾。武達領二千人與其精銳相遇，力戰，虜稍却，急攻之，遂大潰，擠之於張掖河。又命軍士於上流以棖渡兵，擊其餘衆，賊半濟，兩岸夾攻之，斬溺略盡。璽書慰勉之，拜左監門將軍。後又受詔擊鹽州叛突厥，武達引兵趨靈州，追及之。賊方渡河，見武達至，據河南岸。武達引兵擊之，斬其渠帥可邏拔扈，餘黨幾盡。進封東萊郡公。永徽中，累授右武衞大將軍。及卒，高宗廢朝舉哀，贈荊州都督，給東園祕器，陪葬昭陵，謚曰壯。

龐卿惲者，并州太原人。從太宗討隱太子有功，累拜右驍衞將軍，封鄴國公。尋卒，追封濮國公。

子同善，官至右金吾大將軍。同善子承宗，開元初，爲太子賓客。

張長遜，雍州櫟陽人也。隋代爲里長，平陳有功，累至五原郡通守。及天下亂，遂附于突厥，號長遜爲割利特勤。及義旗建，長遜以郡降，授五原太守，尋除豐州總管。是時梁師都、薛舉請兵於突厥，欲令渡河。長遜知之，僞爲詔書與莫賀咄設，示知其謀，突厥乃拒師都等使，高祖嘉之。武德元年，敕右武候驃騎將軍高靜致幣於始畢可汗，路經豐州，會可汗死，敕於所到處納庫。突厥聞而大怒，欲南渡。長遜乃遣高靜出塞，申國家賻贈之禮，突厥乃引還。

及征薛舉，長遜不待命而至，以功授豐州總管，進封巴國公，賜以錦袍金甲。是時言事者以長遜久居豐州，與突厥連結；長遜懼，請入朝，拜右武候將軍，徙封息國公，賜以宮人、綵物千餘段。會有疾，車駕親幸其第。及竇軌率巴蜀兵擊王世充，以長遜檢校益州行臺左僕射，歷遂、夔二州總管，所在皆有惠政。貞觀十一年卒。

李安遠者，夏州朔方人也。隋雲州刺史徹子也。家富於財，少從博徒不逞，晚始折節讀書，敬慕士友。襲父爵城陽公。與王珪友善。大業初，珪坐叔頗當配流，安遠爲之營護，免。後爲正平令。及義兵攻絳郡，安遠與通守陳叔達嬰城自守。城陷，高祖與安遠有舊，馳至其宅撫慰之，引與同食。拜右翊衞統軍，封正平縣公。武德元年，授右武衞大將軍。從太宗征伐，特蒙恩澤，累戰功，改封廣德郡公。又使於吐谷渾，與敦和好，於是吐谷渾主伏允請與中國互市，安遠之功也。後隱太子建成潛引以爲黨援，安遠固拒之，由是太宗益加親信。貞觀初，歷潞州都督、懷州刺史。歷任頗有聲績，然傷於嚴急，時論少之。七年卒，追贈涼州都督，謚曰密。十三年，追封爲遂安郡公。

史臣曰：裴寂歷任仕隋，官至爲宮監，總子女玉帛之務，據倉廩兵甲之饒，喜博戲之利苟多，啓舉義之謀爲首。謁嶽神以徼福，始彰不湜之心；留貴妃以經宿，終昧爲臣之道。居第一之位，乏在三之規。恃高祖之舊恩，致文靜之極法。終歸四罪，尙保再生，幸也。文靜奮縱橫之略，立締構之功，罔思寵辱之機，過爲輕躁之行，未及封而禍也，惜哉！凡關佐命，爰第實封，小大不遺，賢愚自勸，太宗之行賞也明矣！

贊曰：風雲初合，共竭智力。勢利既分，遽變讎敵。

校勘記

〔一〕食邑三千戶　新書卷八八裴寂傳作「食邑三百戶」。

〔二〕寂一日一夜馳至平陽　「平陽」二字各本原無，據葉校本補。

〔三〕纔涉數月　「月」字各本原作「日」，據唐會要卷三六改。新書卷八八裴寂傳作「不三月有天下」。

〔四〕握五郡之兵　「郡」字各本原作「都」，據新書卷八八許世緒傳、通鑑卷一八三改。

〔五〕西戎州都督　「州」字各本原無，據冊府卷四二六、合鈔卷一〇八劉師立傳補。

〔六〕党項破丑氏　「丑」字各本原作「刃」，據本書卷一九八党項羌傳、新書卷八八劉師立傳改。下同。

〔七〕累封榮國公　「榮」字各本原作「營」，據唐會要卷二一及卷四五、新書卷一九一李憕傳改。

舊唐書卷五十八

列傳第八

唐儉 子觀 觀子從心 從心子晙　長孫順德　劉弘基 子仁實　殷嶠
劉政會　柴紹 平陽公主 馬三寶附　武士彠 長兄士稜 次兄士逸

唐儉字茂約，并州晉陽人，北齊尙書左僕射邕之孫也。父鑒，隋戎州刺史。儉落拓不拘規檢，然事親頗以孝聞。初，鑒與高祖有舊，同領禁衞。高祖在太原留守，儉與太宗周密，儉從容說太宗以隋室昏亂，天下可圖。太宗白高祖，乃召入，密訪時事，儉曰：「明公日角龍庭，李氏又在圖牒，天下屬望，非在今朝。若開府庫，南嘯豪傑，北招戎狄，東收燕、趙，長驅濟河，據有秦、雍，海內之權，指麾可取。願弘達節，以順羣望，則湯、武之業不遠。」高祖曰：「湯、武之事，非所庶幾。今天下已亂，言私則圖存，語公則拯溺。卿宜自愛，吾將思之。」及開大將軍府，授儉記室參軍。太宗爲渭北道行軍元帥，以儉爲司馬。平京城，加光祿大夫、相國府記室，封晉昌郡公。武德元年，除內史舍人，尋遷中書侍郎，特加授散騎常侍。

王行本守蒲州城不降，敕工部尚書獨孤懷恩率兵屯於其東以經略之。尋又夏縣人呂崇茂以城叛，降於劉武周，高祖遣永安王孝基、工部尚書獨孤懷恩、陝州總管于筠等率兵討之。時儉使至軍所，屬武周遣兵援崇茂，儉與孝基、筠等並爲所獲。初，懷恩屯兵蒲州，與其屬元君實謀反，時君實亦陷於賊中，與儉同被拘執，乃謂儉曰：「古人有言：『當斷不斷，反受其亂。』獨孤尚書近者欲舉兵圖事，遲疑之間，遂至今日，豈不由不斷耶？」俄而懷恩脫身得還，仍令依前屯守，君實又謂儉曰：「獨孤尚書今遂拔難得還，復在蒲州屯守，可謂王者不死。」儉聞之，懼懷恩爲逆，乃密令親信劉世讓以懷恩之謀奏聞。適遇王行本以蒲州歸降，高祖將入其城，浮舟至中流，世讓謁見，高祖讀奏，大驚曰：「豈非天命也！」迴舟而歸，分捕反者按驗之，懷恩自縊，餘黨伏誅。俄而太宗擊破武周部將宋金剛，追至太原，武周懼而北走，儉乃封其府庫，收兵甲，以待太宗。高祖嘉儉身沒虜庭，心存朝闕，復舊官，仍爲幷州道安撫大使，以便宜從事，幷賜獨孤懷恩田宅貲財等。使還，拜禮部尚書，授天策府長史，兼檢校黃門侍郎，封莒國公，與功臣等元勳恕一死，仍除遂州都督，食綿州實封六百戶，圖形凌煙閣。

貞觀初，使于突厥，說誘之，因以隋蕭后及楊正道以歸。太宗謂儉曰：「卿觀頡利可圖否？」對曰：「銜國威恩，亦可望獲。」遂令儉馳傳至虜庭，示之威信。頡利部落歡然定歸款之計，因而兵衆弛懈。李靖率輕騎掩襲破之，頡利北走，儉脫身而還。歲餘，授民部尚書。後從幸洛陽苑射猛獸，羣豕突出林中，太宗引弓四發，殪四豕，有雄彘突及馬鐙，儉投馬搏之，太宗拔劍斷豕，顧笑曰：「天策長史不見上將擊賊耶！何懼之甚？」對曰：「漢祖以馬上得之，不以馬上治之；陛下以神武定四方，豈復逞雄心於一獸。」太宗納之，因爲罷獵。尋加光祿大夫，又特令其子善識尙豫章公主。

儉在官每盛修肴饌，與親賓縱酒爲樂，未嘗以職務留意。又嘗託鹽州刺史張臣合收其私羊，爲御史所劾，以舊恩免罪，貶授光祿大夫。永徽初，致仕于家，加特進。顯慶元年卒，年七十八，高宗爲之舉哀，罷朝三日，贈開府儀同三司、幷州都督，賻布帛一千段、粟一千石，賜東園祕器，陪葬昭陵，謚曰襄，官爲立碑。

儉少子觀，最知名，官至河西令，有文集三卷。

儉孫從心，神龍中，以子晙娶太平公主女，官至殿中監。晙，先天中爲太常少卿，坐與太平連謀伏誅。

長孫順德，文德順聖皇后之族叔也。祖澄，周秦州刺史。父愷，隋開府。順德仕隋右勳衞，避遼東之役，逃匿於太原，深爲高祖、太宗所親委。時羣盜並起，郡縣各募兵爲備。太宗外以討賊爲名，因令順德與劉弘基等召募，旬月之間，衆至萬餘人，結營於郭下，遂誅王威、高君雅等。義兵起，拜統軍。從平霍邑，破臨汾，下絳郡，俱有戰功。尋與劉文靜擊屈突通於潼關，每戰摧鋒。及通將奔洛陽，順德追及於桃林，執通歸京師，仍略定陜縣。高祖卽位，拜左驍衞大將軍，封薛國公。

武德九年，與秦叔寶等討建成餘黨於玄武門。太宗踐祚，眞食千二百戶，特賜以宮女，每宿內省。後順德監奴受人餽絹事發，太宗謂近臣曰：「順德地居外戚，功卽元勳，位高爵厚，足稱富貴。若能勤覽古今，以自鑒誡，弘益我國家者，朕當與之同有府庫耳。何乃不遵名節，而貪冒發聞乎！」然惜其功，不忍加罪，遂於殿庭賜絹數十匹，以媿其心。大理少卿胡演進曰：「順德枉法受財，罪不可恕，奈何又賜之絹？」太宗曰：「人生性靈，得絹甚於刑戮；如不知愧，一禽獸耳，殺之何益！」尋坐與李孝常交通除名。歲餘，太宗閱功臣圖，見順德之像，閔然憐之，遣宇文士及視其所爲，見順德頹然而醉，論者以爲達命。召拜澤州刺史，復其爵邑。

順德素多放縱，不遵法度，及此折節爲政，號爲明肅。先是，長吏多受百姓餽餉，順德糾擿，一無所容，稱爲良牧。前刺史張長貴、趙士達並占境內膏腴之田數十頃，順德並劾而追奪，分給貧戶。尋又坐事免。發疾，太宗聞而鄙之，謂房玄齡曰：「順德無慷慨之節，多兒女之情，今有此疾，何足問也！」未幾而卒。太宗爲之罷朝，遣使弔祭，贈荆州都督，謚曰襄。貞觀十三年，追改封爲邳國公。永徽五年，重贈開府儀同三司。

劉弘基，雍州池陽人也。父昇，隋河州刺史。弘基少落拓，交通輕俠，不事家產，以父蔭爲右勳侍。大業末，嘗從煬帝征遼東，家貧不能自致，行至汾陰，度已後期當斬，計無所出，遂與同旅屠牛，潛諷吏捕之，繫於縣獄，歲餘，竟以贖論。事解亡命，盜馬以供衣食，因至太原。會高祖鎭太原，遂自結託，又察太宗有非常之度，尤委心焉。由是大蒙親禮，出則連騎，入同臥起。義兵將舉，弘基召募得二千人。王威、高君雅欲爲變，高祖伏弘基及長孫順德於廳事之後，弘基因麾左右執威等。又從太宗攻下西河。義軍次賈胡堡，與隋將宋老生戰，破之，進攻霍邑。老生率衆陣於城外，弘基從太宗擊之，老生敗走，棄馬投塹，弘基下斬其首，拜右光祿大夫。師至河東，弘基以兵千人先濟河，進下馮翊，爲渭北道大使，得便宜從事，以殷開山爲副。西略地扶風，有衆六萬。南渡渭水，屯於長安故城，威聲大振，耀軍金光門。衛文昇遣兵來戰，弘基逆擊走之，擒甲士千餘人、馬數百匹。時諸軍未至，弘基先至，一戰而捷，高祖大悅，賜馬二十匹。及破京城，功爲第一。

從太宗擊薛舉於扶風，破之，追奔至隴山而返。累拜右領都督，封河間郡公。又從太宗經略東都，戰于瓔珞門外，破之。師旋，弘基爲殿。隋將段達、張志陣於三王陵，弘基擊敗之。武德元年，拜右驍衞大將軍，以元謀之勳恕其一死，領行軍左一總管。又從太宗討薛舉。時太宗以疾頓於高墌城，弘基、劉文靜等與舉接戰於淺水原，王師不利，八總管咸敗；唯弘基一軍盡力苦鬭，矢盡，爲舉所獲。高祖嘉其臨難不屈，賜其家粟帛甚厚。仁杲平，得歸，復其官爵。會宋金剛陷太原，遣弘基屯晉州。裴寂爲宋金剛所敗，人情崩駭，莫有固志。金剛以兵造城下，弘基不能守，復陷於賊。俄得逃歸，高祖慰諭之，授左一總管。從太宗屯于柏壁，率兵二千自隰州趨西河，斷賊歸路。時賊鋒甚勁，弘基堅壁，不能進。及金剛遁，弘基率騎邀之，至于介休，與太宗會，追擊大破之。累封任國公。尋從擊劉黑闥於洺州，師旋，授井鉞將軍〔一〕。會突厥入寇，弘基率步騎一萬，自豳州北界東拒子午嶺，西接臨涇，修營障塞，副淮安王神通備胡寇於北鄙。九年，以佐命功，眞食九百戶。

太宗即位，顧待益隆。李孝常、長孫安業之謀逆也，坐與交遊除名。歲餘，起爲易州刺史，復其封爵，徵拜衞尉卿。九年，改封夔國公，世襲朗州刺史，例停不行。後以年老乞骸骨，授輔國大將軍，朝朔望，祿賜同於職事。太宗征遼東，以弘基爲前軍大總管。從擊高延壽於駐蹕山，力戰有功，太宗屢加勞勉。

永徽元年，加實封通前一千一百戶。其年卒，年六十九，高宗爲之舉哀，廢朝三日，贈開府儀同三司、并州都督，陪葬昭陵，仍爲立碑，謚曰襄。弘基遺令給諸子奴婢各十五人、良田五頃，謂所親曰：「若賢，固不藉多財；不賢，守此可以免飢凍。」餘財悉以散施。

子仁實襲，官至左典戎衞郎將。

從子仁景，神龍初，官至司農卿。

殷嶠字開山，雍州鄠縣人，陳司農卿不害孫也。其先本居陳郡，陳亡，徙關中。父僧首，隋祕書丞，有名於世。嶠少以學行見稱，尤工尺牘。仕隋太谷長，有治名。義兵起，召補大將軍府掾，參預謀略，授心腹之寄，累以軍功拜光祿大夫。從隱太子攻克西河。太宗爲渭北道元帥，引爲長史。時關中羣盜往往聚結，衆無適從，令嶠招慰之，所至皆下。又與統軍劉弘基率兵六萬屯長安故城，隋將衞孝節自金光門出戰，嶠與弘基擊破之。京城平，賜爵陳郡公，遷丞相府掾。尋授吏部侍郎。

從擊薛舉，爲元帥府司馬。時太宗有疾，委軍於劉文靜，誡之曰：「賊衆遠來，利在急戰，難與爭鋒。且宜持久，待糧盡，然後可圖。」嶠退謂文靜曰：「王體不安，慮公不濟，故發此言。宜因機破賊，何乃以勍敵遺王也！」久之，言於文靜曰：「王不豫，恐賊輕我，請耀武以威之。」遂陳兵於折墌，爲舉所乘，軍乃大敗，嶠坐減死除名。後從平薛仁杲，復其爵位。

武德二年，兼陝東道大行臺兵部尚書，遷吏部尚書。從太宗討平王世充，以功進爵鄖國公。復從征劉黑闥，道病卒。太宗親臨喪，哭之甚慟，贈陝東道大行臺右僕射，謚曰節。貞觀十四年，詔與贈司空、淮安王神通，贈司空、河間王孝恭，贈民部尚書劉政會，俱以佐命功配饗高祖廟庭。十七年，又與長孫無忌、唐儉、長孫順德、劉弘基、劉政會、柴紹等二十四人〔三〕，俱圖其形於凌煙閣。永徽五年，追贈司空。

嶠從祖弟閏禮，有文學，武德中，爲太子中舍人，修梁史，未就而卒。閏禮子仲容，亦知名，則天深愛其才。官至申州刺史。

劉政會，滑州胙城人也。祖環儁，北齊中書侍郎。政會，隋大業中爲太原鷹揚府司馬。

高祖爲太原留守，政會率兵隸於麾下。太宗與劉文靜謀起義兵，副留守王威、高君雅獨懷猜貳。後數日，將大會於晉祠，威與君雅謀危高祖，有人以白，太宗既知迫急，欲先事誅之，因遣政會爲急變之書，詣留守告威等二人謀反。是日，高祖與威、君雅同坐視事，文靜引政會入至庭中，云有密狀，知人欲反。高祖指威等令視之，政會不肯，曰：「所告是副留守事，唯唐公得省之耳。」君雅攘袂大呼曰：「此是反人欲殺我也！」時太宗已列兵馬布於街巷，文靜因令左右引威等囚于別室。既拘威等，竟得舉兵，政會之功也。

大將軍府建，引爲戶曹參軍。從平長安，除丞相府掾。武德初，授衞尉少卿，留守太原。政會內輯軍士，外和戎狄，遠近莫不悅服。尋而劉武周進逼并州，晉陽豪右薛深等以城應賊，政會爲賊所擒，於賊中密表論武周形勢。賊平，復其官爵。歷刑部尙書、光祿卿，封邢國公。貞觀初，累轉洪州都督，賜實封三百戶。九年卒，太宗手敕曰：「舉義之日，實有殊功，所葬並宜優厚。」贈民部尙書，謚曰襄。後與殷開山同配饗高祖廟庭。

子玄意襲爵，改封渝國公，尙南平公主，授駙馬都尉。高宗時爲汝州刺史。次子奇，長壽中爲天官侍郎，爲酷吏所陷也。

柴紹字嗣昌，晉州臨汾人也。祖烈，周驃騎大將軍，歷遂、梁二州刺史，封冠軍縣公。父慎，隋太子右內率，封鉅鹿郡公。紹幼趫捷有勇力，任俠聞於關中。少補隋元德太子千牛備身。高祖微時，妻之以女，卽平陽公主也。

義旗建，紹自京間路趣太原。時建成、元吉自河東往，會於道，建成謀於紹曰：「追書甚急，恐已起事。隋郡縣連城千有餘里，中間偷路，勢必不全，今欲且投小賊，權以自濟。」紹曰：「不可。追既急，宜速去，雖稍辛苦，終當獲全。若投小賊，知君唐公之子，執以爲功，徒然死耳。」建成從之，遂共走太原。入雀鼠谷，知已起義，於是相賀，以紹之計爲得。授右領軍大都督府長史。大軍發晉陽，兼領馬軍總管。將至霍邑，紹先至城下察宋老生形勢，白曰：「老生有匹夫之勇，我師若到，必來出戰，戰則成擒矣。」及義師至，老生果出，紹力戰有功。下臨汾，平絳郡，並先登陷陣，授右光祿大夫。隋將桑顯和來擊，孫華率精銳渡河以援之，紹引軍直掩其背，與史大奈合勢擊之，顯和大敗，因與諸將進下京城。

武德元年，累遷左翊衞大將軍。尋從太宗平薛舉，破宋金剛，攻平王世充於洛陽，擒竇建德於武牢，封霍國公，賜實封千二百戶，轉右驍衞大將軍。吐谷渾與党項俱來寇邊，命紹討之。虜據高臨下，射紹軍中，矢下如雨。紹乃遣人彈胡琵琶，二女子對舞，虜異之，駐弓矢而相與聚觀。紹見虜陣不整，密使精騎自後擊之，虜大潰，斬首五百餘級。貞觀元年，拜右衞大將軍。二年，擊梁師都於夏州，平之，轉左衞大將軍，出爲華州刺史。七年，加鎭軍大將軍，行右驍衞大將軍，改封譙國公。十二年，寢疾，太宗親自臨問。尋卒，贈荆州都督，謚曰襄。

平陽公主，高祖第三女也，太穆皇后所生。義兵將起，公主與紹並在長安，遣使密召之。紹謂公主曰：「尊公將掃淸多難，紹欲迎接義旗，同去則不可，獨行恐罹後患，爲計若何？」公主曰：「君宜速去。我一婦人，臨時易可藏隱，當別自爲計矣。」紹卽間行赴太原。公主乃歸鄠縣莊所，遂散家資，招引山中亡命，得數百人，起兵以應高祖。時有胡賊何潘仁聚衆於司竹園，自稱總管，未有所屬。公主遣家僮馬三寶說以利害，潘仁攻鄠縣，陷之。三寶又說羣盜李仲文、向善志、丘師利等，各率衆數千人來會。時京師留守頻遣軍討公主，三寶、潘仁屢挫其鋒。

公主掠地至盩厔、武功、始平，皆下之。每申明法令，禁兵士無得侵掠，故遠近奔赴者甚衆，得兵七萬人。公主令間使以聞，高祖大悅。及義軍渡河，遣紹將數百騎趨華陰，傍南山以迎公主。時公主引精兵萬餘與太宗軍會於渭北，與紹各置幕府，俱圍京城，營中號曰「娘子軍」。京城平，封爲平陽公主，以獨有軍功，每賞賜異於他主。

六年，薨。及將葬，詔加前後部羽葆鼓吹、大輅、麾幢、班劍四十人、虎賁甲卒。太常奏議，以禮，婦人無鼓吹。高祖曰：「鼓吹，軍樂也。往者公主於司竹舉兵以應義旗，親執金鼓，有克定之勳。周之文母，列於十亂，公主功參佐命，非常婦人之所匹也。何得無鼓吹！」遂特加之，以旌殊績；仍令所司按謚法「明德有功曰昭」，謚公主爲昭。

子哲威，歷右屯營將軍，襲爵譙國公。坐弟令武謀反，徙嶺南。起爲交州都督，卒官。令武尚巴陵公主，累除太僕少卿、衞州刺史，封襄陽郡公。永徽中，坐與公主及房遺愛謀反，遣使收之。行至華陰，自殺，仍戮其屍。公主賜死。

馬三寶，初以平京城功拜太子監門率。別擊叛胡劉拔眞於北山，破之。又從平薛仁杲，遷左驍衞將軍。復從柴紹擊吐谷渾於岷州，先鋒陷陣，斬其名王，前後虜男女數千口，累封新興縣公。嘗從幸司竹，高祖顧謂三寶曰：「是汝建英雄之處，衞青大不惡！」累除左驍衞大將軍。貞觀三年卒，太宗爲之廢朝，謚曰忠。

武士彠，并州文水人也。家富於財，頗好交結。高祖初行軍於汾、晉，休止其家，因蒙顧接，及為太原留守，引為行軍司鎧。時盜賊蜂起，士彠嘗陰勸高祖舉兵，自進兵書及符瑞，高祖謂曰：「幸勿多言。兵書禁物，尚能將來，深識雅意，當同富貴耳。」

及義兵將起，高祖募人，遣劉弘基、長孫順德等分統之。王威、高君雅陰謂士彠曰：「弘基等皆背征三衞，所犯當死，安得領兵？吾欲禁身推覈。」士彠曰：「此並唐公之客也，若爾，便大紛紜。」威等由是疑而不發。留守司兵田德平又欲勸威等鞠問募人之狀，士彠謂德平曰：「討捕之兵，總隸唐公；王威、高君雅等並寄坐耳，彼何能為！」德平遂止。義旗起，以士彠為大將軍府鎧曹。從平京城功，拜光祿大夫，封太原郡公。初，義師將起，士彠不預知，及平京師，乃自說云：「嘗夢高祖入西京，升為天子。」高祖哂之曰：「汝王威之黨也。以汝能諫止弘基等，微心可錄，故加酬効；今見事成，乃說迂誕而取媚也？」

武德中，累遷工部尚書，進封應國公，又歷利州、荆州都督。貞觀九年卒官，贈禮部尚書，諡曰定。顯慶元年，以后父累贈司徒，改封周國公。咸亨中，又贈太尉、太原王，特詔配饗高祖廟庭，列在功臣之上。孫承嗣，事在外戚傳。

士彠長兄士稜，性恭順，勤於稼穡。從起義，官至司農少卿，封宣城縣公。常居苑中，委以農囿之事。貞觀中卒，贈潭州都督。

次兄士逸，亦有戰功，武德初，爲齊王府戶曹，賜爵安陸縣公。從齊王鎮并州，爲劉武周所獲，於賊中密令人詣京師陳武周可圖之計。及武周平，甚見慰勉，累授益州行臺左丞。數陳時政得失，高祖每嘉納之。貞觀初，爲韶州刺史，卒。

史臣曰：唐儉委質義旗之下，立功草昧之初；被拘虜庭，脫高祖蒲州之急；侍獵苑囿，諫太宗馬上之言，可謂純臣矣。順德佐命立功，理郡著明肅之政；弘基臨難不屈，陷陣多克捷之勳。殷嶠、劉政會、柴嗣昌並在太原，首預舉義，從微至著，善始令終。馬三寶出廝養之徒，處將軍之位，亦馬之善走者也。武士彠首參起義，例封功臣，無戡難之勞，有因人之跡，載窺他傳，過爲褒詞。慮當武后之朝，佞出敬宗之筆，凡涉虛美，削而不書。

贊曰：茂約忠純，順德功勳。弘基六士，義合風雲。

校勘記

〔一〕井鉞將軍　「井」字各本原作「秉」，據唐會要卷七二、新書卷九〇劉弘基傳及卷五〇兵志改。

〔二〕二十四人　各本原作「十七人」，據本書卷三太宗紀及卷六五長孫無忌傳、唐會要卷四五改。

舊唐書卷五十九

列傳第九

屈突通 子壽 少子詮 詮子仲翔 任瓌 丘和 子行恭 行恭子神勣

許紹 孫力士 力士子欽寂 欽明 紹次子智仁 少子圉師 李襲志 弟襲譽

子懷儼 姜謩 子行本 行本子簡 簡子晞 簡弟柔遠 柔遠子皎 晦 皎男慶初

屈突通，雍州長安人。父長卿，周邛州刺史。通性剛毅，志尚忠慤，檢身清正，好武略，善騎射。開皇中，爲親衞大都督，文帝遣通往隴西檢覆羣牧，得隱藏馬二萬餘匹。文帝盛怒，將斬太僕卿慕容悉達及諸監官千五百人，通諫曰：「人命至重，死不再生，陛下至仁至聖，子育羣下，豈容以畜産之故，而戮千有餘人。愚臣狂狷，輒以死請。」文帝瞋目叱之，通又頓首曰：「臣一身如死，望免千餘人命。」帝寤，曰：「朕之不明，以至於是。感卿此意，良用惻然。今從所請，以旌諫諍。」悉達等竟以減死論。由是漸見委信，擢爲右武候車騎將軍。

奉公正直，雖親戚犯法，無所縱捨。時通弟蓋爲長安令，亦以嚴整知名。時人爲之語曰：「寧食三斗艾，不見屈突蓋；寧服三斗葱，不逢屈突通。」爲人所忌憚如此。

及文帝崩，煬帝遣通以詔徵漢王諒。先是，文帝與諒有密約曰：「若璽書召汝，於敕字之傍別加一點，又與玉麟符合者，當就徵。」及發書無驗，諒覺變，詰通，通占對無所屈，竟得歸長安。大業中，累轉左驍衞大將軍。時秦、隴盜賊蜂起，以通爲關內討捕大使。有安定人劉迦論舉兵反，據雕陰郡，僭號建元，署置百官，有衆十餘萬。稽胡首領劉鷂子聚衆與迦論相影響。通發關中兵擊之，師臨安定，初不與戰，軍中以通爲怯，通乃揚聲旋師而潛入上郡。迦論不之覺，遂進兵南寇，去通七十里而舍，分兵掠諸城邑。通候其無備，簡精甲夜襲之，賊衆大潰，斬迦論并首級萬餘，於上郡南山築爲京觀，虜男女數萬口而還。

煬帝幸江都，令通鎭長安。義兵起，代王遣通進屯河東。既而義師濟河，大破通將桑顯和於飲馬泉，永豐倉又爲義師所克。通大懼，留鷹揚郎將堯君素守河東，將自武關趨藍田以赴長安。軍至潼關，爲劉文靜所遏，不得進，相持月餘。通又令顯和夜襲文靜，詰朝大戰，義軍不利。顯和縱兵破二栅，惟文靜一栅獨存，顯和兵復入栅而戰者往覆數焉。文靜爲流矢所中，義軍氣奪，垂至於敗。顯和以兵疲，傳餐而食，文靜因得分兵以實二栅。又有遊軍數百騎自南山來擊其背，三栅之兵復大呼而出，表裏齊奮，顯和軍潰，僅以身免，悉虜其衆，通勢彌蹙。或說通歸降，通泣曰：「吾蒙國重恩，歷事兩主，受人厚祿，安可逃難，有死而已！」每自摩其頸曰：「要當爲國家受人一刀耳！」勞勉將士，未嘗不流涕，人亦以此懷之。高祖遣其家僮召之，通遽命斬之。

通聞京師平，家屬盡沒，乃留顯和鎭潼關，率兵東下，將趨洛陽。通適進路，而顯和降於劉文靜。遣副將竇琮、段志玄等率精騎與顯和追之，及於稠桑。通結陣以自固，竇琮縱通子壽令往諭之，通大呼曰：「昔與汝爲父子，今與汝爲仇讎。」命左右射之。顯和呼其衆曰：「京師陷矣，汝並關西人，欲何所去？」衆皆釋仗。通知不免，乃下馬東南向再拜號哭，曰：「臣力屈兵敗，不負陛下，天地神祇，實所鑒察。」遂擒通送于長安。高祖謂曰：「何相見晚耶？」通泣對曰：「通不能盡人臣之節，力屈而至，爲本朝之辱，以愧相王。」高祖曰：「隋室忠臣也。」命釋之，授兵部尚書，封蔣國公，仍爲太宗行軍元帥長史。

從平薛舉，時珍物山積，諸將皆爭取之，通獨無所犯。高祖聞而謂曰：「公淸正奉國，著自終始，名下定不虛也。」特賜金銀六百兩、綵物一千段。尋以本官判陝東道行臺僕射，復從太宗討王世充。時通有二子並在洛陽，高祖謂通曰：「東征之事，今以相屬，其如兩子何？」通對曰：「臣以老朽，誠不足以當重任。但自惟疇昔，執就軍門，至尊釋其縲囚，加之恩禮，既不能死，實荷再生。當此之時，心口相誓，暗以身命奉許國家久矣。今此行也，臣願先驅，兩兒若死，自是其命，終不以私害義。」高祖歎息曰：「徇義之夫，一至於此！」及大兵圍洛陽，竇建德且至，太宗中分麾下以屬通，令與齊王元吉圍守洛陽。世充平，通功爲第一，尋拜陝東大行臺右僕射，鎮于洛陽。

數歲，徵拜刑部尚書，通自以不習文法，固辭之，轉工部尚書。隱太子之誅也，通復檢校行臺僕射，馳鎮洛陽。貞觀元年，行臺廢，授洛州都督，賜實封六百戶，加左光祿大夫。明年卒，年七十二，太宗痛惜久之，贈尚書右僕射，諡曰忠。子壽襲爵。太宗幸洛陽宮，思通忠節，拜其少子詮果毅都尉，賜束帛以䘏其家焉。十七年，詔圖形於淩煙閣。二十三年，與房玄齡配饗太宗廟庭。永徽五年，重贈司空。

詮官至瀛州刺史。詮子仲翔，神龍中亦爲瀛州刺史。

任瓌字瑋，廬州合肥人，陳鎮東大將軍蠻奴弟之子也。父七寶，仕陳定遠太守。瓌早孤，蠻奴愛之，情踰己子，每稱曰：「吾子姪雖多，並傭保耳，門戶所寄，惟在於瓌。」年十九，試守靈溪令。俄遷衡州司馬，都督王勇甚敬異之，委以州府之務。屬隋師滅陳，瓌勸勇據嶺南，求陳氏子孫立以爲帝，勇不能用，以嶺外降隋，瓌乃棄官而去。仁壽中，爲韓城尉，俄又罷職。

及高祖討捕於汾、晉，瓌謁高祖於轅門，承制爲河東縣戶曹。高祖將之晉陽，留隱太子建成以託於瓌。義師起，瓌至龍門謁見，高祖謂之曰：「隋氏失馭，天下沸騰。吾忝以外戚，屬當重寄，不可坐觀時變。晉陽是用武之地，士馬精強，今率驍雄，以匡國難。卿將家子，深有智謀，觀吾此舉，將爲濟否？」瓌曰：「後主殘酷無道，征役不息，天下恟恟，思聞拯亂。公天縱神武，親舉義師，所下城邑，秋毫無犯，軍令嚴明，將士用命。關中所在蜂起，惟待義兵，仗大順，從衆欲，何憂不濟。瓌在馮翊積年，人情諳練，願爲一介之使，銜命入關，同州已東，必當款伏。於梁山船濟，直指韓城，進逼郃陽，分取朝邑。且蕭造文吏，本無武略，仰懼威靈，理當自下；孫華諸賊，未有適從，必當相率而至。然後鼓行整衆，入據永豐，雖未得京城，關中固已定矣。」高祖曰：「是吾心也。」乃授銀青光祿大夫，遣陳演壽、史大柰領步騎六千趨梁山渡河，使瓌及薛獻爲招慰大使。高祖謂演壽曰：「閫外之事，宜與任瓌籌之。」孫華、白玄度等聞兵且至，果競來降，并具舟于河，師遂利涉。瓌說下韓城縣，與諸將進擊飲馬泉，破之，拜左光祿大夫，留守永豐倉。

高祖卽位，改授穀州刺史。王世充數率衆攻新安，瓌拒戰破之，以功累封管國公。太宗率師討世充，瓌從至邙山，使檢校水運以供餉饋。關東初定，持節爲河南道安撫大使。世充弟辯爲徐州行臺尙書令，率所部詣瓌降。瓌至宋州，屬徐圓朗據兗州反，曹、戴諸州咸應之。副使柳濬勸瓌退保汴州，瓌笑曰：「柳公何怯也！老將居邊甚久，自當有計，非公所知。」圓朗俄又攻陷楚丘，引兵將圍虞城，瓌遣崔樞、張公謹自鄢陵領諸州豪右質子百餘人守虞城以拒賊。濬又諫曰：「樞與公謹並世充之將，又諸州質子父兄皆反，此必爲變。」瓌不答。樞至，則分配質子，並與土人合隊居守。賊既稍近，質子有叛者，樞因斬其隊帥。城中人懼曰：「質子父兄悉來爲賊，賊之子弟安可守城？」樞因縱諸隊各殺質子，梟首于門外，遣使報瓌。瓌陽怒曰：「遣將去者，欲招慰耳，何罪而殺之？」退謂濬曰：「固知崔樞辦之。既縣人殺賊質子，冤隙已大，吾何患焉。」樞果拒卻圓朗。事平，遷徐州總管，仍爲大使。

瓌選補官吏，頗私親故，或依倚其勢，多所求納，瓌知而不禁；又妻劉氏妬悍無禮，爲世所譏。及輔公祏平，拜邢州都督。隱太子之誅也，瓌弟璨時爲典膳監，瓌坐左遷通州都督。貞觀三年卒。

丘和，河南洛陽人也。父壽，魏鎮東將軍。和少便弓馬，重氣任俠。及長，始折節，與物無忤，無貴賤皆愛之。周爲開府儀同三司。入隋，累遷右武衞將軍，封平城郡公。漢王諒之反也，以和爲蒲州刺史，諒使兵士服婦人服，戴羃䍦，奄至城中，和脫身而免，由是除名。時宇文述方被任遇，和傾心附之，又以發武陵公元冑罪，拜代州刺史。屬煬帝北巡過代州，和獻食甚精，及至朔州，刺史楊廓獨無所獻，帝不悅，而宇文述又盛稱之，乃以和爲博陵太守，仍令楊廓至博陵觀和爲式。及駕至博陵，和上食又豐，帝益稱之。由是所幸處獻食者競爲華侈。和在郡善撫吏士，甚得歡心，尋遷天水郡守。

大業末，以海南僻遠，吏多侵漁，百姓咸怨，數爲亂逆，於是選淳良太守以撫之。黃門侍郎裴矩奏言：「丘和歷居二郡，皆以惠政著聞，寬而不擾。」煬帝從之，遣和爲交趾太守。既至，撫諸豪傑，甚得蠻夷之心。

會煬帝爲化及所弑，鴻臚卿甯長眞以鬱林、始安之地附於蕭銑，馮盎以蒼梧、高涼、珠崖、番禺之地附于林士弘，各遣人召之，和初未知隋亡，皆不就。林邑之西諸國，並遣遣和明珠、文犀、金寶之物，富埒王者。銑利之，遣長眞率百越之衆渡海侵和，和遣高士廉率交、愛首領擊之，長眞退走，境內獲全，郡中樹碑頌德。會舊驍果從江都還者，審知隋滅，遂以州從銑。

及銑平，和以海南之地歸國。詔使李道裕卽授上柱國、譚國公、交州總管。和遣司馬高士廉奉表請入朝，詔許之。高祖遣其子師利迎之。及謁見，高祖爲之興，引入臥內，語及平生，甚歡，奏九部樂以饗之，拜左武候大將軍。和時年已衰老，乃拜稷州刺史，以是本鄉，令自怡養。九年，除特進。貞觀十一年卒，年八十六，贈荆州總管，謚曰襄，賜東園祕器，陪葬獻陵。有子十五人，多至大官，惟行恭知名。

行恭善騎射，勇敢絕倫。大業末，與兄師利聚兵於岐、雍間，有衆一萬，保故郿城，百姓多附之，羣盜不敢入境。初，原州奴賊數萬人圍扶風郡，太守竇璡堅守，經數月，賊中食盡，野無所掠，衆多離散，投行恭者千餘騎。行恭遣其酋渠說諸奴賊共迎義軍。行恭又率五百人，皆負米麥，持牛酒，自詣賊營，奴帥長揖，行恭手斬之，謂其衆曰：「汝等並是好人，何因事奴爲主，使天下號爲奴賊。」衆皆俯伏曰：「願改事公。」行恭率其衆與師利共謁太宗于渭北，拜光祿大夫。從平京城，討薛舉、劉武周、王世充、竇建德，皆立殊勳，授左一府驃騎，賞賜甚厚。隱太子之誅也，行恭以功遷左衞將軍。貞觀中，坐與嫡兄爭葬所生母，爲法司所劾，除名。因從侯君集平高昌，封天水郡公，累除右武候將軍。高宗嗣位，歷遷右武候大將軍、冀陝二州刺史，尋請致仕，拜光祿大夫。麟德二年卒，年八十，贈荆州都督，謚曰襄，賜温明祕器，陪葬昭陵。

行恭性嚴酷，所在僚列皆懾憚之，數坐事解免。太宗每思其功，不踰時月復其官。初，從討王世充，會戰於邙山之上，太宗欲知其虛實強弱，乃與數十騎衝之，直出其後，衆皆披靡，莫敢當其鋒，所殺傷甚衆。既而限以長隄，與諸騎相失，惟行恭獨從。尋有勁騎數人追及太宗，矢中御馬，行恭乃迴騎射之，發無不中，餘賊不敢復前，然後下馬拔箭，以其所乘馬進太宗。行恭於御馬前步執長刀，巨躍大呼，斬數人，突陣而出，得入大軍。貞觀中，有詔刻石爲人馬以象行恭拔箭之狀，立於昭陵闕前。

子神勣，嗣聖元年，爲左金吾將軍，則天使於巴州害章懷太子，既而歸罪於神勣，左遷疊州刺史。尋復入爲左金吾衞大將軍，深見親委。嘗受詔鞫獄，與周興、來俊臣等俱號爲酷吏。尋以罪伏誅。神龍初，禁錮其子孫。

和少子行掩，高宗時爲少府監。

許紹字嗣宗，本高陽人也，梁末徙于周，因家于安陸。祖弘，父法光，俱爲楚州刺史。元皇帝爲安州總管，故紹兒童時得與高祖同學，特相友愛。大業末，爲夷陵郡通守。是時盜賊競起，紹保全郡境，流戶自歸者數十萬口，開倉賑給，甚得人心。及江都弑逆，紹率郡人大臨三日，仍以郡遙屬越王侗。

王世充簒位，乃率黔安、武陵、澧陽等諸郡遣使歸國，授硤州刺史〔一〕，封安陸郡公。高祖降敕書曰：「昔在子衿，同遊庠序，博士吳琰，其妻姓仇，追想此時，宛然心目，荏苒歲月，遂成累紀。且在安州之日，公家乃莅岳州；渡遼之時，伯裔又同戎旅。安危契闊，累葉同之，其間遊處，觸事可想。雖盧綰與劉邦同里，吳質共曹丕接席，以今方古，何足稱焉。而公追硯席之舊歡，存通家之曩好，明鑒去就之理，洞識成敗之機。爰自荊門，馳心絳闕，綏懷士庶，糾合賓僚，踰越江山，遠申誠款。覽此忠至，彌以慰懷。」

及蕭銑將董景珍以長沙來降，命紹率兵應之。以破銑功，拜其子智仁爲溫州刺史，委以招慰。時蕭銑遣其將楊道生圍硤州，紹縱兵擊破之。銑又遣其將陳普環乘大艦泝江入硤，與開州賊蕭闍提規取巴蜀。紹遣智仁及錄事參軍李弘節、子壻張玄靜追至西陵硤，大破之，生擒普環，收其船艦。江南岸有安蜀城，與硤州相對，次東有荊門城，皆險峻，銑並以兵鎮守。紹遣智仁及李弘節攻荊門鎮，破之。高祖大悅，下制褒美，許以便宜從事。

紹與王世充、蕭銑疆界連接，紹之士卒爲賊所虜者，輒見殺害。紹執敵人，皆資給而遣之，賊感其義，不復侵掠，闔境獲安。趙郡王孝恭之擊蕭銑也，復令紹督兵以圖荊州，會卒於軍，高祖聞而流涕。貞觀中，贈荊州都督。

嫡孫力士襲爵，官至洛州長史，卒。

子欽寂嗣，萬歲登封年爲夔州都督府長史。時契丹入寇，以欽寂兼龍山軍討擊副使，軍次崇州，戰敗被擒。其後，賊將圍安東，令欽寂說屬城之未下者。安東都督裴玄珪時在城下，欽寂謂之曰：「狂賊天殃，滅在朝夕，公但謹守勵兵，以全忠節。」賊大怒，遂害之。則天下制褒美，贈蘄州刺史，謚曰忠。又授其子輔乾左監門衞中候，仍爲海東慰勞使，令迎其喪柩，以禮改葬。輔乾，開元中官至光祿卿。

欽寂弟欽明，少以軍功歷左玉鈐衞將軍、安西大都護，封鹽山郡公。萬歲通天元年，授金紫光祿大夫、涼州都督。欽明嘗出按部，突厥默啜率衆數萬奄至城下，欽明拒戰久之，力屈被執。賊將欽明至靈州城下，令說城中早降，欽明大呼曰：「賊中都無飲食，城內有美醬乞二升，粱米乞二斗，墨乞一梃。」是時，賊營處四面阻泥河，惟有一路得入，欽明乞此物以喻城中，冀其簡兵陳將，候夜掩襲，城中無悟其旨者，尋遇害。兄弟同年皆死王事，論者稱之。

紹次子智仁，初，以父勳授温州刺史，封孝昌縣公。尋繼其父爲硤州刺史，後歷太僕少卿、涼州都督。貞觀中卒。

紹少子園師，有器幹，博涉藝文，舉進士。顯慶二年，累遷黄門侍郎、同中書門下三品，兼修國史。三年，以修實錄功封平恩縣公〔三〕，賜物三百段。四遷，龍朔中爲左相。俄以子自然因獵射殺人，隱而不奏，又爲李義府所擿，左遷虔州刺史。尋轉相州刺史，政存寬惠，人吏刊石以頌之。嘗有官吏犯贓事露，園師不令推究，但賜淸白詩以激之，犯者愧懼，遂改節爲廉士，其寬厚如此。上元中，再遷戶部尙書。儀鳳四年卒，贈幽州都督，陪葬恭陵，謚曰簡。

李襲志字重光，本隴西狄道人也；五葉祖景避地安康，復稱金州安康人也。周信州總管安康郡公遷哲孫也。父敬猷，隋台州刺史、安康郡公。襲志，初仕隋，歷始安郡丞。大業末，江外盜賊尤甚，襲志散家產，招募得三千人以守郡城。時蕭銑、林士弘、曹武徹等爭來攻擊，襲志固守久之。後聞宇文化及弑逆，乃集士庶舉哀三日。有郡人勸襲志曰：「公累葉冠族，久臨鄙郡，蠻夷畏威，士女悅服，雖曰隋臣，實我之君長。今江都篡逆，四海鼎沸，王號者非止一人，公宜因此時據有嶺表，則百越之人皆拱手向化，追蹤尉佗，亦千載一遇也。」襲志厲聲曰：「吾世樹忠貞，見危授命，今雖江都陷沒，而宗社猶存，當與諸君戮力中原，共雪讎恥，豈可怙亂稱兵，以圖不義！吾寧蹈忠而死，不爲逆節而求生。尉佗愚鄙無識，何足景慕？」於是欲斬勸者，從衆議而止。襲志固守，經二年而無援，卒爲蕭銑所陷，銑署爲工部尚書、檢校桂州總管。

武德初，高祖遣其子玄嗣齎書召之，襲志乃密說嶺南首領隨永平郡守李光度與之歸國。高祖又令間使齎書諭襲志曰：「卿昔久在桂州，仍屬隋室運終，四方圮絕，率衆保境，未知所統。朕撫臨天下，志在綏育，眷彼幽遐，思沾聲教。況卿朕之宗姓，情異於常，一家弟姪〔三〕，並立誠效公，又分遣首領，申諭諸州，情深奉國，甚副所望。卿之子弟，並據州縣，俱展誠績，每所嘉歎，不能已已。令並入屬籍，著於宗正。」及蕭銑平，江南道大使、趙郡王孝恭授襲志桂州總管。武德五年入朝，授柱國，封始安郡公，拜江州都督。及輔公祏反，又以襲志爲水軍總管討平之，轉桂州都督。襲志前後凡任桂州二十八載，政尚淸簡，嶺外安之。後表請入朝，拜右光祿大夫、行汾州刺史致仕，卒於家。襲志弟襲譽。

襲譽字茂實，少通敏有識度。隋末爲冠軍府司兵。時陰世師輔代王爲京師留守，所在盜賊蜂起，襲譽說世師遣兵據永豐倉，發粟以賑窮乏，出庫物賞戰士，移檄郡縣，同心討賊。世師不能用，乃求外出募山南士馬，世師許之。既至漢中，會高祖定長安，召授太府少卿，封安康郡公，仍令與兄襲志附籍於宗正。太宗討王世充，以襲譽爲潞州總管。時突厥與國和親，又通使於世充，襲譽掩擊，悉斬之。因委令轉運以餽大軍。

後歷光祿卿、蒲州刺史，轉揚州大都督府長史，爲江南道巡察大使，多所黜陟。江都俗好商賈，不事農桑，襲譽乃引雷陂水，又築勾城塘，溉田八百餘頃，百姓獲其利。召拜太府卿。襲譽性嚴整，所在以威肅聞。凡獲俸祿，必散之宗親，其餘資多寫書而已。及從揚州罷職，經史遂盈數車。嘗謂子孫曰：「吾近京城有賜田十頃，耕之可以充食；河內有賜桑千樹，蠶之可以充衣；江東所寫之書，讀之可以求官。吾沒之後，爾曹但能勤此三事，亦何羨於人。」尋轉涼州都督，加金紫光祿大夫，行同州刺史。坐在涼州陰憾番禾縣丞劉武，杖而殺之，至是有司議當死，制除名，流於泉州，無幾而卒。撰五經妙言四十卷、江東記三十卷、忠孝圖二十卷。

兄子懷儼，頗以文才著名。歷蘭臺侍郎，受制檢校寫四部書進內，以書有汙，左授郢州刺史。後卒于禮部侍郎。

姜謩，秦州上邽人。祖眞，後魏南秦州刺史。父景，周梁州總管、建平郡公。謩，大業末爲晉陽長，會高祖留守太原，見謩深器之。謩退謂所親曰：「隋祚將亡，必有命世大才，以應圖籙，唐公有霸王之度，以吾觀之，必爲撥亂之主。」由是深自結納。及大將軍府建，引爲司功參軍。從平霍邑，拔絳郡，監督大軍濟河。時兵士爭渡，謩部勒諸軍，自昏至曉，六軍畢濟，高祖稱歎之。平京城，除相國兵曹參軍，封長道縣公。

時薛舉寇秦、隴，以謩西州之望，詔於隴右安撫，承制以便宜從事。謩將行，奏曰：「天人之望，誠有所歸，願早膺圖籙，以寧兆庶。老夫犬馬暮齒，恐先朝露，得一覩昇紫殿，死無所恨。」高祖大悅。謩與竇軌出散關，下河池、漢陽二郡。軍次長道，與薛舉相遇，軌輕敵，爲舉所敗。徵謩還京，拜員外散騎常侍。及平薛仁杲，拜謩秦州刺史，高祖謂曰：「衣錦還鄉，古人所尚；今以本州相授，用答元功。」涼州之路，近爲荒梗，宜弘方略，有以靜之。」謩至州，撫以恩信，州人相謂曰：「吾輩復見太平官府矣。」盜賊悉來歸首，士庶安之。尋轉隴州刺史。七年，以老疾去職。貞觀元年卒，贈岷州都督，謚曰安。

子行本，貞觀中爲將作大匠。太宗修九成、洛陽二宮，行本總領之，以勤濟稱旨，賞賜甚厚。有所遊幸，未嘗不從。又轉左屯衞將軍。時太宗選趫捷之士，衣五色袍，乘六閑馬，直屯營以充仗內宿衞，名爲「飛騎」，每遊幸，卽騎以從，分隸於行本。

及高昌之役，以行本爲行軍副總管，率衆先出伊州，未至柳谷百餘里，依山造攻具。其處有班超紀功碑，行本磨去其文，更刻頌陳國威德而去。遂與侯君集進平高昌，璽書勞之曰：「攻戰之重，器械爲先，將士屬心，待以制敵。卿星言就路，躬事修營，干戈纔動，梯衝暫臨，三軍勇士，因斯樹績，萬里逋寇，用是克平。方之前古，豈足相況。」及還，進封金城郡公，賜物一百五十段、奴婢七十人。十七年，太宗將征高麗，行本諫以爲師未可動，太宗不從。行本從至蓋牟城，中流矢卒，太宗賦詩以悼之，贈左衞大將軍、郕國公，謚曰襄，陪葬昭陵。

子簡嗣，永徽中，官至安北都護，卒。

子晞嗣，開元初左散騎常侍。

簡弟柔遠，美姿容，善於敷奏。則天時，至左鷹揚衞將軍、通事舍人、內供奉。柔遠子晈，長安中，累遷尙衣奉御。時玄宗在藩，見而悅之。晈察玄宗有非常之度，尤委心焉。尋出爲潤州長史。玄宗卽位，召拜殿中少監。數召入臥內，命之捨敬，曲侍宴私，與后妃連榻，間以擊毬鬭雞，常呼之爲姜七而不名也。兼賜以宮女、名馬及諸珍物不可勝數。玄宗又嘗與晈在殿庭翫一嘉樹，晈稱其美，玄宗遽令徙植於其家，其寵遇如此。及竇懷貞等潛謀逆亂，玄宗將討之，晈協贊謀議，以功拜殿中監，封楚國公，實封四百戶。玄宗以晈在藩之舊，晈又有先見之明，欲宣布其事，乃下敕曰：

朕聞士之生代，始於事親，中於事君，終於立身，此其本也。若乃移孝成忠，策名委質。命有太山之重，義徇則爲輕；草有疾風之力，節全則知勁。況君臣之相遇，而故舊之不遺乎！銀青光祿大夫、殿中監、楚國公姜晈，簪紱聯華，珪璋特秀。寬厚爲量，體靜而安仁；精微用心，理和而專直。往居藩邸，潛款風雲，亦由彭祖之同書，子陵之共學。朕常遊幸于外，至長楊、鄠杜之間，晈於此時與之累宿，私謂朕曰：「太上皇卽登九五，王必爲儲副。」凡如此者數四，朕叱而後止。寧知非僕，雖翫於鄧晨；可收護軍，遂訶於朱祐。晈復言於朕兄弟及諸駙馬等，因聞徹太上皇，太上皇遽奏於中宗孝和皇帝。尋遣嗣虢王邕等鞫問，晈保護無怠，辭意轉堅。李通之讖記不言，田叔之髡鉗罔憚。仍爲宗楚客、紀處訥等密奏，請投晈炎荒。中宗特降恩私，左遷潤州長史。讒邪每構，忠懇逾深，戴于朕躬，憂存王室。以爲天且有命，預覩成龍之徵；人而無禮，常懷逐鳥之志。游辭枉陷，旋罹貶斥；嚴憲將及，殆見誅夷。履危本於初心，遭險期於不貳，雖禍福之際昭然可圖，而艱難之中是所繄賴。

洎朕祗膺寶位，又共翦姦臣，拜以光寵，不忘撝挹，敬愛之極，神明所知。造膝則曾莫詭隨，匪躬則動多規諫，補朕之闕，斯人孔臧。而悠悠之談，嗷嗷妄作，醜正惡直，竊生於謗，考言詢事，益亮其誠。昔漢昭帝之保霍光，魏太祖之明程昱，朕之不德，庶幾於此。矧夫否當其悔，則滅宗毀族，朕負之必深；泰至其亨，則如山如河，朕酬之未補。豈流言之足聽，而厚德之遂忘，謀始有之，圖終可也。宜告示中外，咸令知悉。」尋遷太常卿，監修國史。弟晦，又歷御史中丞、吏部侍郎，兄弟當朝用事。侍中宋璟以其權寵太盛，恐非久安之道，屢奏請稍抑損之。開元五年下敕曰：「西漢諸將，多以權貴不全；南陽故人，並以優閑自保。觀夫先後之迹，吉凶之數，較然可知，良有以也。太常卿、上柱國、楚國公、監修國史姜皎，衣纓奕代，忠讜立誠，精識比於橋玄，密私方於朱祐。朕昔在藩邸，早申款洽，當謂我以不遺，亦起予以自愛。及膺大位，屢錫崇班，茅土列爵，山河傳誓，備蒙光寵，時冠等夷。朕每欲戒盈，用克終吉。未若避榮公府，守靖私第，自弘高尙之風，不涉囂塵之境，沐我恩貸，庇爾子孫。宜放歸田園，以恣娛樂。」又遷晦爲宗正卿，以去其權。久之，皎復起爲祕書監。

十年，坐漏洩禁中語，爲嗣濮王嶠所奏，敕中書門下究其狀。嶠即王守一之妹夫，中書令張嘉貞希守一意，構成其罪，仍奏請先決杖配流嶺外。下制曰：「祕書監姜皎，往屬艱難，頗效誠信，功則可錄，寵是以加。既忘滿盈之誡，又虧靜愼之道，假說休咎，妄談宮掖。

據其作孽，合處極刑，念茲舊勳，免此殊死。宜決一頓，配流欽州。」晈既決杖，行至汝州而卒，年五十餘。晈之所親都水使者劉承祖，配流雷州，自餘流死者數人。時朝廷頗以晈爲寃，而咎嘉貞焉，源乾曜時爲侍中，不能有所持正，論者亦深譏之。玄宗復思晈舊勳，令遞其柩還，以禮葬之，仍遣中使存問其家。十五年，追贈澤州刺史。晦坐晈左遷春州司馬，俄遷海州刺史，卒。

天寶六載，授晈男慶初等官。七載，贈晈吏部尚書，仍贈實封二百戶以充享祀。慶初襲封楚國公。慶初生未晬，玄宗許尙公主，後淪落二十餘年。李林甫爲相，當軸用事，林甫即晈之甥，從容奏之，故驟加恩命。天寶十載，詔慶初尙新平公主，授駙馬都尉。永泰元年，拜太常卿。

史臣曰：或問屈突通盡忠於隋而功立於唐，事兩國而名愈彰者，何也？答云，若立純誠，遇明主，一心可事百君，寧限於兩國爾！被稠桑之擒，臨難無苟免；破仁杲之衆，臨財無苟得，君子哉！任瓌、丘和、許紹、李襲志咸遇眞主，得爲故人，或敍舊立功，或率衆歸國，尋其履迹，皆有可稱。襲志爲政，襲譽訓子，庶幾弘遠矣。姜謩恩信，有能官之譽；行本勤濟，多克敵之功。皎雖故舊，恩倖不倫，雖嘉貞致冤，亦冒寵自掇，豈非無德而祿，福過災生之驗歟！任瓌縱妬妻無禮，任親戚求財，丘和進食邀幸，皆無取焉。

贊曰：屈突守節，求仁得仁。諸君遇主，不足擬倫。

校勘記

〔一〕硤州刺史　「硤州」，原作「陝州」，據本卷下文、十七史商榷卷八六改。

〔二〕平恩縣公　「公」字各本原作「男」，據唐會要卷七九、新書卷一九一李憕傳改。

〔三〕一家弟姪　「一」字各本原無，據全唐文卷三補。

舊唐書卷六十

列傳第十

宗室 太祖諸子 代祖諸子

永安王孝基 淮安王神通 子道彥 孝察 孝同 孝慈 孝友 孝節 孝義 孝逸
襄邑王神符 子德懋 文暕 長平王叔良 子孝協 孝斌 孝斌子思訓 思誨
叔良弟德良 幼良 襄武王琛 河間王孝恭 子晦 孝斌弟瑊 瓌
廬江王瑗 王君廓附 淮陽王道玄 江夏王道宗 隴西王博乂

永安王孝基，高祖從父弟也。父璋，周梁州刺史，與趙王祐謀殺隋文帝，事洩被誅，高祖卽位，追封畢王。孝基，武德元年封永安王，歷陝州總管、鴻臚卿，以罪免。二年，劉武周將宋金剛來寇汾、澮。夏縣人呂崇茂殺縣令，舉兵反，自稱魏王，請援於武周。復以孝基爲行軍總管討之，工部尙書獨孤懷恩、內史侍郎唐儉、陝州總管于筠悉隸焉。武周遣其將尉遲敬德潛援崇茂，大戰於夏縣，王師敗績，孝基與唐儉等皆沒於賊。後謀歸國，爲武周所害，高祖爲之發哀，廢朝三日，賜其家帛千匹。賊平，購其屍不得，招魂而葬之，贈左衞大將軍，謚曰壯。

無子，以從兄韶子道立爲嗣，封高平郡王。九年，降爲縣公。永徽初，卒於陳州刺史。

淮安王神通，高祖從父弟也。父亮，隋海州刺史，武德初追封鄭王。神通，隋末在京師。義師起，隋人捕之，神通潛入鄠縣山南，與京師大俠史萬寶、河東裴勣柳崇禮等舉兵以應義師，遣使與司竹賊帥何潘仁連結。潘仁奉平陽公主而至，神通與之合勢，進下鄠縣，衆踰一萬。自稱關中道行軍總管，以史萬寶爲副，裴勣爲長史，柳崇禮爲司馬，令狐德棻爲記室。高祖聞之大悅，授光祿大夫。從平京師，拜宗正卿。

武德元年，拜右翊衞大將軍，封永康王，尋改封淮安王，爲山東道安撫大使。擊宇文化及於魏縣，化及不能抗，東走聊城。神通進兵躡之，至聊城。會化及糧盡請降，神通不受。其副使黄門侍郎崔幹勸納之，神通曰：「兵士暴露已久，賊計窮糧盡，克在旦暮，正當攻取，以示國威，散其玉帛，以爲軍賞。若受降者，吾何以藉手乎？」幹曰：「今建德方至，化及未平，兩賊之間，事必危迫。不攻而下之，此勳甚大。今貪其玉帛，敗無日矣！」神通怒，囚幹于軍中。既而士及自濟北餽之，化及軍稍振，遂拒戰。神通督兵薄而擊之，貝州刺史趙君德攀堞而上，神通心害其功，因止軍不戰，君德大詬而下，城又堅守。神通乃分兵數千人往魏州取攻具，中路復爲莘人所敗，竇建德軍且至，遂引軍而退。後二日，化及爲建德所虜，賊勢益張，山東城邑多歸建德。神通兵漸散，退保黎陽，依徐勣，俄爲建德所陷。及建德敗，復授河北道行臺尚書左僕射。從太宗平劉黑闥，遷左武衞大將軍。

貞觀元年，拜開府儀同三司，賜實封五百戶。時太宗謂諸功臣曰：「朕敍公等勳效，量定封邑，恐不能盡當，各自言。」神通曰：「義旗初起，臣率兵先至，今房玄齡、杜如晦等刀筆之人，功居第一，臣且不服。」上曰：「義旗初起，人皆有心。叔父雖率兵先至，未嘗身履行陣。山東未定，受委專征，建德南侵，全軍陷沒；及劉黑闥翻動，叔父望風而破。今計勳行賞，玄齡等有籌謀帷幄定社稷功，所以漢之蕭何，雖無汗馬，指縱推轂，故功居第一。叔父于國至親，誠無所愛，必不可緣私濫與勳臣同賞耳。」

四年，薨，太宗爲之廢朝，贈司空，謚曰靖。十四年，詔與河間王孝恭、贈陝州大行臺右僕射鄖節公殷開山、贈民部尚書渝襄公劉政會配饗高祖廟庭。有子十一人：長子道彥，武德五年，封膠東王；次孝察，高密王；孝同，淄川王；孝慈，廣平王；孝友，河間王；孝節，清河王；孝義，膠西王。

初，高祖受禪，以天下未定，廣封宗室以威天下，皇從弟及姪年始孩童者數十人，皆封爲郡王。太宗即位，因舉宗正屬籍問侍臣曰：「遍封宗子，於天下便乎？」尚書右僕射封德彝對曰：「歷觀往古，封王者今最爲多。兩漢已降，唯封帝子及親兄弟，若宗室疏遠者，非有大功如周之郇、滕，漢之賈、澤，並不得濫封，所以別親疏也。先朝敦睦九族，一切封王，爵命既隆，多給力役，蓋以天下爲私，殊非至公馭物之道。」太宗曰：「朕理天下，本爲百姓，非欲勞百姓以養己之親也。」於是宗室率以屬疏降爵爲郡公，唯有功者數人封王〔一〕。是時道彥等並隨例降爵。道彥與季弟孝逸最知名。

道彥幼而事親甚謹。初，義師起，神通逃難，被疾于山谷，緜歷數旬，山中食盡。道彥著故弊衣，出人間乞丐，及採野實，以供其父，身無所噉。其父分以食之，輒詐言已啗，而覆藏留之，以備闕乏。及神通應義舉，授朝請大夫。高祖受禪，封義興郡公，進封膠東王，授隴州刺史。貞觀初，轉相州都督，例降爵爲公，拜岷州都督。丁父憂，廬於墓側，負土成墳，躬植松柏，容貌哀毀，親友皆不復識之。太宗聞而嘉歎，令侍中王珪就加開喻。復授岷州都督。道彥遣使告喻党項諸部，中國威靈，多有降附。

李靖之擊吐谷渾也，詔道彥爲赤水道行軍總管。時朝廷復厚幣遣党項令爲鄉導，党項首領拓拔赤辭來詣靖軍，請諸將曰：「往者隋人來擊吐谷渾，我党項每資軍用，而隋人無信，必見侵掠。今將軍若無他心者，我當資給糧運；如或我欺，當即固險以塞軍路。」諸將與之歃血而盟，赤辭信之。道彥既至闊水，見赤辭無備，遂襲之，虜牛羊數千頭。於是諸羌怨怒，屯兵野狐硤，道彥不能進，爲赤辭所乘，軍大敗，死者數萬人。道彥退保松州，竟坐減死徙邊。後起爲涼州都督，尋卒，贈禮部尚書。

孝逸少好學，解屬文。初封梁郡公。高宗末，歷給事中，四遷益州大都督府長史。則天臨朝，入爲左衞將軍，甚見親遇。

光宅元年，徐敬業據揚州作亂，以孝逸爲左玉鈐衞大將軍、揚州行軍大總管，督軍以討之。孝逸引軍至淮，而敬業方南攻潤州，遣其弟敬猷屯兵淮陰，僞將韋超據都梁山，以拒孝逸。裨將馬敬臣擊斬賊之別帥尉遲昭、夏侯瓚等，超乃擁衆憑山以自固。或謂孝逸曰：「超衆守險，且憑山爲阻，攻之則士無所施其力，騎無所騁其足，窮寇殊死，殺傷必衆。不若分兵守之，大軍直趣揚州，未數日，其勢必降也。」支度使、廣府司馬薛克構曰：「超雖據險，其卒非多，今逢小寇不擊，何以示武？若加兵以守，則有闕前機；捨之而前，則終爲後患，不如擊之。克超則淮陰自懾，淮陰破，則楚州諸縣必開門而候官軍。然後進兵高郵，直趣江都，逆豎之首，可指掌而懸也。」孝逸從其言，進兵擊超，賊衆壓伏，官軍登山急擊之，殺數百人，日暮圍解，超銜枚夜遁。孝逸引兵擊淮陰，大破敬猷之衆。時敬業迴軍屯於下阿溪以拒官軍，有流星墜其營，孝逸引兵渡溪以擊之。敬業初勝後敗，孝逸乘勝追奔數十里，敬業窘迫，與其黨攜妻子逃入海曲。孝逸進據揚州，盡捕斬敬業等，振旅而還，以功進授鎮軍大將軍，轉左豹韜衞大將軍，改封吳國公。

孝逸素有名望，自是時譽益重，武承嗣等深所忌嫉，數讒毀之。垂拱二年，左遷施州刺史。其冬，承嗣等又使人誣告孝逸往任益州，嘗自解「逸」字云：「走遶兔者，常在月中。月既近天，合有天分。」則天以孝逸常有功，減死配徙儋州，尋卒。景雲初，贈益州大都督。孝銳孫齊物〔三〕，孝同曾孫國貞，別有傳。

襄邑王神符，神通弟也。幼孤，事兄以友悌聞。義寧初，授光祿大夫，封安吉郡公。武德元年，進封襄邑郡王。四年，累遷并州總管。突厥頡利可汗率衆來寇，神符出兵與戰於汾水東，敗之，斬首五百級，虜其馬二千匹。又戰於沙河之北，獲其乙利達官并可汗所乘馬及甲獻之，由是召拜太府卿。九年，遷揚州大都督，移州府及居人自丹陽渡江，州人頼焉。貞觀初，再遷宗正卿。後以疾辭職，太宗幸其第問疾，賜以縑帛，每給羊酒。又令乘小輿，引入紫微殿，以神符脚疾，乃遣三衞輿之而升。尋授開府儀同三司。永徽二年薨，年七十三，贈司空、荆州都督，陪葬獻陵，謚曰恭。有子七人，武德初，並封郡王，後例降封縣公。次子德懋、少子文暕最知名。

德懋官至少府監、臨川郡公。

文暕歷幽州都督、魏郡公。垂拱中，坐事貶爲滕州別駕，尋被誅。文暕子佺，開元中爲宗正卿。

長平王叔良，高祖從父弟也。父禕，隋上儀同三司，武德初，追封郇王。叔良，義寧中授左光祿大夫，封長平郡公。武德元年，拜刑部侍郎，進爵爲王。師鎭涇州，以禦薛舉。舉乃陽言食盡，引兵南去，遣高墌人僞以降。叔良遣驃騎劉感率衆赴之，至百里細川，伏兵發，官軍敗績，劉感没于陣。叔良大懼，出金以賜士卒，嚴爲守備，涇州僅全。四年，突厥入寇，命叔良率五軍擊之。叔良中流矢而薨，贈左翊衞大將軍、靈州總管，謚曰肅。

子孝協嗣，武德五年，封范陽郡王。貞觀初，以屬疏例降封郇國公，累遷魏州刺史。麟德中，坐受贓賜死。

孝協弟孝斌，官至原州都督府長史。

孝斌子思訓，高宗時累轉江都令。屬則天革命，宗室多見構陷，思訓遂棄官潛匿。神龍初，中宗初復宗社，以思訓舊齒，驟遷宗正卿，封隴西郡公，實封二百戶。歷益州長史。開元初，左羽林大將軍，進封彭國公，更加實封二百戶，尋轉右武衞大將軍。開元六年卒，贈秦州都督，陪葬橋陵。思訓尤善丹青，迄今繪事者推李將軍山水。

思訓弟思誨，垂拱中揚州參軍。思誨子林甫別有傳。

叔良弟德良，少有疾，不仕。武德初，封新興王。貞觀十一年薨，贈涼州都督。

德良孫晉，先天中，爲殿中監，兼雍州長史，甚有威名，紹封新興王。尋坐附會太平公主伏誅，改姓厲氏。初，晉之就誅，僚吏皆奔散，唯司功李撝步從，不失在官之禮，仍哭其屍。姚崇聞之曰：「欒、向之儔也。」擢爲尙書郎。後官至澤州刺史。

德良弟幼良，武德初，封長樂王。時有人盜其馬者，幼良獲盜而擅殺之，高祖怒曰：「昔人賜盜馬者酒，終獲其報，爾輒行戮，何無古風！盜者信有罪矣，專殺豈非枉邪？」遣禮部尙書李綱於朝堂集宗室王公而撻之。自後累遷涼州都督，嘗引不逞百餘人爲左右，多侵暴市里，行旅苦之。太宗卽位，有告幼良陰養死士，交通境外，恐謀爲反叛，詔遣中書令宇文士及代爲都督，并按其事。士及慮其爲變，遂縊殺之。

襄武王琛，高祖從父兄子也。祖蔚，周朔州總管。父安，隋領軍大將軍。武德初，追封蔚爲蔡王，安爲西平王。琛，義寧中封襄武郡公，與太常卿鄭元璹賫女妓遺突厥始畢可汗，以結和親。始畢甚重之，贈名馬數百匹，遣骨咄祿特勤隨琛貢方物。高祖大悅，拜刑部侍郎，進爵爲王。歷蒲、絳二州總管。及宋金剛陷澮州，時稽胡多叛，轉琛爲隰州總管以鎮之。馭衆寬簡，夷夏安之。三年薨。

子儉嗣，後隨例降爵爲公。

河間王孝恭，琛之弟也。高祖克京師，拜左光祿大夫，尋爲山南道招慰大使。自金州出于巴蜀，招攜以禮，降附者三十餘州。孝恭進擊朱粲，破之，諸將曰：「此食人賊也，爲害實深，請坑之。」孝恭曰：「不可。自此已東，皆爲寇境，若聞此事，豈有來降者乎？」盡赦而不殺，由是書檄所至，相繼降款。

武德二年，授信州總管，承制拜假。蕭銑據江陵，孝恭獻平銑之策，高祖嘉納之。三年，進爵爲王。改信州爲夔州，使拜孝恭爲總管，令大造舟楫，教習水戰，以圖蕭銑。孝恭召巴蜀首領子弟，量才授用，致之左右，外示引擢而實以爲質也。尋授荊湘道行軍總管，統水陸十二總管，發自硤州，進軍江陵，攻其水城，克之，所得船散於江中。諸將皆曰：「虜得賊船，當藉其用，何爲棄之，無乃資賊耶？」孝恭曰：「不然。蕭銑僞境，南極嶺外，東至洞庭。若攻城未拔，援兵復到，我則內外受敵，進退不可，雖有舟楫，何所用之。今銑緣江州鎭忽見船舸亂下，必知銑敗，未敢進兵，來去覘伺，動淹旬月，用緩其救，吾克之必矣。」銑救兵至巴陵，見船被江而下，果狐疑不敢輕進。既內外阻絕，銑於是出降。高祖大悅，拜孝恭荆州大總管，使畫工貌而視之。於是開置屯田，創立銅冶，百姓利焉。

六年，遷襄州道行臺尚書左僕射。時荆襄雖定，嶺表尚未悉平，孝恭分遣使人撫慰，嶺南四十九州皆來款附。及輔公祏據江東反，發兵寇壽陽，命孝恭爲行軍元帥以擊之。七年，孝恭自荆州趣九江，時李靖、李勣、黃君漢、張鎭州、盧祖尚並受孝恭節度。將發，與諸將宴集，命取水，忽變爲血，在座者皆失色，孝恭舉止自若，徐諭之曰：「禍福無門，唯人所召。自顧無負於物，諸公何見憂之深！公祏惡積禍盈，今承廟算以致討，盌中之血，乃公祏授首之後徵。」遂盡飲而罷，時人服其識度而能安衆。公祏遣其僞將馮惠亮、陳當時領水軍屯于博望山，陳正通、徐紹宗率步騎軍于青林山。孝恭至，堅壁不與鬭，使奇兵斷其糧道，賊漸餧，夜薄我營，孝恭安臥不動。明日，縱羸兵以攻賊壘，使盧祖尚率精騎列陣以待之。俄而攻壘者敗走，賊出追奔數里，遇祖尚軍，與戰，大敗之。正通棄營而走，復與馮惠亮保梁山。孝恭乘勝攻之，破其梁山別鎭，赴水死者數千人，正通率陸軍夜遁。總管李靖又下廣陵城，拔楊子鎭。公祏窮蹙，棄丹陽東走，孝恭命騎將追之，至武康，擒公祏及其僞僕射西門君儀等數十人，致于麾下，江南悉平。璽書褒賞，賜甲第一區、女樂二部、奴婢七百人、金寶珍玩甚衆，授東南道行臺尚書左僕射。後廢行臺，拜揚州大都督。

孝恭既破公祏，江淮及嶺南皆統攝之。自大業末，羣雄競起，皆爲太宗所平，謀臣猛將並在麾下，罕有別立勳庸者，唯孝恭著方面之功，聲名甚盛。厚自崇重，欲以威名鎭遠，築宅於石頭，陳廬徼以自衞。尋徵拜宗正卿。九年，賜實封一千二百戶。貞觀初，遷禮部尚書，以功臣封河間郡王，除觀州刺史，與長孫無忌等代襲刺史。

孝恭性奢豪，重遊宴，歌姬舞女百有餘人，然而寬恕退讓，無驕矜自伐之色。太宗甚加親待，諸宗室中莫與爲比。孝恭嘗悵然謂所親曰：「吾所居宅微爲宏壯，非吾心也，當賣之，別營一所，粗令充事而已。身歿之後，諸子若才，守此足矣；如其不才，冀免他人所利也。」十四年暴薨，年五十。太宗素服舉哀，哭之甚慟，贈司空、揚州都督，陪葬獻陵，謚曰元，配享高祖廟庭。

子崇義嗣，降爵爲譙國公，歷蒲同二州刺史、益州大都督長史，甚有威名。後卒於宗正卿。

孝恭次子晦，乾封中，累除營州都督，以善政聞，璽書勞問，賜物三百段。轉右金吾將軍，兼檢校雍州長史，糾發姦豪，無所容貸，爲人吏畏服。晦私第有樓，下臨酒肆，其人嘗候晦言曰：「微賤之人，雖則禮所不及，然家有長幼，不欲外人窺之。家迫明公之樓，出入非便，請從此辭。」晦卽日毁其樓。高宗將幸洛陽，令在京居守，顧謂之曰：「關中之事，一以付卿。但令式跼人，不可以成官政，令式之外，有利於人者，隨事卽行，不須聞奏。」晦累有異績。則天臨朝，遷戶部尚書。垂拱初，拜右金吾衞大將軍，轉秋官尚書。永昌元年卒，贈幽州都督。子榮，爲酷吏所殺。

孝恭弟瑊，武德中，爲尚書右丞，封濟北郡王，卒於始州刺史。

瑊弟瓌，義師克京城，授瓌左光祿大夫。武德元年，封漢陽郡公。五年，進爵爲王。時突厥屢爲侵寇，高祖使瓌賫布帛數萬段與結和親。頡利可汗初見瓌，箕踞，瓌餌以厚利，頡利大悅，改容加敬，遣使隨瓌獻名馬。後復將命，頡利謂左右曰：「李瓌前來，恨不屈之，今者必令下拜。」瓌微知之，及見頡利，長揖不屈節。頡利大怒，乃留瓌不遣。瓌神意自若，竟不爲之屈。頡利知不可以威脅，終禮遣之。拜左武候將軍，轉衞尉卿，代兄孝恭爲荆州都督。政存清靜，深爲士庶所懷。嶺外豪帥屢相攻擊，遣使喻以威德，皆相次歸附，嶺表遂定。太宗卽位，例降爵爲公。時長史馮長命曾爲御史大夫，素矜衒，事多專決，瓌怒杖之，坐是免。貞觀四年，拜宜州刺史，加散騎常侍，卒。

子沖玄，垂拱中官至冬官尚書；沖虛，卒于尙方監。

廬江王瑗，高祖從父兄子也。父哲，隋柱國、備身將軍，追封濟南王。瑗，武德元年歷信州總管，封廬江王。九年，累遷幽州大都督。朝廷以瑗儒愞，非邊將才，遣右領軍將軍王君廓助典兵事。君廓故嘗爲盜，勇力絕人，瑗倚仗之，許結婚姻，以布心腹。

時隱太子建成將有異圖，外結於瑗。及建成誅死，遣通事舍人崔敦禮召瑗入朝，瑗有懼色。君廓素險薄，欲因事陷之以爲己功，遂紿瑗曰：「京都有變，事未可知。大王國之懿親，受委作鎭，擁兵數萬而從一使召耶！且聞趙郡王先以被拘，太子、齊王又言若此，大王今去，能自保乎？」相與共泣。瑗乃囚敦禮，舉兵反。召北燕州刺史王詵〔三〕，將與計事，兵曹參軍王利涉說瑗曰：「王不奉詔而擅發兵，此爲反矣。須改易法度，以權宜應變，先定衆心。今諸州刺史或有逆命，王徵兵不集，何以保全？」瑗曰：「若之何？」利涉曰：「山東之地，先從竇建德，酋豪首領，皆是僞官，今並黜之，退居匹庶，此人思亂，若旱苗之望雨。王宜發使復其舊職，各於所在遣募本兵，諸州倘有不從，卽委隨便誅戮。此計若行，河北之地可呼吸而定也。然後分遣王詵北連突厥，道自太原，南臨蒲、絳；大王整駕親詣洛陽，西入潼關。兩軍合勢，不盈旬月，天下定矣。」瑗從之。

瑗以內外機務悉付君廓。利涉以君廓多翻覆，又說瑗委兵於王詵而除君廓，瑗不能決。君廓知之，馳斬詵，持首告其衆曰：「李瑗與王詵共反，禁錮敕使，擅追兵集。今王詵已斬，獨李瑗在，無能爲也。汝若從之，終亦族滅；從我取之，立得富貴。禍福如是，意欲何從？」衆曰：「皆願討賊。」君廓領其麾下登城西面，瑗未之覺。君廓自領千餘人先往獄中出敦禮，瑗始知之，遽率數百人披甲，纔出至門外，與君廓相遇。君廓謂其衆曰：「李瑗作逆誤人，何忽從之，自取塗炭。」衆皆倒戈，一時潰走。瑗塊然獨存，謂君廓曰：「小人賣我以自媚，汝行當自及矣。」君廓擒瑗，縊殺之，年四十一，傳首京師，絕其屬籍。

君廓，并州石艾人也。少亡命爲羣盜，聚徒千餘人，轉掠長平，進逼夏縣，李密遣使召之，遂投於密。尋又率衆歸國，歷遷右武衞將軍，累封彭國公。從平劉黑闥，令鎭幽州。會突厥入寇，君廓邀擊破之，俘斬二千餘人，獲馬五千匹。高祖大悅，徵入朝，賜以御馬，令於殿庭乘之而出，因謂侍臣曰：「吾聞藺相如叱秦皇，目眥出血。君廓往擊竇建德，將出戰，李勣遏之〔四〕，君廓發憤大呼，目及鼻耳一時流血。此之壯氣，何謝古人，不可以常例賞之。」復賜錦袍金帶，還鎭幽州。尋以誅瑗功，拜左領軍大將軍，兼幽州都督，以瑗家口賜之，加左光祿大夫，賜物千段，食實封千三百戶。在職多縱逸，長史李玄道數以朝憲脅之，懼爲所奏，殊不自安。後追入朝，行至渭南，殺驛吏而遁。將奔突厥，爲野人所殺，追削其封邑。

淮陽王道玄，高祖從父兄子也。祖繪，隋夏州總管，武德初，追封雍王。父贊，追封河南王。道玄，武德元年封淮陽王，授右千牛。從太宗擊宋金剛于介州，先登陷陣，時年十五，太宗壯之，賞物千段。後從討王世充，頻戰皆捷。竇建德至武牢，太宗以輕騎誘賊，令道玄率伏兵於道左，會賊至，追擊破之。又從太宗轉戰于氾水，麾戈陷陣，直出賊後，衆披靡，復衝突而歸，太宗大悅，命副乘以給道玄。又從太宗赴賊，再入再出，飛矢亂下，箭如蝟毛，猛氣益厲，射人無不應弦而倒。東都平，拜洛州總管。及府廢，改授洛州刺史。

五年，劉黑闥引突厥寇河北，復授山東道行軍總管。師次下博，與賊軍遇，道玄帥騎先登，命副將史萬寶督軍繼進。萬寶與之不協，及道玄深入，而擁兵不進，謂所親曰：「吾奉手詔，言淮陽小兒雖名爲將，而軍之進止皆委於吾。今其輕脫，越滹交戰，大軍若動，必陷泥溺，莫如結陣以待之，雖不利於王，而利於國。」道玄遂爲賊所擒，全軍盡沒，惟萬寶逃歸。道玄遇害，年十九。太宗追悼久之，嘗從容謂侍臣曰：「道玄終始從朕，見朕深入賊陣，所向必克，意嘗企慕，所以每陣先登，蓋學朕也。惜其年少，不遂遠圖。」因爲之流涕，贈左驍衞大將軍，謚曰壯。

無子，詔封其弟武都郡公道明爲淮陽王，令主道玄之祀。累遷左驍衞將軍。送弘化公主還蕃，坐洩主非太宗女，奪爵國除，後卒於鄆州刺史。

江夏王道宗，道玄從父弟也。父韶，追封東平王，贈戶部尚書。道宗，武德元年封略陽郡公，起家左千牛備身。裴寂討劉武周，戰于度索原，軍敗，賊徒進逼河東。道宗時年十七，從太宗率衆拒之。太宗登玉壁城望賊，顧謂道宗曰：「賊恃其衆來邀我戰，汝謂如何？」對曰：「羣賊乘勝，其鋒不可當，易以計屈，難與力競。今深壁高壘，以挫其鋒，烏合之徒，莫能持久，糧運致竭，自當離散，可不戰而擒。」太宗曰：「汝意闇與我合。」後賊果食盡夜遁，追及介州，一戰滅之。又從平竇建德，破王世充，屢有殊効。

五年，授靈州總管。梁師都據夏州，遣弟洛仁引突厥兵數萬至于城下，道宗閉門拒守，伺隙而戰，賊徒大敗。高祖聞而嘉之，謂左僕射裴寂、中書令蕭瑀曰：「道宗今能守邊，以寡制衆。昔魏任城王彰臨戎却敵，道宗勇敢有同於彼。」遂封爲任城王。初，突厥連於梁師都，其郁射設入居五原舊地，道宗逐出之，振耀威武，開拓疆界，斥地千餘里，邊人悅服。

貞觀元年，徵拜鴻臚卿，歷左領軍、大理卿。時太宗將經略突厥，又拜靈州都督。三年，爲大同道行軍總管。遇李靖襲破頡利可汗，頡利以十餘騎來奔其部。道宗引兵逼之，徵其執送頡利。頡利以數騎夜走，匿于荒谷，沙鉢羅懼〔三〕，馳追獲之，遣使送於京師。以功賜實封六百戶，召拜刑部尚書。

吐谷渾寇邊，詔右僕射李靖爲崑丘道行軍大總管，道宗與吏部尚書侯君集爲之副。賊聞兵至，走入嶂山，已行數千里。諸將議欲息兵，道宗固請追討，李靖然之，而君集不從。道宗遂率偏師并行倍道，去大軍十日，追及之。賊據險苦戰，道宗潛遣千餘騎踰山襲其後，賊表裏受敵，一時奔潰。十二年，遷禮部尚書，改封江夏王。尋坐贓下獄。太宗謂侍臣曰：「朕富有四海，士馬如林，欲使轍跡周宇內，遊觀無休息，絕域採奇玩，海外訪珍羞，豈不得耶？勞萬姓而樂一人，朕所不取也。人心無厭，唯當以理制之。道宗俸料甚高，宴賜不少，足有餘財，而貪婪如此，使人嗟惋，豈不鄙乎！」遂免官，削封邑。

十三年，起爲茂州都督，未行，轉晉州刺史。十四年，復拜禮部尚書。時侯君集立功於高昌，自負其才，潛有異志。道宗嘗因侍宴，從容言曰：「君集智小言大，舉止不倫，以臣觀之，必爲戎首。」太宗曰：「何以知之？」對曰：「見其恃有微功，深懷矜伐，恥在房玄齡、李靖之下。雖爲吏部尚書，未滿其志，非毁時賢，常有不平之語。」太宗曰：「不可億度，浪生猜貳。其功勳才用，無所不堪，朕豈惜重位，第未到耳。」俄而君集謀反誅，太宗笑謂道宗曰：「君集之事，果如公所揣。」

及大軍討高麗，令道宗與李勣爲前鋒〔六〕，濟遼水，克蓋牟城。逢賊兵大至，軍中僉欲深溝保險，待太宗至徐進，道宗曰：「不可。賊赴急遠來，兵實疲頓，恃衆輕我，一戰必摧。昔耿弇不以賊遺君父，我既職在前軍，當須淸道以待輿駕。」李勣然之。乃與壯士數十騎直衝賊陣，左右出入，勣因合擊，大破之。太宗至，深加賞勞，賜奴婢四十人。又築土山攻安市城，土山崩，道宗失於部署，爲賊所據。歸罪於果毅傅伏愛，斬之。道宗跣行詣旗下請罪，太宗曰：「漢武殺王恢，不如秦穆赦孟明，土山之失，且非其罪。」捨而不問。道宗在陣損足，太宗親爲其針，賜以御膳。

二十一年，以疾請居閑職，轉太常卿。永徽元年，加授特進，增實封并前六百戶。四年，房遺愛伏誅，長孫無忌、褚遂良素與道宗不協，上言道宗與遺愛交結，配流象州，道病卒，年五十四。及無忌、遂良得罪，詔復其官爵。道宗晚年頗好學，敬慕賢士，不以地勢凌人，宗室中唯道宗及河間王孝恭昆季最爲當代所重。

道宗子景恆，降封盧國公，官至相州刺史。

隴西王博乂，高祖兄子也。高祖長兄曰澄，次曰湛，次曰洪，並早卒。武德初，追封澄爲梁王，湛爲蜀王，洪爲鄭王。澄、洪並無後，博乂卽湛第二子也。武德元年受封。高祖時，歷宗正卿、禮部尚書，加特進。博乂有妓妾數百人，皆衣羅綺，食必粱肉，朝夕絃歌自娛，驕侈無比。與其弟渤海王奉慈俱爲高祖所鄙，帝謂曰：「我怨讎有善，猶擢以不次，況於親戚而不委任？聞汝等唯昵近小人，好爲不軌，先王墳典，不聞習學。今賜絹二百匹，可各買經史習讀，務爲善事。」咸亨二年薨，贈開府儀同三司、荊州都督，謚曰恭。

奉慈，武德初封渤海王。顯慶中，累遷原州都督，薨，謚曰敬。

史臣曰：無私於物，物亦公焉。高祖纔定中原，先封疏屬，致廬江爲叛，神通爭功，封德彝論之於前，房玄齡譏之於後。若河間機謀深沉，識度弘遠，縱虛舟而降蕭銑，飲妖血而平公祏，入朝定君臣之分，賣第爲子孫之謀，善始令終，論功行賞，卽無私矣。或問曰：水變爲血，信妖矣，竟成功而無咎者，何也？答曰：河間節貫神明，志匡宗社，故妖不勝德明矣。道宗軍謀武勇，好學下賢，於羣從之中，稱一時之傑。無忌、遂良銜不協之素，致千載之冤。永徽中，無忌、遂良忠而獲罪，人皆哀之。殊不知誣陷劉洎、吳王恪於前，枉害道宗於後，天網不漏，不得其死也宜哉！

贊曰：疏屬盡封，啓亂害公。河間孝恭，獨稱軍功。

校勘記

〔一〕數人　各本原作「數十人」，據通典卷三一、通鑑卷一九二刪。

〔二〕孫齊物　各本原作「曾孫齊物」，據本書卷一一二李暠傳、新書卷七〇上宗室世系表改。

〔三〕北燕州　各本原作「北齊州」，據新書卷七八廬江王瑗傳改。

〔四〕李勣　各本原作「李靖」，據新書卷九二王君廓傳改。御覽卷二七六作「徐勣」。

〔五〕沙鉢羅　「鉢」字各本原作「鈴」，據本書卷一九四上突厥傳、册府卷二九一、新書卷二一五上突厥傳改。

〔六〕李勣　各本原作「李靖」，據册府卷二九一、新書卷七八江夏王道宗傳改。下同。

舊唐書卷六十一

列傳第十一

溫大雅 子無隱　大雅弟彥博　子振　挺　大雅弟大有　**陳叔達**　**竇威** 子惲　兄子軌　軌子奉節　軌弟琮　威從兄子抗　抗子衍　靜　靜子逵　抗第三子誕　誕子孝慈　孝慈子希玠　誕少子孝諶　抗季弟璡

溫大雅字彥弘，太原祁人也。父君悠，北齊文林館學士，隋泗州司馬。大業末，爲司隸從事，見隋政日亂，謝病而歸。大雅性至孝，少好學，以才辯知名。仕隋東宮學士、長安縣尉，以父憂去職。後以天下方亂，不求仕進。

高祖鎭太原，甚禮之。義兵起，引爲大將軍府記室參軍，專掌文翰。禪代之際，與司錄竇威、主簿陳叔達參定禮儀。武德元年，歷遷黃門侍郎。弟彥博爲中書侍郎，對居近密，議者榮之。高祖從容謂曰：「我起義晉陽，爲卿一門耳。」尋轉工部，進拜陝東道大行臺工部尚書。太宗以隱太子、巢剌王之故，令大雅鎭洛陽以俟變。大雅數陳祕策，甚蒙嘉賞。太宗即位，累轉禮部尚書，封黎國公。大雅將改葬其祖父，筮者曰：「葬於此地，害兄而福弟。」大雅曰：「若得家弟永康，我將含笑入地。」葬訖，歲餘而卒，謚曰孝。撰創業起居注三卷。永徽五年，贈尚書右僕射。

子無隱，官至工部侍郎。大雅弟彥博。

彥博幼聰悟，有口辯，涉獵書記。初，其父友薛道衡、李綱常見彥博兄弟三人，咸歎異曰：「皆卿相才也。」開皇末，爲州牧秦孝王俊所薦，授文林郎，直內史省，轉通直謁者。及隋亂，幽州總管羅藝引爲司馬。藝以幽州歸國，彥博贊成其事，授幽州總管府長史。未幾，徵爲中書舍人，俄遷中書侍郎，封西河郡公。時高麗遣使貢方物，高祖謂羣臣曰：「名實之間，理須相副。高麗稱臣於隋，終拒煬帝，此亦何臣之有？朕敬於萬物，不欲驕貴，但據土宇，務共安人，何必令其稱臣以自尊大？可即爲詔，述朕此懷也。」彥博進曰：「遼東之地，周爲箕子之國，漢家之玄菟郡耳。魏、晉已前，近在提封之內，不可許以不臣。若與高麗抗禮，則四夷何以瞻仰？且中國之於夷狄，猶太陽之比列星，理無降尊，俯同夷貊。」高祖乃止。

其年，突厥入寇，命右衞大將軍張瑾爲幷州道行軍總管出拒之，以彥博爲行軍長史。

與虜戰於太谷，軍敗，彥博沒於虜庭。突厥以其近臣，苦問以國家虛實及兵馬多少，彥博固不肯言。頡利怒，遷於陰山苦寒之地。太宗卽位，突厥送款，始徵彥博還朝，授雍州治中，尋檢校吏部侍郎。彥博意有沙汰，多所損抑，而退者不伏，嚻訟盈庭。彥博惟騁辭辯，與之相詰，終日諠擾，頗爲識者所嗤。復拜中書侍郎，兼太子右庶子。

貞觀二年，遷御史大夫，仍檢校中書侍郎事。彥博善於宣吐，每奉使入朝，詔問四方風俗，承受綸言，有若成誦，聲韻高朗，響溢殿庭，進止雍容，觀者拭目。四年，遷中書令，進爵虞國公。高祖常宴朝臣，詔太宗諭旨，既而顧謂近臣曰：「何如溫彥博？」其見重如此。

初，突厥之降也，詔議安邊之術。朝士多言：「突厥恃強，擾亂中國，爲日久矣。今天實喪之，窮來歸我，本非慕義之心也。因其歸命，分其種落，俘之河南，散屬州縣，各使耕田，變其風俗。百萬胡虜，可得化而爲漢，則中國有加戶之利，塞北常空矣。」惟彥博議曰：「漢建武時，置降匈奴於五原塞下，全其部落，得爲捍蔽，又不離其土俗，因而撫之，一則實空虛之地，二則示無猜之心。若遣向西南，則乖物性，故非含育之道也。」太宗從之，遂處降人于朔方之地，其入居長安者近且萬家，議者尤爲不便，欲建突厥國於河外。彥博又執奏曰：「既已納之，無故遣去，深爲可惜。」與魏徵等爭論，數年不決。

十年，遷尚書右僕射。明年薨，年六十四。彥博自掌知機務，卽杜絕賓客，國之利害，知無不言，太宗以是嘉之。及薨，謂侍臣曰：「彥博以憂國之故，勞精竭神，我見其不逮，已二年矣。恨不縱其閑逸，致夭性靈。」彥博家無正寢，及卒之日，殯於別室，太宗命有司爲造堂焉。贈特進，謚曰恭，陪葬昭陵。

子振，少有雅望，官至太子舍人，居喪以毀卒。振弟挺，尙高祖女千金公主，官至延州刺史。

大雅弟大有，字彥將，性端謹，少以學行稱。隋仁壽中，尙書右丞李綱表薦之，授羽騎尉。尋丁憂，去職歸鄉里。義旗初舉，高祖引爲太原令。從太宗擊西河，高祖謂曰：「士馬尙少，要資經略，以卿參謀軍事，其善建功名也！事之成敗，當以此行卜之。若克西河，帝業成矣。」及破西河而還，復以本官攝大將軍府記室，與兄大雅共掌機密。大有以昆季同在機務，意不自安，固請他職。高祖曰：「我虛心相待，不以爲疑，卿何自疑也？」大有雖應命，然每退讓，遠避機權，僚列以此多之。武德元年，累轉中書侍郞。會卒，高祖甚傷惜之，贈鴻臚卿。

初，大雅在隋與顏思魯俱在東宮，彥博與思魯弟愍楚同直內史省，彥將與愍楚弟遊秦典校祕閣。二家兄弟，各爲一時人物之選。少時學業，顏氏爲優；其後職位，温氏爲盛。

陳叔達字子聰，陳宣帝第十六子也。善容止，頗有才學，在陳封義陽王。年十餘歲，嘗侍宴，賦詩十韻，援筆便就，僕射徐陵甚奇之。歷侍中、丹陽尹、都官尚書。入隋，久不得調。大業中，拜內史舍人，出爲絳郡通守。義師至絳郡，叔達以郡歸款，授丞相府主簿，封漢東郡公，與記室温大雅同掌機密，軍書、赦令及禪代文誥，多叔達所爲。武德元年，授黃門侍郎。二年，兼納言。四年，拜侍中。

叔達明辯，善容止，每有敷奏，搢紳莫不屬目。江南名士薄遊長安者，多爲薦拔。五年，進封江國公。嘗賜食於御前，得蒲萄，執而不食。高祖問其故，對曰：「臣母患口乾，求之不能致，欲歸以遺母。」高祖喟然流涕曰：「卿有母可遺乎！」因賜物百段。

貞觀初，加授光祿大夫，尋坐與蕭瑀對御忿爭免官。未幾，丁母憂。叔達先有疾，太宗慮其危殆，遣使禁絕弔賓。服闋，授遂州都督，以疾不行。久之，拜禮部尚書。建成、元吉嫉害太宗，陰行譖毀，高祖惑其言，將有貶責，叔達固諫乃止。至是太宗勞之曰：「武德時，危難潛構，知公有讜言，今之此拜，有以相答。」叔達謝曰：「此不獨爲陛下，社稷計耳。」後坐閨庭不理，爲憲司所劾，朝廷惜其名臣，不欲彰其罪，聽以散秩歸第。九年卒，謚曰繆。後贈戶部尚書，改謚曰忠。有集十五卷。

竇威字文蔚，扶風平陵人〔一〕，太穆皇后從父兄也〔二〕。父熾，隋太傅。威家世勳貴，諸昆弟並尚武藝，而威躭玩文史，介然自守，諸兄哂之，謂爲「書癡」。隋內史令李德林舉秀異，射策甲科，拜祕書郎。秩滿當遷，而固守不調，在祕書十餘歲，其學業益廣。時諸兄並以軍功致仕通顯，交結豪貴，賓客盈門，而威職掌閑散。諸兄更謂威曰：「昔孔丘積學成聖，猶狼狽當時，栖遲若此，汝效此道，復欲何求？名位不達，固其宜矣。」威笑而不答。久之，蜀王秀辟爲記室，以秀行事多不法，稱疾還田里。及秀廢黜，府僚多獲罪，唯威以先見保全。大業四年，累遷內史舍人，以數陳得失忤旨，轉考功郎中，後坐事免，歸京師。

高祖入關，召補大丞相府司錄參軍。時軍旅草創，五禮曠墜，威既博物，多識舊儀，朝章國典皆其所定，禪代文翰多參預焉。高祖常謂裴寂曰：「叔孫通不能加也。」武德元年，拜內史令。威奏議雍容，多引古爲諭，高祖甚親重之，或引入臥內，常爲膝席。又嘗謂曰：「昔周朝有八柱國之貴，吾與公家咸登此職。今我已爲天子，公爲內史令，本同末異，乃不平矣。」威謝曰：「臣家昔在漢朝，再爲外戚，至於後魏，三處外家，陛下龍興，復出皇后。臣又階緣戚里，位忝鳳池，自惟叨濫，曉夕兢懼。」高祖笑曰：「比見關東人與崔、盧爲婚，猶自矜伐，公代爲帝戚，不亦貴乎！」

及寢疾，高祖自往臨問。尋卒，家無餘財，遺令薄葬。謚曰靖，贈同州刺史，追封延安郡公。葬日，詔太子及百官並出臨送。有文集十卷。

子惲嗣，官至岐州刺史。

威兄子軌，從兄子抗，並知名。

軌字士則，周雍州牧、鄧國公恭之子也。隋大業中，爲資陽郡東曹掾，後去官歸于家。義兵起，軌聚衆千餘人，迎謁於長春宮，高祖見之大悅，降席握手，語及平生，賜良馬十匹，使掠地渭南。軌先下永豐倉，收兵得五千人。從平京城，封贊皇縣公，拜大丞相諮議參軍。時稽胡賊五萬餘人掠宜君〔三〕，軌討之，行次黃欽山，與賊相遇，賊乘高縱火，王師稍却。軌斬其部將十四人，拔隊中小帥以代之。軌自率數百騎殿於軍後，令之曰：「聞鼓聲有不進者，自後斬之。」既聞鼓，士卒爭先赴敵，賊射之不能止，因大破之，斬首千餘級，虜男女二萬口。

武德元年，授太子詹事。會赤排羌作亂，與薛舉叛將鍾俱仇同寇漢中，拜軌秦州總管，與賊連戰皆捷，餘黨悉降。進封鄧國公。三年，遷益州道行臺左僕射，許以便宜從事。屬党項寇松州，詔軌援之，又令扶州刺史蔣善合與軌連勢。時党項引吐谷渾之衆，其鋒甚銳。軌師未至，善合先期至鉗川，遇賊力戰，走之。軌復軍於臨洮，進擊左封，破其部衆。尋令率所部兵從太宗討王世充于洛陽。

四年，還益州。時蜀土寇往往聚結，悉討平之。軌每臨戎對寇，或經旬月，身不解甲。其部衆無貴賤少長，不恭命卽立斬之。每日吏士多被鞭撻，流血滿庭，見者莫不重足股慄。軌初入蜀，將其甥以爲心腹，嘗夜出，呼之不以時至，怒而斬之。每誡家僮不得出外。嘗遣奴就官廚取槳而悔之，謂奴曰：「我誠使汝，要當斬汝頭以明法耳！」遣其部將收奴斬之。其奴稱冤，監刑者猶豫未決，軌怒，俱斬之。行臺郎中趙弘安，知名士也，軌動輒榜箠，歲至數百。後徵入朝，賜坐御榻，軌容儀不肅，又坐而對詔，高祖大怒，因謂曰：「公之入蜀，車騎、驃騎從者二十人，爲公所斬略盡，我隴種車騎，未足給公。」詔下獄，俄而釋之，還鎭益州。軌與行臺尙書韋雲起、郭行方素不協，及隱太子誅，有詔下益州，軌藏諸懷中，雲起問曰：「詔書安在？」軌不之示，但曰：「卿欲反矣！」執而殺之。行方大懼，奔于京師，軌追斬不及。是歲，行臺廢，卽授益州大都督，加食邑六百戶。

貞觀元年，徵授右衞大將軍。二年，出爲洛州都督。洛陽因隋末喪亂，人多浮僞。軌並遣務農，各令屬縣有遊手怠惰者皆按之。由是人吏懾憚，風化整肅。四年，卒官，贈幷州都督。

子奉節嗣，尙高祖永嘉公主，歷左衞將軍、秦州都督。

軌弟琮，亦有武幹，隋左親衞。大業末，犯法，亡命奔太原，依於高祖。琮與太宗有宿憾，每自疑。太宗方搜羅英傑，降禮納之，出入臥內，其意乃解。及將義舉，琮協贊大謀。大將軍府建，爲統軍，從平西河，破霍邑，拜金紫光祿大夫、扶風郡公。尋從劉文靜擊屈突通於潼關，通遣裨將桑顯和來逼文靜，義軍不利。琮與段志玄等力戰久之，隋軍大潰，通遁走。琮率輕騎追至稠桑，獲通而返。進兵東略，下陝縣，拔太原倉。拜右領軍大將軍，賜物五百段。時隋河陽都尉獨孤武潛謀歸國，乃令琮以步騎一萬自柏崖道應接之。遲留不進，武見殺，坐是除名。

武德初，以元謀勳特恕一死，拜右屯衞大將軍，復轉右領軍大將軍。時將圖洛陽，遣琮留守陝城以督糧運。王世充遣其驍將羅士信來斷糧道，琮潛使人說以利害，士信遂帥衆降。及從平東都，賞物一千四百段。後以本官檢校晉州總管。尋從隱太子討平劉黑闥，以功封譙國公，賞黃金五十斤。未幾而卒。高祖以佐命之舊，甚悼之，贈左衞大將軍，謚曰敬。永徽五年，重贈特進。

抗字道生，太穆皇后之從兄也，隋洛州總管、陳國公榮之子也，母，隋文帝萬安公主。抗在隋以帝甥甚見崇寵。少入太學，略涉書史，釋褐千牛備身、儀同三司。屬其父寢疾，抗躬親扶侍，衣不解帶者五十餘日。及居喪，哀毀過禮。後襲爵陳國公，累轉梁州刺史。將之官，隋文帝幸其第，命抗及公主酣宴，如家人之禮，賞賜極厚。母卒，號慟絕而復蘇者數焉，文帝令宮人至第，節其哭泣。歲餘，起爲岐州刺史，轉幽州總管，所在並以寬惠聞。及漢王諒作亂，煬帝恐其爲變，遣李子雄馳往代之。子雄因言抗得諒書而不奏，按之無驗，以疑貳除名。

抗與高祖少相親狎，及楊玄感作亂，高祖統兵隴右，抗言於高祖曰：「玄感抑爲發蹤耳！李氏有名圖籙，可乘其便，天之所啓也。」高祖曰：「無爲禍始，何言之妄也！」大業末，抗於靈武巡長城以伺盜賊，及聞高祖定京城，抗對衆而忭曰：「此吾家妹壻也，豁達有大度，眞撥亂之主矣。」因歸長安。高祖見之大悅，握手引坐曰：「李氏竟能成事，何如？」因縱酒爲樂。尋拜將作大匠。武德元年，以本官兼納言。高祖聽朝，或升御坐，退朝之後，延入臥內，命之捨敬，縱酒談謔，敦平生之款。常侍宴移時，或留宿禁內。高祖每呼爲兄而不名也，宮內咸稱爲舅。常陪侍遊宴，不知朝務。轉左武候大將軍，領左右千牛備身大將軍。

尋從太宗平薛舉，勳居第一。四年，又從征王世充。及東都平，册勳太廟者九人，抗與從弟軌俱預焉，朝廷榮之，賜女樂一部、金寶萬計。武德四年，因侍宴暴卒，贈司空，謚曰密。子衍。衍嗣，官至左武衞將軍。時抗羣從內三品七人，四品、五品十餘人，尙主三人，妃數人，冠冕之盛，當朝無比。

靜字元休，抗第二子也。武德初，累轉幷州大總管府長史。時突厥數爲邊患，師旅歲興，軍糧不屬，靜表請太原置屯田以省餽運。時議者以民物凋零，不宜動衆，書奏不省。靜頻上書，辭甚切至。於是徵靜入朝，與裴寂、蕭瑀、封德彝等爭論於殿庭，寂等不能屈，竟從靜議。歲收數千斛，高祖善之，令檢校幷州大總管。靜又以突厥頻來入寇，請斷石嶺以爲障塞，復從之。

太宗卽位，徵拜司農卿，封信都男，尋轉夏州都督。值突厥攜貳，諸將出征，多詣其所。靜知虜中虛實，潛令人間其部落，郁射設所部鬱孤尼等九俟斤並率衆歸款，太宗稱善，賜馬百匹、羊千口。及擒頡利，處其部衆於河南，以爲不便，上封曰：「臣聞夷狄者，同夫禽獸，窮則搏噬，羣則聚麀。不可以刑法威，不可以仁義教。衣食仰給，不務耕桑，徒損有爲之民，以資無知之虜，得之則無益於治，失之則無損於化。然彼首丘之情，未易忘也，誠恐一旦變生，犯我王略，愚臣之所深慮。如臣計者，莫如因其破亡之後，加其無妄之福，假以賢王之號，妻以宗室之女，分其土地，析其部落，使其權弱勢分，易爲羈制，自可永保邊塞，俾爲藩臣，此實長轡遠馭之道。」于時務在懷輯，雖未從之，太宗深嘉其志。制曰：「北方之務，悉以相委，以卿爲寧朔大使，撫鎮華戎，朕無北顧之憂矣。」再遷民部尙書。貞觀九年卒，謚曰肅。子逵。

逵尙太宗女遂安公主，襲爵信都男。

誕，抗第三子也。隋仁壽中，起家爲朝請郎。義寧初，辟丞相府祭酒，轉殿中監，封安豐郡公，尙高祖女襄陽公主。從太宗征薛舉，爲元帥府司馬，遷刑部尙書，轉太常卿。高祖諸少子荆王元景等未出宮者十餘王，所有國司家產之事，皆令誕主之。出爲梁州都督。貞觀初，召拜右領軍大將軍，轉大理卿、莘國公。修營太廟，賜物五百段。復爲殿中監，以疾解官，復拜宗正卿。太宗常與之言，昏忘不能對，乃手詔曰：「朕聞爲官擇人者治，爲人擇官者亂。竇誕比來精神衰耗，殊異常時。知不肖而任之，覩尸祿而不退，非唯傷風亂政，亦恐爲君不明。考績黜陟，古今常典，誕可光祿大夫還第。」尋卒，贈工部尙書、荆州刺史，謚曰安。

子孝慈。孝慈嗣，官至左衞將軍。

孝慈子希玠。希玠少襲爵，中宗時爲禮部尚書，以恩澤賜實封二百五十戶。開元初，爲太子少傅、開府儀同三司。誕少子孝諶在外戚傳。

竇氏自武德至今，再爲外戚，一品三人，三品已上三十餘人，尚主者八人，女爲王妃六人，唐世貴盛，莫與爲比。

璡字之推，抗季弟也。大業末，爲扶風太守。高祖定京師，以郡歸國，歷禮部、民部二尚書。從太宗平薛仁杲。尋鎭益州，時蜀中尙多寇賊，璡屢討平之。時皇甫無逸在蜀，與之不協，璡屢請入朝，高祖徵之，中路詔令還鎭。璡不得志，遂於路左題山，以申鬱積。有使者至其所，璡宴之臥內，遺以綾綺。無逸奏其事，坐免官。未幾，拜祕書監，封鄧國公。貞觀初，授太子詹事。後爲將作大匠，修葺洛陽宮。璡於宮中鑿池起山，崇飾雕麗，虛費功力，太宗怒，遽令毀之。坐事免。會納其女爲酆王妃，俄而復位，加右光祿大夫。七年卒，贈禮部尚書，謚曰安。璡頗曉音律。武德中，與太常少卿祖孝孫受詔定正聲雅樂，璡討論故實，撰正聲調一卷，行於代。

史臣曰：得人者昌。如諸溫儒雅清顯，爲一時之稱，叔達才學明辯，中二國之選，皆抱廊廟之器，俱爲社稷之臣。威守道，軌臨戎，抗居喪，靜經略，璡音律，仍以懿親，俱至顯位，才能門第，輝映數朝，豈非得人歟？唐之昌也，不亦宜乎！然彥博之褊，竇軌之酷，亦非全器焉。

贊曰：溫、陳才位，文蔚典禮。諸竇戚里，榮盛無比。

校勘記

〔一〕平陵　各本原作「平陸」，據北史卷六一竇熾傳、隋書卷三九竇榮定傳改。

〔二〕太穆皇后從父兄也　各本同。殿本卷目「從子抗」、廣本作「威從兄子抗」，威、抗本不同輩。抗傳稱「抗字道生，太穆皇后之從兄也。」是威爲太穆皇后之從父，「兄」字當衍，與新書卷九五竇威傳「太穆皇后其從兄弟女也」句合。

〔三〕宜君　各本原作「宜春」，據御覽卷三〇二、冊府卷七二四改。

舊唐書卷六十二

列傳第十二

李綱 子少植 少植子安仁 鄭善果 從兄元璹 楊恭仁 子思訓
思訓孫睿交 恭仁弟續 續孫執柔 執柔子滔 執柔弟執一 恭仁少弟師道
皇甫無逸 孫忠 李大亮 族孫迥秀

李綱字文紀，觀州蓨人也。祖元則，後魏清河太守。父制，周車騎大將軍。綱少慷慨有志節，每以忠義自許。初名瑗，字子玉，讀後漢書張綱傳，慕而改之。周齊王憲引爲參軍。宣帝將害憲，召僚屬證成其罪，綱誓之以死，終無撓辭。及憲遇害，露車載屍而出，故吏皆散，唯綱撫棺號慟，躬自埋瘞，哭拜而去。

隋開皇末，爲太子洗馬。皇太子勇嘗以歲首宴宮臣，左庶子唐令則自請奏琵琶，又歌武媚娘之曲。綱白勇曰：「令則身任宮卿〔一〕，職當調護，乃於宴座自比倡優，進淫聲，穢視聽。事若上聞，令則罪在不測，豈不累於殿下？臣請遽正其罪。」勇曰：「我欲爲樂耳，君勿多事。」綱趨而出。及勇廢黜，文帝召東宮官屬切讓之，無敢對者。綱對曰：「今日之事，乃陛下之過，非太子罪也。勇器非上品，性是常人，若得賢明之士輔導之，足堪繼嗣皇業。方今多士盈朝，當擇賢居任，奈何以絃歌鷹犬之才居其側，至令致此，乃陛下訓導不足，豈太子之罪耶！」辭氣凜然，左右皆爲之失色。文帝曰：「令汝在彼，豈非擇人？」綱曰：「臣在東宮，非得言者。」帝奇其對，擢拜尚書右丞。

時左僕射楊素、蘇威當朝用事，綱每固執所見，不與之同，由是二人深惡之。會遣大將軍劉方誅討林邑，楊素言於文帝曰：「林邑多珍寶，自非正人不可委。」因言綱可任，文帝以爲行軍司馬。劉方承素之意屈辱綱，幾至於死。及軍還，久不得調。後拜齊王府司馬。未幾，蘇威復令綱詣南海應接林邑，久而不召。綱後自來奏事，威復言綱擅離所職，以之屬吏。綱見善卜者，令筮之，遇鼎，因謂綱曰：「公易姓之後，方可得志而爲卿輔。宜早退，不然，有折足之敗也。」尋會赦免，屏居于鄠。

大業末，賊帥何潘仁以綱爲長史。義師至京城，綱來謁見，高祖大悅，授丞相府司錄，封新昌縣公，專掌選。高祖踐祚，拜禮部尚書，兼太子詹事，典選如故。

先是，巢王元吉授并州總管，於是縱其左右攘奪百姓，宇文歆頻諫不納，乃上表曰：「王在州之日，多出微行，常共竇誕遊獵，蹂踐穀稼，放縱親昵，公行攘奪，境內獸畜，取之殆盡。當衢而射，觀人避箭，以爲笑樂。分遣左右，戲爲攻戰，至相擊刺，瘡傷致死。夜開府門，宣淫他室。百姓怨毒，各懷憤嘆。以此守城，安能自保！」元吉竟坐免。又諷父老詣闕請之，尋令復職。

時劉武周率五千騎至黃蛇嶺，元吉遣車騎將軍張達以步卒百人先嘗之。達以步卒少，固請不行。元吉強遣之，至則盡沒于賊。達憤怒，因引武周攻陷榆次，進逼并州。元吉大懼，紿其司馬劉德威曰：「卿以老弱守城，吾以強兵出戰。」因夜出兵，攜其妻孥，棄軍奔還京師，并州遂陷。高祖怒甚，謂綱曰：「元吉幼小，未習時事，故遣竇誕、宇文歆輔之。強兵數萬，食支十年，起義興運之資，一朝而棄。宇文歆首畫此計，我當斬之。」綱曰：「賴歆令陛下不失愛子，臣以爲有功。」高祖問其故，綱對曰：「罪由竇誕不能規諷，致令軍人怨憤。又齊王年少，肆行驕逸，放縱左右，侵漁百姓，誕曾無諫止，乃隨順掩藏，以成其釁，此誕之罪。宇文歆論情則疏，向彼又淺，王之過失，悉以聞奏。且父子之際，人所難言，歆言之，豈非忠懇。今欲誅罪，不錄其心，臣愚竊以爲過。」翌日，高祖召綱入，升御坐，謂曰：「今我有公，遂使刑罰不濫。元吉自惡，結怨於人。歆既曾以表聞，誕亦焉能制禁。」

時高祖拜舞人安叱奴爲散騎常侍，綱上疏諫曰：「謹案周禮，均工、樂胥不得預於仕伍。

雖復才如子野，妙等師襄，皆身終子繼，不易其業。故魏武使禰衡擊鼓，衡先解朝服，露體而擊之，云不敢以先王法服爲伶人之衣。雖齊高緯封曹妙達爲王，授安馬駒爲開府，既招物議，大斁彝倫，有國有家者以爲殷鑒。方今新定天下，開太平之基。起義功臣，行賞未遍；高才碩學，猶滯草萊。而先令舞胡致位五品，鳴玉曳組，趨馳廊廟，顧非創業垂統貽厥子孫之道也。」高祖不納。尋令參詳律令。

綱在東宮，隱太子建成初甚禮遇。建成常往溫湯，綱時以疾不從。有進生魚於建成者，將召饔人作鱠。時唐儉、趙元楷在座，各自贊能爲鱠，建成從之，既而謂曰：「飛刀鱠鯉，調和鼎食，公實有之；至於審諭弼諧，固屬於李綱矣。」於是遣使送絹二百匹以遺之。建成後漸狎無行之徒，有猜忌之謀，不可諫止。又思箴者之言，頻乞骸骨。高祖謾罵之曰：「卿爲潘仁長史，何乃羞爲朕尚書？且建成在東宮，遣卿輔導，何爲屢致辭乎？」綱頓首陳謝曰：「潘仁，賊也，誠在殺害，每諫便止，所活極多，爲其長史，故得無愧。陛下功成業泰，頗自矜伐，臣以凡劣，才乖元凱，所言如水投石，安敢久爲尚書。兼以愚臣事太子，所懷鄙見，復不採納，既無補益，所以請退。」高祖謝曰：「知公直士，勉弼我兒。」於是擢拜太子少保，尚書、詹事並如故。綱又上書諫太子曰：「綱耄矣，日過時流，墳樹已拱，幸未就土，許傅聖躬，無以酬恩，請効愚直，伏願殿下詳之。竊見飲酒過多，誠非養生之術。且凡爲人子者，務於孝友，以慰君父之心，不宜聽受邪言，妄生猜忌。」建成覽書不懌，而所爲如故。綱以數言事忤太子旨，道既不行，鬱鬱不得志。武德二年，以老表辭職，優詔解尙書，仍爲太子少保。高祖以綱隋代名臣，甚加優禮，每手敕未嘗稱名，其見重如此。

貞觀四年，拜太子少師。時綱有脚疾，不堪踐履，太宗特賜步輿，令綱乘至閤下，數引入禁中，問以政道。又令輿入東宮，皇太子引上殿，親拜之。綱於是陳君臣父子之道、問寢視膳之方，理順辭直，聽者忘倦。太子每親政事，太宗必令綱及左僕射房玄齡、侍中王珪侍坐。太子嘗商略古來君臣名教竭忠盡節之事，綱凛然曰：「託六尺之孤，寄百里之命，古人以爲難，綱以爲易。」每吐論發言，皆辭色慷慨，有不可奪之志。及遇疾，太宗遣尙書左僕射房玄齡詣宅存問，賜絹二百匹。五年卒，年八十五，贈開府儀同三司，謚曰貞，太子爲之立碑。初，周齊王憲女孀居孑立，綱自以齊王故吏，贍恤甚厚。及綱卒，其女被髮號哭，如喪所生焉。

子少植，隋武陽郡司功書佐，先綱卒。少植子安仁，永徽中爲太子左庶子。屬太子被廢，歸于陳邸，宮僚皆逃散，無敢辭送者，安仁獨涕泣拜辭而去，朝野義之。後卒於恆州刺史。

鄭善果，鄭州滎澤人也。祖孝穆，西魏少司空、岐州刺史。父誠，周大將軍、開封縣公，大象初，討尉遲迥，力戰遇害。善果年九歲，以父死王事，詔令襲其官爵。家人以其嬰孺，弗之告也，受册悲慟，擗踴不能自勝，觀者莫不爲之流涕。隋開皇初，改封武德郡公，拜沂州刺史。大業中，累轉魯郡太守。

善果篤愼，事親至孝。母崔氏賢明，曉於政道，每善果理務，崔氏嘗於閤內聽之。聞其剖斷合理，歸則大悅；若處事不允，母則不與之言，善果伏於牀前，終日不敢食。崔氏謂之曰：「吾非怒汝，反愧汝家耳。汝先君在官清恪，未嘗問私，以身徇國，繼之以死。吾亦望汝繼父之心。自童子承襲茅土，今位至方伯，豈汝身能致之耶？安可不思此事而妄加嗔怒，內則墜爾家風，或亡官爵；外則虧天子之法，以取罪戾。吾寡婦也，有慈無威，使汝不知教訓，以負清忠之業，吾死之日，亦何面目以事汝先君乎！」善果由此遂勵己爲清吏，所在有政績，百姓懷之。及朝京師，煬帝以其居官儉約，莅政嚴明，與武威太守樊子蓋考爲天下第一，各賞物千段，黃金百兩，再遷大理卿。

後突厥圍煬帝於雁門，以守禦功，拜右光祿大夫。從幸江都。宇文化及弑逆，署爲民部尚書，隨化及至聊城〔三〕。淮安王神通圍化及，善果爲化及守禦督戰，爲流矢所中。及神通退還，竇建德進軍克之。建德將王琮獲善果，誚之曰：「公隋室大臣也，自尊夫人亡後而淸稱益衰，又忠臣子，奈何爲弒君之賊殉命苦戰而傷痍若此？」善果深愧赧，欲自殺，僞中書令宋正本馳往救止之。建德又不爲之禮，乃奔相州。淮安王神通送于京師，高祖遇之甚厚，拜太子左庶子，檢校內史侍郎，封滎陽郡公。

善果在東宮，數進忠言，多所匡諫。未幾，檢校大理卿，兼民部尚書，正身奉法，甚有善績。制與裴寂等十人，每奏事及侍立，並令升殿，與從兄元璹在其數，時以爲榮。尋坐事免。及山東平，持節爲招撫大使，坐選舉不平除名。後歷禮部、刑部二尚書。貞觀元年，出爲岐州刺史，復以公事免。三年，起爲江州刺史，卒。

元璹，隋岐州刺史、沛國公譯子也。少以父功拜儀同大將軍，襲爵沛國公，累轉右武候將軍，改封莘國公。大業中，出爲文城郡守。義師至河東，元璹以郡來降，徵拜太常卿。及定京城，以本官兼參旗將軍。元璹少在戎旅，尤明軍法，高祖常令巡諸軍，教其兵事。

突厥始畢可汗弟乙力設代其兄爲叱羅可汗，又劉武周將宋金剛與叱羅共爲掎角，來寇汾、晉。詔元璹入蕃，諭以禍福，叱羅竟不納，乃欲總其部落入寇太原，以爲武周聲援。未幾，叱羅遇疾，療之弗愈，其下疑元璹令人毒之，乃囚執元璹不得歸，叱羅竟死。頡利嗣立，留元璹，每隨其牙帳，經數年。頡利後聞高祖遺其財物，又許結婚，始放元璹來還。高祖勞之曰：「卿在虜庭，累載拘繫，蘇武弗之過也。」拜鴻臚卿。

尋而突厥又寇并州，時元璹在母喪，高祖令墨經充使招慰。突厥從介休至晉州，數百里間，精騎數十萬，塡映山谷。及見元璹，責中國違背之事，元璹隨機應對，竟無所屈，因數突厥背誕之罪，突厥大慚，不能報。元璹又謂頡利曰：「漢與突厥，風俗各異，漢得突厥，既不能臣，突厥得漢，復何所用？且抄掠資財，皆入將士，在於可汗，一無所得。不如早收兵馬，遣使和好，國家必有重賚，幣帛皆入可汗，免爲劬勞，坐受利益。大唐初有天下，卽與可汗結爲兄弟，行人往來，音問不絕。今乃捨善取怨，違多就少，何也？」頡利納其言，卽引還。太宗致書慰之曰：「知公已共可汗結和，遂使邊亭息警，爟火不然。和戎之功，豈唯魏絳，金石之錫，固當非遠。」

元璹自義寧已來，五入蕃充使，幾至於死者數矣。貞觀三年，又使入突厥，還奏曰：「突厥興亡，唯以羊馬爲準。今六畜疲羸，人皆菜色，又其牙內炊飯化而爲血。徵祥如此，不出三年，必當覆滅。」太宗然之。無幾，突厥果敗。

元璹後累轉左武候大將軍，坐事免。尋起爲宜州刺史，復封沛國公。元璹有幹略，所在頗著聲譽。然其父譯事繼母失温凊之禮，隋文帝曾賜以孝經，至元璹事親，又不以孝聞，淸論鄙之。二十年卒，贈幽州刺史，諡曰簡。

弟孫杲知名，則天時爲天官侍郞。

楊恭仁本名綸，弘農華陰人，隋司空、觀王雄之長子也。隋仁壽中，累除甘州刺史。恭仁務舉大綱，不爲苛察，戎夏安之。文帝謂雄曰：「恭仁在州，甚有善政，非唯朕舉得人，亦是卿義方所致也。」大業初，轉吏部侍郞。楊玄感作亂，煬帝制恭仁率兵經略，與玄感戰于破陵，大敗之。玄感兄弟挺身遁走，恭仁與屈突通等追討獲之。軍旋，煬帝召入內殿，謂曰：「我聞破陵之陣，唯卿力戰，功最難比。雖知卿奉法淸愼，都不知勇決如此也。」納言蘇威曰：「仁者必有勇，固非虛也。」

時蘇威及左衞大將軍宇文述、御史大夫裴蘊、黃門侍郞裴矩等皆受詔參掌選事，多納賄賂，士流嗟怨。恭仁獨雅正自守，不爲蘊等所容，由是出爲河南道大使，討捕盜賊。時天下大亂，行至譙郡，爲朱粲所敗，奔還江都。宇文化及弑逆，署吏部尙書，隨至河北，爲化及守魏縣。時元寶藏據有魏郡，會行人魏徵說下寶藏，執恭仁送于京師，高祖甚禮遇之，拜黃門侍郞，封觀國公。

尋爲涼州總管。恭仁素習邊事，深悉羌胡情僞，推心馭下，人吏悅服，自葱嶺已東，並入朝貢。未幾，遙授納言，總管如故。俄而突厥頡利可汗率衆數萬奄至州境，恭仁隨方備禦，多設疑兵，頡利懼而退走。屬瓜州刺史賀拔威擁兵作亂，朝廷憚遠，未遑征討。恭仁乃募驍勇，倍道兼進，賊不虞兵至之速，克其二城。恭仁悉放俘虜，賊衆感其寬惠，遂相率執威而降。久之，徵拜吏部尚書，遷左衞大將軍、鼓旗將軍。

貞觀初，拜雍州牧，加左光祿大夫，行揚州大都督府長史。五年，遷洛州都督。太宗曰：「洛陽要重，古難其人。朕之子弟多矣，恐非所任，特以委公也。」恭仁性虛澹，必以禮度自居，謙恭下士，未嘗忤物，時人方之石慶。恭仁弟師道尚桂陽公主，從姪女爲巢刺王妃，弟子思敬尚安平公主〔三〕，連姻帝室，益見崇重。後以老病乞骸骨，聽以特進歸第。十三年卒，册贈開府儀同三司、潭州都督，陪葬昭陵，諡曰孝。

子思訓襲爵。顯慶中，歷右屯衞將軍。時右衞大將軍慕容寶節有愛妾，置于別宅，嘗邀思訓就之宴樂。思訓深責寶節與其妻隔絕，妾等怒，密以毒藥置酒中，思訓飲盡便死。寶節坐是配流嶺表。思訓妻又詣闕稱冤，制遣使就斬之。仍改賊盜律，以毒藥殺人之科更從重法。

思訓孫睿交，本名璬，少襲爵觀國公，尚中宗女長寧公主。預誅張易之有功，賜實封五百戶。神龍中，爲祕書監。後被貶，卒於絳州別駕。

恭仁弟續，頗有辭學。貞觀中，爲鄆州刺史。

續孫執柔，則天時爲地官尚書，則天以外氏近屬，甚優寵之。時武承嗣、攸寧相次知政事，則天嘗曰：「我令當宗及外家，常一人爲宰相。」由是執柔同中書門下三品，尋卒。

執柔子滔，開元中官至吏部侍郎、同州刺史。

執柔弟執一，神龍初，以誅張易之功封河東郡公，累至右金吾衞大將軍。

恭仁少弟師道，隋末自洛陽歸國，授上儀同，爲備身左右。尋尚桂陽公主，超拜吏部侍郎，累轉太常卿，封安德郡公。貞觀十年〔四〕，代魏徵爲侍中。性周愼謹密，未嘗漏洩內事，親友或問禁中之言，乃更對以他語。嘗曰：「吾少窺漢史，至孔光不言溫室之樹，每欽其餘風，所庶幾也。」師道退朝後，必引當時英俊，宴集園池，而文會之盛，當時莫比。雅善篇什，又工草隸，酣賞之際，援筆直書，有如宿構。太宗每見師道所製，必吟諷嗟賞之。十三年，轉中書令。太子承乾逆謀事洩，與長孫無忌、房玄齡同按其獄。師道妻前夫之子趙節與承乾通謀，師道微諷太宗冀活之，由是獲譴，罷知機密。轉吏部尚書。師道貴家子，四海人物，未能委練，所署用多非其才，而深抑貴勢及其親黨，以避嫌疑，時論譏之。太宗嘗從容謂侍臣曰：「楊師道性行純善，自無愆過。而情實怯愞，未甚更事，緩急不可得力。」未幾，從征高麗，攝中書令。及軍還，有毁之者，稍貶爲工部尚書，尋轉太常卿。二十一年卒，贈吏部尚書、并州都督，陪葬昭陵，賜東園祕器，并爲立碑。子豫之，尚巢剌王女壽春縣主。居母喪，與永嘉公主淫亂，爲主壻竇奉節所擒，具五刑而殺之。

師道兄子思玄，高宗時爲吏部侍郎、國子祭酒。玄弟思敬，禮部尚書。

師道從兄子崇敬，太子詹事。

始恭仁父雄在隋，以同姓寵貴；自武德之後，恭仁兄弟名位尤盛；則天時，又以外戚崇寵。一家之內，駙馬三人，王妃五人，贈皇后一人，三品已上官二十餘人，遂爲盛族。

皇甫無逸字仁儉，安定烏氏人。父誕，隋并州總管府司馬。其先安定著姓，徙居京兆萬年。仁壽末，漢王諒於并州起兵反，誕抗節不從，爲諒所殺。無逸時在長安，聞諒反，即同居喪之禮，人問其故，泣而對曰：「大人平生徇節義，既屬亂常，必無苟免。」尋而凶問果至。在喪柴毁過禮，事母以孝聞。煬帝以誕死節，贈柱國、弘義郡公，令無逸襲爵。時五等皆廢，以其時忠義之後，特封平輿侯。拜淯陽太守，甚有能名，差品爲天下第一。再轉右武衞將軍，甚見親委。帝幸江都，以無逸留守洛陽。

及江都之變，與段達、元文都尊立越王侗爲帝。王世充作難，無逸棄老母妻子，斬關而走，追騎且至，無逸曰：「吾死而後已，終不能同爾爲逆。」因解所服金帶投之於地，曰：「以此贈卿，無爲相迫。」追騎競下馬取帶，自相爭奪，由是得免。

高祖以隋代舊臣，甚尊禮之，拜刑部尚書，封滑國公，歷陝東道行臺民部尚書。明年，遷御史大夫。時益部新開，刑政未洽，長吏橫恣，贓汚狼藉，令無逸持節巡撫之，承制除授。無逸宣揚朝化，法令嚴肅，蜀中甚賴之。有皇甫希仁者，見無逸專制方面，儌倖上變，云：「臣父在洛陽，無逸爲母之故，陰遣臣與王世充相知。」高祖審其詐，數之曰：「無逸逼於世充，棄母歸朕。今之委任，異於衆人。其在益州，極爲淸正。此蓋羣小不耐，欲誣之也。此乃離間我君臣，惑亂我視聽。」於是斬希仁於順天門，遣給事中李公昌馳往慰諭之。俄而又告無逸陰與蕭銑交通者，無逸時與益州行臺僕射竇璡不協，於是上表自理，又言璡罪狀。高祖覽之曰：「無逸當官執法，無所迴避，必是邪佞之徒，惡直醜正，共相搆扇也。」因令劉世龍、溫彥博將按其事，卒無驗而止，所告者坐斬，竇璡亦以罪黜。無逸既返命，高祖勞之曰：「公立身行己，朕之所悉。比多譖訴者，但爲正直致邪佞所憎耳。」

尋拜民部尚書，累轉益州大都督府長史。閉門自守，不通賓客，左右不得出門。凡所貨易，皆往他州。每按部，樵採不犯於人。嘗夜宿人家，遇燈炷盡，主人將續之，無逸抽佩刀斷衣帶以爲炷，其廉介如此。然過於審愼，所上表奏，懼有誤失，必讀之數十遍，仍令官屬再三披省。使者就路，又追而更審，每遣一使，輒連日不得上道。議者以此少之。

母在長安疾篤，太宗令驛召之。無逸性至孝，承問惶懼，不能飲食，因道病而卒。贈禮部尚書，太常考行，諡曰「孝」。禮部尚書王珪駁之曰：「無逸入蜀之初，自當扶侍老母，與之同去，申其色養，而乃留在京師，子道未足，何得爲孝？」竟諡爲良。

孫忠，開元中爲衞尉卿。

李大亮，雍州涇陽人。後魏度支尚書琰之曾孫也。其先本居隴西狄道，代爲著姓。祖綱，後魏南岐州刺史。父充節，隋朔州總管、武陽公。大亮少有文武才幹，隋末，署韓國公龐玉行軍兵曹。在東都與李密戰，敗，同輩百餘人皆就死，賊帥張弼見而異之，獨釋與語，遂定交於幕下。

義兵入關，大亮自東都歸國，授土門令。屬百姓饑荒，盜賊侵寇，大亮賣所乘馬分給貧弱，勸以墾田，歲因大稔。躬捕寇盜，所擊輒平。時太宗在藩，巡撫北境，聞而嗟歎，下書勞之，賜馬一匹、帛五十段。其後，胡賊寇境，大亮衆少不敵，遂單馬詣賊營，召其豪帥，諭以禍福，羣胡感悟，相率請降。大亮又殺所乘馬，以與之宴樂，徒步而歸。前後降者千餘人，縣境以清。高祖大悅，超拜金州總管府司馬。

時王世充遣其兄子弘烈據襄陽，令大亮安撫樊、鄧，以圖進取。大亮進兵擊之，所下十餘城。高祖下書勞勉，遷安州刺史。又令徇廣州以東〔三〕，行次九江，會輔公祏反，大亮以計擒公祏將張善安。公祏尋遣兵圍猷州，刺史左難當嬰城自守，大亮率兵進援，擊賊破之。以功賜奴婢百人，大亮謂曰：「汝輩多衣冠子女，破亡至此，吾亦何忍以汝爲賤隸乎！」一皆放遣。高祖聞而嗟異，復賜婢二十人，拜越州都督。

貞觀元年，轉交州都督，封武陽縣男。在越州寫書百卷，及徙職，皆委之廨宇。尋召拜太府卿，出爲涼州都督，以惠政聞。嘗有臺使到州，見有名鷹，諷大亮獻之。大亮密表曰：「陛下久絕畋獵，而使者求鷹。若是陛下之意，深乖昔旨；如其自擅，便是使非其人。」太宗下之書曰：「以卿兼資文武，志懷貞確，故委藩牧，當茲重寄。比在州鎭，聲績遠彰，念此忠勤，無忘寤寐。使遣獻鷹，遂不曲順，論今引古，遠獻直言。披露腹心，非常懇到，覽用嘉歎，不能便已。有臣若此，朕復何憂！宜守此誠，終始若一。古人稱一言之重，侔於千金，卿之此言，深足貴矣。今賜卿胡瓶一枚，雖無千鎰之重，是朕自用之物。」又賜荀悅漢紀一部，下書曰：「卿立志方直，竭節至公，處職當官，每副所委，方大任使，以申重寄。公事之閑，宜尋典籍。然此書敍致既明，論議深博，極爲治之體，盡君臣之義，今以賜卿，宜加尋閱也。」

時頡利可汗敗亡，北荒諸部相率內屬。有大度設、拓設、泥熟特勤及七姓種落等，尚散在伊吾，以大亮爲西北道安撫大使以綏集之，多所降附。朝廷愍其部衆凍餒，遣於磧口貯糧，特加賑給。大亮以爲於事無益，上疏曰：

臣聞欲綏遠者，必先安近。中國百姓，天下本根；四夷之人，猶於枝葉。擾於根本，以厚枝附，而求久安，未之有也。自古明王，化中國以信，馭夷狄以權，故春秋云：「戎狄豺狼，不可厭也；諸夏親昵，不可棄也。」自陛下君臨區宇，深根固本，人逸兵強，九州殷盛，四夷自服。今者招致突厥，雖入提封，臣愚稍覺勞費，未悟其有益也。然河西氓庶，積禦蕃夷，州縣蕭條，戶口鮮少，加因隋亂，減耗尤多。突厥未平之前，尚不安業；匈奴微弱已來，始就農畝。若卽勞役，恐致妨損。以臣愚惑，請停招慰。

且謂之荒服者，故臣而不內。是以周室愛人攘狄，竟延七百之齡；秦王輕戰事胡，四十載而遂絕。漢文養兵靜守，天下安豐；孝武揚威遠略，海內虛耗，雖悔輪臺，追已不及。至于隋室，早得伊吾，兼統鄯善，既得之後，勞費日甚，虛內致外，竟損無益。遠尋秦、漢，近觀隋室，動靜安危，昭然備矣。伊吾雖已臣附，遠在蕃磧，人非中夏，地多沙鹵。其自豎立稱藩附庸者，請羈縻受之，使居塞外，必畏威懷德，永爲蕃臣，蓋行虛惠，而收實福矣。近日突厥傾國入朝，既不能俘之江淮以變其俗，置於內地，去京不遠，雖則寬仁之義，亦非久安之計也。每見一人初降，賜物五匹、袍一領，酋帥悉授大官，祿厚位尊，理多縻費。以中國之幣帛，供積惡之兇虜，其衆益多，非中國之利也。

太宗納其奏。

八年，爲劍南道巡省大使。大亮激濁揚淸，甚獲當時之譽。及討吐谷渾，以大亮爲河東道行軍總管，與大總管李靖等出北路，涉青海，歷河源，遇賊於蜀渾山，接戰破之，俘其名王，虜雜畜五萬計。以功進爵爲公，賜物千段、奴婢一百五十人，悉遺親戚。仍罄其家資，收葬五葉宗族無後者三十餘喪，送終之禮，一時稱盛。後拜左衞大將軍。

十七年，晉王爲皇太子，東宮僚屬皆盛選重臣，以大亮兼領太子右衞率；俄兼工部尙書，身居三職，宿衞兩宮，甚爲親信。大亮每當宿直，必通宵假寐。太宗嘗勞之曰：「至公宿直，我便通夜安臥。」其見任如此。太宗每有巡幸，多令居守。房玄齡甚重之，每稱大亮有王陵、周勃之節，可以當大位。」大亮雖位望通顯，而居處卑陋，衣服儉率。至性忠謹，雖妻子不見其惰容，事兄嫂有同於父母。每懷張弼之恩，而久不能得。弼時爲將作丞，自匿不言。大亮嘗遇諸途而識之，持弼而泣，恨相得之晚。多推家產以遺弼，弼拒而不受。大亮言於太宗曰：「臣有今日之榮，張弼力也。所有官爵請迴授。」太宗遂遷弼爲中郎將，俄遷代州都督〔六〕。時人皆賢大亮不背恩，而多弼不自伐也。

十八年，太宗幸洛陽，令大亮副司空玄齡居中。尋遇疾，太宗親爲調藥，馳驛賜之。臨終上表，請停遼東之役，又言京師宗廟所在，願深以關中爲意。表成而歎曰：「吾聞禮，男子不死婦人之手。」於是命屏婦人，言終而卒，時五十九。死之日，家無珠玉可以爲含，唯有米五石、布三十端。親戚孤遺爲大亮所鞠養，服之如父者十五人。太宗爲舉哀於別次，哭之甚慟，廢朝三日，贈兵部尚書、秦州都督，謚曰懿，陪葬昭陵。

兄子道裕，永徽中爲大理卿。

迥秀，大亮族孫也。祖玄明，濟州刺史。父義本，宣州刺史。迥秀弱冠應英材傑出舉，拜相州參軍，累轉考功員外郎。則天雅愛其材，甚寵待之。掌舉數年，遷鳳閣舍人。迥秀母氏庶賤而色養過人，其妻崔氏嘗叱其媵婢，母聞之不悅，迥秀卽時出之。或止云：「賢室雖不避嫌疑，然過非出狀，何遽如此？」迥秀曰：「娶妻本以承順顏色，顏色苟違，何敢留也。」竟不從。長安初，歷天官、夏官二侍郎，俄同鳳閣鸞臺平章事。則天令宮人參問其母，又嘗迎入宮中，待之甚優。

迥秀雅有文才，飲酒斗餘，廣接賓朋，當時稱爲風流之士。然頗託附權倖，傾心以事張易之、昌宗兄弟，由是深爲讜正之士所譏。俄坐贓出爲廬州刺史。景龍中，累轉鴻臚卿、修文館學士，又持節爲朔方道行軍大總管。所居宅中生芝草數莖，又有貓爲犬所乳，中宗以爲孝感所致，使旌其門閭。俄代姚崇爲兵部尚書，病卒。

子齊損，開元十年，與權梁山等搆逆伏誅，籍沒其家也。

史臣曰：孔子云，「邦有道，危言危行。」如李綱直道事人，執心不回。始對隋文，慷慨獲免；終忤楊素，屈辱尤深。及高祖臨朝，諫舞胡鳴玉，懷不吐不茹之節，存有始有卒之規，可謂危矣。非逢有道，焉能免諸。易曰，「王臣蹇蹇，匪躬之故」，李綱有焉。善果幼事賢母，長爲正人。元璹於國有功，祇練邊事，承家不孝，終爲匪人。恭仁仕隋忠厚，馭衆謙恭。破賊立功，方見仁者有勇；掌選被斥，所謂獨正者危。自僞歸朝，懷才遇主，連婚帝室，列位藩宣，始終無玷者鮮矣。師道愼密純善，怯懦無更事之名；抑勢避嫌，署用致非才之誚。無逸知父守節陷難，離母避逆終吉，忠信之道著矣。絕賓客以閉府門，斷衣帶以續燈炷，廉介之志彰矣。於乎，蜀道初開，親老地梗，至孝滅性，子道可知，不得諡爲「孝」也，惜哉！大亮文武兼才，貞確成性。賣馬勸農，是爲政也；投身諭賊，略也；放奴婢從良者，仁也；因鷹諫獵，臨終上表，忠也；論伊吾之衆〔七〕，智也；葬五葉無後，報張弼恩，義也；侍兄嫂如父母，孝也；不死婦人之手，禮也；無珠玉爲唅，廉也。房玄齡云大亮有王陵、周勃之節，名下無虛士矣！迥秀諂事權倖，爰至台司，餘不足觀，淸風替矣。

贊曰：李綱守道，言行俱危。善果母訓，淸貞是資。元璹父子，要道何虧。恭仁獨正，令德無違。師道愼密，抑勢見機。無逸廉介，終於孝思。大亮才德，陵、勃名隨。迥秀託附，實汚台司。

校勘記

〔一〕宮卿　各本原作「公卿」，據御覽卷二四六、冊府卷七〇九改。

〔二〕聊城　各本原作「遼城」，據本書卷五四竇建德傳、隋書卷八五宇文化及傳改。

〔三〕思敬　各本原作「思訓」，據新書卷八三諸帝公主傳、合鈔卷一一三楊恭仁傳改。

〔四〕貞觀十年　「十年」，各本原作「七年」，據本書卷三太宗紀、新書卷一〇〇楊恭仁傳改。

〔五〕以東　各本原作「巴東」，據冊府卷三八四改。

〔六〕俄遷代州都督　「遷」字各本原無，據御覽卷六三二、冊府卷八六五補。

〔七〕伊吾　各本原作「伊呂」，據本篇上文及合鈔卷一一三李綱等傳改。

舊唐書卷六十三

列傳第十三

封倫 倫子言道 兄子行高 蕭瑀 子銳 兄子鈞 鈞子瓘 鈞兄子嗣業

裴矩 矩子宣機 宇文士及

封倫字德彝，觀州蓨人。北齊太子太保隆之孫。父子繡，隋通州刺史。倫少時，其舅盧思道每言曰：「此子智識過人，必能致位卿相。」開皇末，江南作亂，內史令楊素往征之，署爲行軍記室。船至海曲，素召之，倫墜於水中，人救免溺，乃易衣以見，竟寢不言。素後知，問其故，曰：「私事也，所以不白。」素甚嗟異之。素將營仁壽宮，引爲土木監。隋文帝至宮所，見制度奢侈，大怒曰：「楊素爲不誠矣！殫百姓之力，雕飾離宮，爲吾結怨於天下。」素惶恐，慮將獲譴。倫曰：「公當弗憂，待皇后至，必有恩詔。」明日，果召素入對，獨孤后勞之曰：「公知吾夫妻年老，無以娛心，盛飾此宮，豈非孝順。」素退問倫曰：「卿何以知之？」對曰：「至尊性儉，故初見而怒，然雅聽后言。后婦人也，惟麗是好，后心既悅，帝慮必移，所以知耳。」素嘆伏曰：「揣摩之才，非吾所及。」素負貴恃才，多所凌侮，唯擊賞倫。每引與論宰相之務，終日忘倦，因撫其牀曰：「封郎必當據吾此座。」驟稱薦於文帝，由是擢授內史舍人。

大業中，倫見虞世基幸於煬帝而不閑吏務，每有承受，多失事機。倫又託附之，密爲指畫，宣行詔命，諂順主心；外有表疏如忤意者，皆寢而不奏；決斷刑法，多峻文深詆；策勳行賞，必抑削之。故世基之寵日隆，而隋政日壞，皆倫所爲也。

宇文化及之亂，逼帝出宮，使倫數帝之罪，帝謂曰：「卿是士人，何至於此？」倫赧然而退。化及尋署內史令，從至聊城。倫見化及勢蹙，乃潛結化及弟士及，請於濟北運糧以觀其變。遇化及敗，與士及來降。高祖以其前代舊臣，遣使迎勞，拜內史舍人。尋遷內史侍郎。

高祖嘗幸溫湯，經秦始皇墓，謂倫曰：「古者帝王，竭生靈之力，殫府庫之財，營起山陵，此復何益？」倫曰：「上之化下，猶風之靡草。自秦、漢帝王盛爲厚葬，故百官衆庶競相遵仿。凡是古冢丘封，悉多藏珍寶，咸見開發。若死而無知，厚葬深爲虛費；若魂而有識，被發豈不痛哉。」高祖稱善，謂倫曰：「從今之後，宜自上導下，悉爲薄葬。」

太宗之討王世充，詔倫參謀軍事。高祖以兵久在外，意欲旋師，太宗遣倫入朝親論事勢。倫言於高祖曰：「世充得地雖多，而羈縻相屬，其所用命者，唯洛陽一城而已，計盡力窮，破在朝夕。今若還兵，賊勢必振，更相連結，後必難圖。未若乘其已衰，破之必矣。」高祖納之。及太宗凱旋，高祖謂侍臣曰：「朕初發兵東討，衆議多有不同，唯秦王請行，封倫贊成此計。昔張華協同晉武，亦復何以加也。」封平原縣公，兼天册府司馬。

會突厥寇太原，復遣使來請和親，高祖問羣臣：「和之與戰，策將安出？」多言戰則怨深，不如先和。倫曰：「突厥憑凌，有輕中國之意，必謂兵弱而不能戰。如臣計者，莫若悉衆以擊之，其勢必捷，勝而後和，恩威兼著。若今歲不戰，明年必當復來，臣以擊之爲便。」高祖從之。

六年，以本官檢校吏部尚書，曉習吏職，甚獲當時之譽。八年，進封道國公，尋徙封於密。蕭瑀嘗薦倫於高祖，高祖任倫爲中書令。太宗嗣位，瑀遷尚書左僕射，倫爲右僕射。倫素險詖，與瑀商量可奏者，至太宗前，盡變易之，由是與瑀有隙。貞觀元年，遘疾於尚書省，太宗親自臨視，卽命尚輦送還第，尋薨，年六十。太宗深悼之，廢朝三日，册贈司空，謚曰明。

初，倫數從太宗征討，特蒙顧遇。以建成、元吉之故，數進忠款，太宗以爲至誠，前後賞賜以萬計。而倫潛持兩端，陰附建成。時高祖將行廢立，猶豫未決，謀之於倫，倫固諫而止。然所爲祕隱，時人莫知，事具建成傳。卒後數年，太宗方知其事。十七年，治書侍御史唐臨追劾倫曰：「臣聞事君之義，盡命不渝；爲臣之節，歲寒無貳；苟虧其道，罪不容誅。倫位望鼎司，恩隆胙土，無心報效，乃肆姦謀，熒惑儲藩，獎成元惡，置于常典，理合誅夷。但苞藏之狀，死而後發，猥加褒贈，未正嚴科。罪惡既彰，宜加貶黜，豈可仍疇爵邑，尚列台槐，此而不懲，將何沮勸？」太宗令百官詳議，民部尚書唐儉等議：「倫罪暴身後，恩結生前，所歷衆官，不可追奪，請降贈改諡。」詔從之，於是改諡繆，黜其贈官，削所食實封。

子言道，尚高祖女淮南長公主，官至宋州刺史。

倫兄子行高，以文學知名。貞觀中，官至禮部郎中。

蕭瑀字時文。高祖梁武帝。曾祖昭明太子。祖詧，後梁宣帝。父巋，明帝。瑀年九歲，封新安郡王，幼以孝行聞。姊爲隋晉王妃，從入長安。聚學屬文，端正鯁亮。好釋氏，常修梵行，每與沙門難及苦空，必詣微旨。常觀劉孝標辯命論，惡其傷先王之教，迷性命之理，乃作非辯命論以釋之。大旨以爲：「人稟天地以生，孰云非命，然吉凶禍福，亦因人而有，若一之於命，其蔽已甚。」時晉府學士柳顧言、諸葛穎見而稱之曰：「自孝標後數十年間，言性命之理者，莫能詆詰。今蕭君此論，足療劉子膏肓。」

煬帝爲太子也，授太子右千牛。及踐祚，遷尙衣奉御，檢校左翊衞鷹揚郎將。忽遇風疾，命家人不卽醫療，仍云：「若天假餘年，因此望爲栖遁之資耳。」蕭后聞而誨之：「以爾才智，足堪揚名顯親，豈得輕毀形骸而求隱逸？若以此致譴，則罪在不測。」病且愈，其姊勸勉之，故復有仕進志。累加銀青光祿大夫、內史侍郎。旣以后弟之親，委之機務，後數以言忤旨，漸見疎斥。

煬帝至鴈門，爲突厥所圍，瑀進謀曰：「如聞始畢託校獵至此，義成公主初不知其有違背之心。且北蕃夷俗，可賀敦知兵馬事。昔漢高祖解平城之圍，乃是閼氏之力。況義成以帝女爲妻，必恃大國之援。若發一單使以告義成，假使無益，事亦無損。臣又竊聽輿人之誦，乃慮陛下平突厥後更事遼東，所以人心不一，或致挫敗。請下明詔告軍中，赦高麗而專攻突厥，則百姓心安，人自爲戰。」煬帝從之，於是發使詣可賀敦諭旨。俄而突厥解圍去，於後獲其諜人，云：義成公主遣使告急於始畢，稱北方有警，由是突厥解圍，蓋公主之助也。

煬帝又將伐遼東，謂羣臣曰：「突厥狂悖爲寇，勢何能爲。以其少時未散，蕭瑀遂相恐動，情不可恕。」因出爲河池郡守，卽日遣之。既至郡，有山賊萬餘人寇暴縱橫，瑀潛募勇敢之士，設奇而擊之，當陣而降其衆。所獲財畜，咸賞有功，由是人竭其力。薛舉遣衆數萬侵掠郡境，瑀要擊之，自後諸賊莫敢進，郡中復安。

高祖定京城，遣書招之。瑀以郡歸國，授光祿大夫，封宋國公，拜民部尚書。太宗爲右元帥，攻洛陽，以瑀爲府司馬。武德元年〔二〕，遷內史令。時軍國草創，方隅未寧，高祖乃委以心腹，凡諸政務，莫不關掌。高祖每臨軒聽政，必賜升御榻，瑀既獨孤氏之壻，與語呼之爲蕭郎。國典朝儀，亦責成於瑀，瑀孜孜自勉，繩違舉過，人皆憚之。常奏便宜數十條，多見納用，手敕曰：「得公之言，社稷所賴。運智者之策，以能成人之美；納諫者之言，以金寶酬其德。今賜金一函，以報智者，勿爲推退。」瑀固辭，優詔不許。其年，州置七職，務取才望兼美者爲之。及太宗臨雍州牧，以瑀爲州都督。

高祖常有敕而中書不時宣行，高祖責其遲，瑀曰：「臣大業之日，見內史宣敕，或前後相乖者，百司行之，不知何所承用。所謂易必在前，難必在後，臣在中書日久，備見其事。今皇基初構，事涉安危，遠方有疑，恐失機會。比每受一敕，臣必勘審，使與前敕不相乖背者，始敢宣行。遲晚之愆，實由於此。」高祖曰：「卿能用心若此，我有何憂？」初，瑀之朝也，關內產業並先給勳人。至是特還其田宅，瑀皆分給諸宗子弟，唯留廟堂一所，以奉蒸嘗。及平王世充，瑀以預軍謀之功，加邑二千戶，拜尚書右僕射。內外考績皆委之，司會爲羣僚指南，庶務繁總。瑀見事有時偏駁，而持法稍深，頗爲時議所少。

瑀嘗薦封倫於高祖，高祖以倫爲中書令。太宗卽位，遷尚書左僕射，封倫爲右僕射。倫素懷險詖，與瑀商量將爲可奏者，至太宗前盡變易之。于時房玄齡、杜如晦既新用事，疎瑀親倫，瑀心不能平，遂上封事論之，而辭旨寥落。太宗以玄齡等功高，由是忤旨，廢于家。俄拜特進、太子少師。未幾，復爲尚書左僕射，賜實封六百戶。

太宗常謂瑀曰：「朕欲使子孫長久，社稷永安，其理如何？」瑀對曰：「臣觀前代國祚所以長久者，莫若封諸侯以爲盤石之固。秦幷六國，罷侯置守，二代而亡；漢有天下，郡國參建，亦得年餘四百；魏、晉廢之，不能永久。封建之法，實可遵行。」太宗然之，始議封建。

尋坐與侍中陳叔達於上前忿諍，聲色甚厲，以不敬免。歲餘，授晉州都督。明年，徵授左光祿大夫，兼領御史大夫。與宰臣參議朝政，瑀多辭辯，每有評議，玄齡等不能抗，然心知其是，不用其言，瑀彌怏怏。玄齡、魏徵、温彥博嘗有微過，瑀劾之，而罪竟不問，因此自失。由是罷御史大夫，以爲太子少傅，不復預聞朝政。六年，授特進，行太常卿。八年，爲河南道巡省大使，人有坐當推劾苦未得其情者，遂置格置繩，以至於死，太宗特免責之。九年，拜特進，復令參預政事。

太宗嘗從容謂房玄齡曰：「蕭瑀大業之日，進諫隋主，出爲河池郡守。應遭剖心之禍，翻見太平之日，北叟失馬，事亦難常。」瑀頓首拜謝。太宗又曰：「武德六年以後，太上皇有廢立之心而不之定也，我當此日，不爲兄弟所容，實有功高不賞之懼。此人不可以厚利誘之，不可以刑戮懼之，眞社稷臣也。」因賜瑀詩曰：「疾風知勁草，版蕩識誠臣。」又謂瑀曰：「卿之守道耿介，古人無以過也。然而善惡太明，亦有時而失。」瑀再拜謝曰：「臣特蒙誡訓，又許臣以忠諒，雖死之日，猶生之年也。」魏徵進而言曰：「臣有逆衆以執法，明主恕之以忠；臣有孤特以執節，明主恕之以勁。昔聞其言　今覩其實，蕭瑀不遇明聖，必及於難！」太宗悅其言。

十七年，與長孫無忌等二十四人並圖形於凌煙閣。是歲，立晉王爲皇太子，拜瑀太子太保，仍知政事。太宗之伐遼東也，以洛邑衝要，襟帶關、河，以瑀爲洛陽宮守。車駕自遼還，請解太保，仍同中書門下。太宗以瑀好佛道，嘗賚繡佛像一軀，幷繡瑀形狀於佛像側，以爲供養之容。又賜王褒所書大品般若經一部，幷賜袈裟，以充講誦之服焉。

瑀嘗稱：「玄齡以下同中書門下內臣，悉皆朋黨比周，無至心奉上。」累獨奏云：「此等相與執權，有同膠漆，陛下不細諳知，但未反耳。」太宗謂瑀曰：「爲人君者，驅駕英材，推心待士，公言不亦甚乎，何至如此！」太宗數日謂瑀曰：「知臣莫若君，夫人不可求備，自當捨其短而用其長。朕雖才謝聰明，不應頓迷臧否。」因數爲瑀信誓。瑀既不自得，而太宗積久銜之，終以瑀忠貞居多而未廢也。

會瑀請出家，太宗謂曰：「甚知公素愛桑門，今者不能違意。」瑀旋踵奏曰：「臣頃思量，不能出家。」太宗以對羣臣吐言而取捨相違，心不能平。瑀尋稱足疾，時詣朝堂，又不入見，太宗謂侍臣曰：「瑀豈不得其所乎，而自慊如此？」遂手詔曰：

朕聞物之順也，雖異質而成功；事之違也，亦同形而罕用。是以舟浮楫舉，可濟千里之川；轅引輪停，不越一毫之地。故知動靜相循易爲務，曲直相反難爲功，況乎上下之宜、君臣之際者矣。朕以無明於元首，期託德於股肱，思欲去僞歸眞，除澆反朴。至於佛教，非意所遵，雖有國之常經，固弊俗之虛術。何則？求其道者，未驗福於將來；修其教者，飜受辜於既往。至若梁武窮心於釋氏，簡文銳意於法門，傾帑藏以給僧祇，殫人力以供塔廟。及乎三淮沸浪，五嶺騰煙，假餘息於熊蹯，引殘魂於雀鷇。子孫覆亡而不暇，社稷俄頃而爲墟，報施之徵，何其繆也。

而太子太保、宋國公瑀踐覆車之餘軌，襲亡國之遺風。棄公就私，未明隱顯之際；身俗口道，莫辯邪正之心。修累葉之殃源，祈一躬之福本，上以違忤君主，下則扇習浮華。往前朕謂張亮云：「卿既事佛，何不出家？」瑀乃端然自應，請先入道，朕卽許之，尋復不用。一迴一惑，在於瞬息之間；自可自否，變於帷扆之所。乖棟梁之大體，豈具瞻之量乎？朕猶隱忍至今，瑀尙全無悛改。宜卽去茲朝闕，出牧小藩，可商州刺史，仍除其封。

二十一年，徵授金紫光祿大夫，復封宋國公。從幸玉華宮，遘疾薨於宮所，年七十四。太宗聞而輟膳，高宗爲之舉哀，遣使弔祭。太常諡曰「肅」。太宗曰：「易名之典，必考其行。瑀性多猜貳，此諡失於不直，更宜摭實。」改諡曰貞褊公。册贈司空、荆州都督，賜東園祕器，陪葬昭陵。臨終遺書曰：「生而必死，理之常分。氣絕後可著單服一通，以充小斂。棺內施單席而已，冀其速朽，不得別加一物。無假卜日，惟在速辦。自古賢哲，非無等例，爾宜勉之。」諸子遵其遺志，斂葬儉薄。

子銳嗣，尙太宗女襄城公主，歷太常卿、汾州刺史。公主雅有禮度，太宗每令諸公主，凡厥所爲，皆視其楷則。又令所司別爲營第，公主辭曰：「婦人事舅姑如事父母，若居處不同，則定省多闕。」再三固讓，乃止，令於舊宅而改創焉。永徽初，公主薨，詔葬昭陵。

瑀兄璟，亦有學行。武德中爲黃門侍郎，累轉祕書監，封蘭陵縣公。貞觀中卒，贈禮部尙書。

瑀兄子鈞，隋遷州刺史、梁國公珣之子也。博學有才望。貞觀中，累除中書舍人，甚爲房玄齡、魏徵所重。永徽二年，歷遷諫議大夫，兼弘文館學士。

時有左武候引駕盧文操踰垣盜左藏庫物〔三〕，高宗以引駕職在糾繩，身行盜竊，命有司殺之。鈞進諫曰：「文操所犯，情實難原。然恐天下聞之，必謂陛下輕法律，賤人命，任喜怒，貴財物。臣之所職，以諫爲名，愚衷所懷，不敢不奏。」帝謂曰：「卿職在司諫，能盡忠規。」遂特免其死罪，顧謂侍臣曰：「此乃眞諫議也。」

尋而太常樂工宋四通等爲宮人通傳信物，高宗特令處死，乃遣附律，鈞上疏言：「四通等犯在未附律前，不合至死。」手詔曰：「朕聞防禍未萌，先賢所重，宮闕之禁，其可漸歟？昔如姬竊符，朕用爲永鑒，不欲今茲自彰其過，所搦憲章，想非濫也。但朕翹心紫禁，思覿引裾，側席朱楹，冀旌折檻。今乃喜得其言，特免四通等死，遠處配流。」

鈞尋爲太子率更令，兼崇賢館學士。顯慶中卒。所撰韻旨二十卷，有集三十卷行於代。

子瓘，官至渝州長史。母終，以毀卒。瓘子嵩，別有傳。

鈞兄子嗣業，少隨祖姑隋煬帝后入于突厥。貞觀九年歸朝，以深識蕃情，充使統領突厥之衆。累轉鴻臚卿，兼單于都護府長史。調露中，單于突厥反叛，嗣業率兵戰敗，配流嶺南而死。

裴矩字弘大，河東聞喜人。祖佗，後魏東荆州刺史。父訥之，北齊太子舍人。矩襁褓而孤，爲伯父讓之所鞠。及長，博學，早知名，仕齊爲高平王文學。齊亡，隋文帝爲定州總管，召補記室，甚親敬之。文帝卽位，遷給事郎，直內史省，奏舍人事。伐陳之役，領元帥記室。及陳平，晉王廣令矩與高熲收陳圖籍，歸之祕府。累遷吏部侍郎，以事免。

大業初，西域諸蕃款張掖塞與中國互市，煬帝遣矩監其事。矩知帝方勤遠略，欲吞幷夷狄，乃訪西域風俗及山川險易、君長姓族、物產服章，撰西域圖記三卷，入朝奏之。帝大悅，賜物五百段。每日引至御座，顧問西方之事。矩盛言西域多珍寶及吐谷渾可幷之狀，帝信之，仍委以經略。拜民部侍郎，俄遷黃門侍郎，參預朝政。令往張掖引致西蕃，至者十餘國。

三年，帝有事於恆嶽，咸來助祭。帝將巡河右，復令矩往燉煌，矩遣使說高昌王麴伯雅及伊吾吐屯設等，啗以厚利，導使入朝。及帝西巡，次燕支山，高昌王、伊吾設等及西蕃胡二十七國，盛服珠玉錦罽，焚香奏樂，歌舞相趨，謁於道左。復令武威、張掖士女盛飾縱觀，騎乘塡咽〔三〕，周亙數十里，帝見之大悅。及滅吐谷渾，蠻夷納貢，諸蕃懾服，相繼來庭。雖拓地數千里，而役戍委輸之費，歲巨萬計，中國騷動焉。帝以矩有綏懷之略，加位銀青光祿大夫。

其年，帝幸東都，矩以蠻夷朝貢者多，諷帝大徵四方奇技，作魚龍曼延角觝於洛邑，以誇諸戎狄，終月而罷。又令三市店肆皆設帷帳，盛酒食，遣掌蕃率蠻夷與人貿易，所至處悉令邀延就座，醉飽而散。夷人有識者，咸私哂其矯飾焉。帝稱矩至誠，謂宇文述、牛弘曰：「裴矩大識朕意，凡所陳奏，皆朕之成算，朕未發頃，矩輒以聞。自非奉國用心，孰能若是？」尋令與將軍薛世雄城伊吾而還，賜錢四十萬。矩因進計縱反間於射匱，使潛攻處羅。後處羅爲射匱所迫，竟隨使者入朝，帝甚悅，賜矩貂裘及西域珍器。

從帝巡于塞北，幸啓民可汗帳。時高麗遣使先通于突厥，啓民不敢隱，引之見帝，矩因奏曰：「高麗之地，本孤竹國也，周代以之封箕子，漢時分爲三郡，晉氏亦統遼東。今乃不臣，列爲外域，故先帝欲征之久矣，但以楊諒不肖，師出無功。當陛下時，安得不有事於此，使冠帶之境，仍爲蠻貊之鄉乎？今其使者朝於突厥，親見啓民從化，必懼皇靈之遠暢，慮後服之先亡，脅令入朝，當可致也。請面詔其使還本國，遣語其王令速朝覲。不然者，當率突厥即日誅之。」帝納焉。高麗不用命，始建征遼之策。王師臨遼，以本官領虎賁郎將。明年，復從至遼東。兵部侍郎斛斯政亡入高麗，帝令矩兼掌兵部事。以前後渡遼功，進位右光祿大夫。

矩後從幸江都。及義兵入關，屈突通敗問至，帝問矩方略，矩曰：「太原有變，京畿不靜，遙爲處分，恐失事機。唯鑾輿早還，方可平定。」矩見天下將亂，恐爲身禍，每遇人盡禮，雖至胥吏，皆得其歡心。時從駕驍果多逃散，矩言於帝曰：「車駕留此，已經二歲，人無匹合，則不能久安。請聽兵士於此納室，私相奔誘者，因而配之。」帝從其計，軍中漸安，咸曰：「裴公之惠也。」是時，帝既昏侈逾甚，矩無所諫諍，但悅媚取容而已。

宇文化及弒逆，署爲尚書右僕射。化及敗，竇建德復以爲尚書右僕射，令專掌選事。時建德起自羣盜，事無節文，矩爲之創定朝儀，權設法律，憲章頗備，建德大悅，每諮訪焉。及建德敗，矩與僞將曹旦及建德之妻齎傳國八璽，舉山東之地來降，封安邑縣公。

武德五年，拜太子左庶子。俄遷太子詹事。令與虞世南撰吉凶書儀，參按故實，甚合禮度，爲學者所稱，至今行之。八年，兼檢校侍中。及太子建成被誅，其餘黨尚保宮城，欲與秦王決戰，王遣矩曉諭之，宮兵乃散。尋遷民部尚書。矩年且八十，而精爽不衰，以曉習故事，甚見推重。

太宗初卽位，務止姦吏，或聞諸曹案典，多有受賂者，乃遣人以財物試之。有司門令史受餽絹一匹，太宗怒，將殺之，矩進諫曰：「此人受賂，誠合重誅。但陛下以物試之，卽行極法，所謂陷人以罪，恐非導德齊禮之義。」太宗納其言，因召百僚謂曰：「裴矩遂能廷折，不肯面從，每事如此，天下何憂不治。」貞觀元年卒，贈絳州刺史，謚曰敬。撰開業平陳記十二卷，行於代。

子宣機，高宗時官至銀青光祿大夫、太子左中護。

宇文士及，雍州長安人。隋右衞大將軍述子，化及弟也。開皇末，以父勳封新城縣公。隋文帝嘗引入臥內，與語，奇之，令尙煬帝女南陽公主。大業中，歷尙輦奉御，從幸江都，以父憂去職，尋起爲鴻臚少卿。化及之潛謀逆亂也，以其主壻，深忌之而不告，旣弑煬帝，署爲內史令。

初，高祖爲殿內少監，時士及爲奉御，深自結託。及隨化及至黎陽，高祖手詔召之。士及亦潛遣家僮間道詣長安申赤心，又因使密貢金環。高祖大悅，謂侍臣曰：「我與士及素經共事，今貢金環，是其來意也。」及至魏縣，兵威日蹙，士及勸之西歸長安，化及不從，士及乃與封倫求於濟北徵督軍糧。俄而化及爲竇建德所擒，濟北豪右多勸士及發青、齊之衆北擊建德，收河北之地，以觀形勢，士及不納，遂與封倫等來降。高祖數之曰：「汝兄弟率思歸之卒，爲入關之計，當此之時，若得我父子，豈肯相存，今欲何地自處？」士及謝曰：「臣之罪誠不容誅，但臣早奉龍顏，久存心腹，往在涿郡，嘗夜中密論時事，後於汾陰宮，復盡丹赤。自陛下龍飛九五，臣實傾心西歸，所以密申貢獻，冀此贖罪耳。」高祖笑謂裴寂曰：「此人與我言天下事，至今已六七年矣，公輩皆在其後。」時士及妹爲昭儀有寵，由是漸見親待，授上儀同。從太宗平宋金剛，以功復封新城縣公，妻以壽光縣主，仍遷秦王府驃騎將軍。又從平王世充、竇建德，以功進爵郢國公，遷中書侍郎，再轉太子詹事。

太宗即位，代封倫爲中書令，眞食益州七百戶。尋以本官檢校涼州都督。時突厥屢爲邊寇，士及欲立威以鎭邊服，每出入陳兵，盛爲容衞，又折節禮士，涼士服其威惠。徵爲殿中監，以疾出爲蒲州刺史，爲政寬簡，吏人安之。數歲，入爲右衞大將軍，甚見親顧，每延入閤中，乙夜方出，遇其歸沐，仍遣馳召，同列莫與爲比。然尤謹密，其妻每問向中使召有何樂事，士及終無所言。尋錄其功，別封一子爲新城縣公。在職七年，復爲殿中監，加金紫光祿大夫。及疾篤，太宗親問，撫之流涕。貞觀十六年卒，贈左衞大將軍、涼州都督，陪葬昭陵。士及撫幼弟及孤兄子，以友愛見稱，親戚故人貧乏者輒遺之。然厚自封植，衣食服玩必極奢侈。謚曰「恭」，黃門侍郎劉洎駁之曰：「士及居家侈縱，不宜爲恭。」竟謚曰縱。

史臣曰：封倫多揣摩之才，有附託之巧。黨化及而數煬帝，或有赧顏；託士及以歸唐朝，殊無愧色。當建成之際，事持兩端；背蕭瑀之恩，奏多異議。太宗明主也，不見其心；玄齡賢相焉，尙容其諂。狡算醜行，死而後彰，苟非唐臨之劾，唐儉等議，則姦人得計矣。蕭瑀骨鯁亮直，儒術淸明。執政隋朝，忠而獲罪；委質高祖，知無不爲。及太宗臨朝，房、杜用事，不容小過，欲居成功，旣形猜貳之言，寧固或躍之位。易名而祇加「褊」字，所幸者猶多；奉佛而不失道情，非善也而何謂。裴矩方略寬簡，士及通變謹密，皆一時之稱也。

贊曰：封倫揣摩諂詐，蕭瑀骨鯁儒術。裴矩方略寬簡，士及通變謹密。

校勘記

〔一〕武德元年　「元年」，各本原作「五年」，據本書卷一高祖紀、合鈔卷一一四蕭瑀傳改。

〔二〕左武候引駕　「引」字各本原作「別」，據唐會要卷五五、册府卷一〇一、通鑑卷一九九改。

〔三〕騎乘塡咽　「騎乘」二字各本原無，據册府卷六五六補。

舊唐書卷六十四

列傳第十四

高祖二十二子

隱太子建成　衞王玄霸　巢王元吉　楚王智雲　荆王元景
漢王元昌　酆王元亨　周王元方　徐王元禮　韓王元嘉
彭王元則　鄭王元懿　霍王元軌　虢王鳳　道王元慶
鄧王元裕　舒王元名　魯王靈夔　江王元祥　密王元曉
滕王元嬰

高祖二十二男：太穆皇后生隱太子建成及太宗、衞王玄霸、巢王元吉，萬貴妃生楚王智雲，尹德妃生酆王元亨，莫嬪生荆王元景，孫嬪生漢王元昌，宇文昭儀生韓王元嘉、魯王靈夔，崔嬪生鄧王元裕，楊嬪生江王元祥，小楊嬪生舒王元名，郭婕妤生徐王元禮，劉婕妤生道王元慶，楊美人生虢王鳳，張美人生霍王元軌，張寶林生鄭王元懿，柳寶林生滕王元嬰，王才人生彭王元則，魯才人生密王元曉，張氏生周王元方。

隱太子建成，高祖長子也。大業末，高祖捕賊汾、晉，建成攜家屬寄於河東。義旗初建，遣使密召之，建成與巢王元吉間行赴太原。建成至，高祖大喜，拜左領軍大都督，封隴西郡公，引兵略西河郡，從平長安。義寧元年冬，隋恭帝拜唐國世子，開府，置僚屬。二年，授撫軍大將軍、東討元帥，將兵十萬徇洛陽。及還，恭帝授尚書令。

武德元年，立爲皇太子。二年，司竹羣盜祝山海有衆一千，自稱護鄉公，詔建成率將軍桑顯和進擊山海，平之。時涼州人安興貴殺賊帥李軌，以衆來降，令建成往原州應接之。時甚暑而馳獵無度，士卒不堪其勞，逃者過半。高祖憂其不閑政術，每令習時事，自非軍國大務，悉委決之。又遣禮部尚書李綱、民部尚書鄭善果俱爲宮官，與參謀議。

四年，稽胡酋帥劉仚成擁部落數萬人爲邊害，又詔建成率師討之。軍次鄜州，與仚成軍遇，擊大破之，斬首數百級，虜獲千餘人。建成設詐放其渠帥數十人，並授官爵，令還本所招慰羣胡，仚成與胡中大帥亦請降。建成以胡兵尚衆，恐有變，將盡殺之。乃揚言增置州縣，須有城邑，悉課羣胡執板築之具，會築城所，陰勒兵士皆執之。建成聞有變，奔於梁師都。竟誅降胡六千餘人。

時太宗功業日盛，高祖私許立爲太子，建成密知之，乃與齊王元吉潛謀作亂。及劉黑闥重反，王珪、魏徵謂建成曰：「殿下但以地居嫡長，爰踐元良，功績既無可稱，仁聲又未遐布。而秦王勳業克隆，威震四海，人心所向，殿下何以自安？今黑闥率破亡之餘，衆不盈萬，加以糧運限絕，瘡痍未瘳，若大軍一臨，可不戰而擒也。願請討之，且以立功，深自封植，因結山東英俊。」建成從其計，遂請討劉黑闥，擒之而旋。

時高祖晚生諸王，諸母擅寵，椒房親戚並分事宮府，競求恩惠。太宗每總戎律，惟以撫接才賢爲務，至於參請妃媛，素所不行。初平洛陽，高祖遣貴妃等馳往東都選閱宮人及府庫珍物，因私有求索，兼爲親族請官。太宗以財簿先已封奏，官爵皆酬有功，並不允許，因此銜恨彌切。

時太宗爲陝東道行臺，詔於管內得專處分。淮安王神通有功，太宗乃給田數十頃。後婕妤張氏之父令婕妤私奏以乞其地，高祖手詔賜焉。神通以教給在前，遂不肯與。婕妤矯奏曰：「敕賜妾父地，秦王奪之以與神通。」高祖大怒，攘袂責太宗曰：「我詔敕不行，爾之教命州縣卽受。」他日，高祖呼太宗小名謂裴寂等：「此兒典兵既久，在外專制，爲讀書漢所教，非復我昔日子也。」

又德妃之父尹阿鼠所爲橫恣，秦王府屬杜如晦行經其門，阿鼠家僮數人牽如晦墜馬毆擊之，罵云：「汝是何人，敢經我門而不下馬！」阿鼠或慮上聞，乃令德妃奏言：「秦王左右凶暴，凌轢妾父。」高祖又怒謂太宗曰：「爾之左右欺我妃嬪之家，一至於此，況凡人百姓乎！」太宗深自辯明，卒不被納。妃嬪等因奏言：「至尊萬歲後，秦王得志，母子定無孑遺。」因悲泣哽咽。又云：「東宮慈厚，必能養育妾母子。」高祖惻愴久之。自是於太宗恩禮漸薄，廢立之心亦以此定，建成、元吉轉蒙恩寵。

自武德初，高祖令太宗居西宮之承乾殿，元吉居武德殿後院，與上臺、東宮晝夜並通，更無限隔。皇太子及二王出入上臺，皆乘馬攜弓刀雜用之物，相遇則如家人之禮。由是皇太子令及秦、齊二王教與詔敕並行，百姓惶惑，莫知準的。建成、元吉又外結小人，內連嬖幸，高祖所寵張婕妤、尹德妃皆與之淫亂。復與諸公主及六宮親戚驕恣縱橫，并兼田宅，侵奪犬馬。同惡相濟，掩蔽聰明，苟行己志，惟以甘言諛辭承候顏色。

建成乃私召四方驍勇，并募長安惡少年二千餘人，畜爲宮甲，分屯左、右長林門，號爲長林兵。及高祖幸仁智宮，留建成居守，建成先令慶州總管楊文幹募健兒送京師，欲以爲變。又遣郎將爾朱煥、校尉橋公山齎甲以賜文幹，令起兵共相應接。公山、煥等行至豳鄉，懼罪馳告其事。高祖託以他事，手詔追建成詣行在所。既至，高祖大怒，建成叩頭謝罪，奮身自投於地，幾至於絕。其夜，置之幕中，令殿中監陳萬福防禦，而文幹遂舉兵反。高祖馳使召太宗以謀之，太宗曰：「文幹小豎，狂悖起兵，州府官司已應擒剿。縱其假息時刻，但須遣一將耳。」高祖曰：「文幹事連建成，恐應之者衆，汝宜自行，還，立汝爲太子。吾不能效隋文帝誅殺骨肉，廢建成封作蜀王，地既僻小易制。若不能事汝，亦易取耳。」太宗既行，元吉及四妃更爲建成內請，封倫又外爲遊說，高祖意便頓改，遂寢不行，復令建成還京居守。惟責以兄弟不能相容，歸罪於中允王珪、左衞率韋挺及天策兵曹杜淹等，並流之嶲州。

後又與元吉謀行酖毒，引太宗入宮夜宴，既而太宗心中暴痛，吐血數升，淮安王神通狼狽扶還西宮。高祖幸第問疾，因勑建成：「秦王素不能飲，更勿夜聚。」乃謂太宗曰：「發跡晉陽，本是汝計；克平宇內，是汝大功。欲升儲位，汝固讓不受，以成汝美志。建成自居東宮，多歷年所，今復不忍奪之。觀汝兄弟，終是不和〔二〕，同在京邑，必有忿競。汝還行臺，居於洛陽，自陝已東，悉宜主之。仍令汝建天子旌旗，如梁孝王故事。」太宗泣而奏曰：「今日之授，實非所願，不能遠離膝下。」言訖嗚咽，悲不自勝。高祖曰：「昔陸賈漢臣，尚有遞過之事，況吾四方之主，天下爲家。東西兩宮，塗路咫尺，憶汝卽往，無勞悲也。」及將行，建成、元吉相與謀曰：「秦王今往洛陽，既得土地甲兵，必爲後患。留在京師制之，一匹夫耳。」密令數人上封事曰：「秦王左右多是東人，聞往洛陽，非常欣躍，觀其情狀，自今一去，不作來意。」高祖於是遂停。

是後，日夜陰與元吉連結後宮，譖訴愈切，高祖惑之。太宗懼，不知所爲。李靖、李勣等數言：「大王以功高被疑，靖等請申犬馬之力。」封倫亦潛勸太宗圖之，並不許。倫反言於高祖曰：「秦王恃有大勳，不服居太子之下。若不立之，願早爲之所。」又說建成作亂曰：「夫爲四海者，不顧其親。漢高乞羹，此之謂矣。」

九年，突厥犯邊，詔元吉率師拒之，元吉因兵集，將與建成剋期舉事。長孫無忌、房玄齡、杜如晦、尉遲敬德、侯君集等日夜固爭曰：「事急矣！若不行權道，社稷必危。周公聖人，豈無情於骨肉？爲存社稷，大義滅親。今大王臨機不斷，坐受屠戮，於義何成？若不見聽，無忌等將竄身草澤，不得居王左右。」太宗然其計。六月三日，密奏建成、元吉淫亂後宮，因自陳曰：「臣於兄弟無絲毫所負，今欲殺臣，似爲世充、建德報讎。臣今枉死，永違君親，魂歸地下，實亦恥見諸賊。」高祖省之愕然，報曰：「明日當勘問，汝宜早參。」四日，太宗將左右九人至玄武門自衞。高祖已召裴寂、蕭瑀、陳叔達、封倫、宇文士及、竇誕、顏師古等，欲令窮覈其事。建成、元吉行至臨湖殿，覺變，卽迴馬，將東歸宮府。太宗隨而呼之，元吉馬上張弓，再三不彀。太宗乃射之，建成應弦而斃。元吉中流矢而走，尉遲敬德殺之。俄而東宮及齊府精兵二千人結陣馳攻玄武門，守門兵仗拒之，不得入，良久接戰，流矢及于內殿。太宗左右數百騎來赴難，建成等兵遂敗散。高祖大驚，謂裴寂等曰：「今日之事如何？」蕭瑀、陳叔達進曰：「臣聞內外無限，父子不親，當斷不斷，反受其亂。建成、元吉，義旗草創之際，並不預謀，建立已來，又無功德，常自懷憂，相濟爲惡，釁起蕭牆，遂有今日之事。秦王功蓋天下，率土歸心，若處以元良，委之國務，陛下如釋重負，蒼生自然乂安。」高祖曰：「善！此亦吾之夙志也。」乃命召太宗而撫之曰：「近日已來，幾有投杼之惑。」太宗哀號久之。

建成死時年三十八。長子太原王承宗早卒。次子安陸王承道、河東王承德、武安王承訓、汝南王承明、鉅鹿王承義並坐誅。太宗卽位，追封建成爲息王，謚曰隱，以禮改葬。葬日，太宗於宜秋門哭之甚哀，仍以皇子趙王福爲建成嗣。十六年五月，又追贈皇太子，謚仍依舊。

衞王玄霸，高祖第三子也。早薨，無子。武德元年，追贈衞王，謚曰懷。四年，封太宗子泰爲宜都王以奉其祀，以禮改葬，太子以下送于郭外。泰後徙封於越，又以宗室贈西平王瓊之子保定爲嗣。貞觀五年薨，無子國除。

巢王元吉，高祖第四子也。義師起，授太原郡守，封姑臧郡公。尋進封齊國公，授十五郡諸軍事、鎮北大將軍，留鎮太原，許以便宜行事。

武德元年，進爵為王，授并州總管。二年，劉武周南侵汾、晉，詔遣右衞將軍宇文歆助元吉守并州。元吉性好畋獵，載網罟三十餘兩，嘗言「我寧三日不食，不能一日不獵」，又縱其左右攘奪百姓。歆頻諫不納，乃上表曰：「王在州之日，多出微行，常共竇誕遊獵，蹂踐穀稼，放縱親昵，公行攘奪，境內六畜，因之殆盡。當衢而射，觀人避箭，以為笑樂。分遣左右，戲為攻戰，至相擊刺，毀傷至死。夜開府門，宣淫他室。百姓怨毒，各懷憤歎。以此守城，安能自保！」元吉竟坐免。又諷父老詣闕請之，尋令復職。

時劉武周率五千騎至黃蛇嶺，元吉遣車騎將軍張達以步卒百人先嘗之。達以步卒少，固請不行。元吉強遣之，至則盡沒於賊。達憤怒，因引武周攻陷榆次，進逼并州。元吉大懼，紿其司馬劉德威曰：「卿以老弱守城，吾以強兵出戰。」因夜出兵，攜其妻妾棄軍奔還京師，并州遂陷。高祖怒甚，謂禮部尚書李綱曰：「元吉幼小，未習時事，故遣竇誕、宇文歆輔之。強兵數萬，食支十年，起義興運之基，一朝而棄。宇文歆首畫此計，我當斬之。」綱曰：「賴歆令陛下不失愛子，臣以為有功。」高祖問其故，綱對曰：「罪由竇誕不能規諷，致令軍人怨憤。又齊王年少，肆行驕逸，放縱左右，侵漁百姓。誕曾無諫止，乃隨順掩藏，以成其釁，此誕之罪。宇文歆論情則疏，向彼又淺，王之過失，悉以聞奏。且父子之際，人所難言，而歆言之，豈非忠懇？今欲誅罪，不錄其心，臣愚竊以爲過。」翌日，高祖召綱入，升御坐，謂曰：「今我有公，遂使刑罰不濫。元吉自惡，結怨於人。歆既曾以表聞，誕亦焉能禁制，皆非其罪也。」尋加授元吉侍中、襄州道行臺尚書令、稷州刺史。

四年，太宗征竇建德，留元吉與屈突通圍王世充於東都。世充出兵拒戰，元吉設伏擊破之，斬首八百級，生擒其大將樂仁昉、甲士千餘人。世充平，拜司空，餘官如故，加賜衮冕之服、前後部鼓吹樂二部、班劍二十人、黄金二千斤，與太宗各聽三鑪鑄錢以自給。六年，加授隰州總管。

及與建成連謀，各募壯士，多匿罪人。復內結宮掖，遞加稱譽，又厚賂中書令封倫以爲黨助。由是高祖頗疏太宗而加愛元吉。太宗嘗從高祖幸其第，元吉伏其護軍宇文寶於寢內，將以刺太宗。建成恐事不果而止之，元吉慍曰：「爲兄計耳，於我何害！」九年，轉左衞大將軍，尋進位司徒、兼侍中，并州大都督、隰州都督、稷州刺史並如故。

高祖將避暑太和宮，二王當從，元吉謂建成曰：「待至宮所，當興精兵襲取之。置土窟中，唯開一孔以通飲食耳。」會突厥郁射設屯軍河南，入圍烏城〔三〕。建成乃薦元吉代太宗督軍北討，仍令秦府驍將秦叔寶、尉遲敬德、程知節、段志玄等並與同行。又追秦府兵帳，簡閱驍勇，將奪太宗兵以益其府。又譖杜如晦、房玄齡，逐令歸第。高祖知其謀而不制。元吉因密請加害太宗，高祖曰：「是有定四海之功，罪迹未見，一旦欲殺，何以爲辭？」元吉曰：「秦王常違詔敕。初平東都之日，偃蹇顧望，不急還京，分散錢帛，以樹私惠。違戾如此，豈非反逆？但須速殺，何患無辭！」高祖不對，元吉遂退。

建成謂元吉曰：「既得秦王精兵，統數萬之衆，吾與秦王至昆明池，於彼宴別，令壯士拉之於幕下，因云暴卒，主上諒無不信。吾當使人進說，令付吾國務。正位已後，以汝爲太弟。敬德等既入汝手，一時坑之，孰敢不服？」率更丞王晊聞其謀，密告太宗。太宗召府僚以告之，皆曰：「大王若不正斷，社稷非唐所有。若使建成、元吉肆其毒心，羣小得志，元吉狠戾，終亦不事其兄。往者護軍薛寶上齊王符籙云：『元吉合成唐字。』齊王得之喜曰：『但除秦王，取東宮如反掌耳。』爲亂未成，預懷相奪。以大王之威，襲二人如拾地芥。」太宗遲疑未決，衆又曰：「大王以舜爲何如人也？」曰：「濬哲文明，温恭允塞，爲子孝，爲君聖，焉可議之乎？」府僚曰：「向使舜浚井不出，自同魚鱉之斃，焉得爲孝子乎？塗廩不下，便成煨燼之餘，焉得爲聖君乎？小杖受，大杖避，良有以也。」太宗於是定計誅建成及元吉。

元吉死時年二十四。有五子：梁郡王承業、漁陽王承鸞、普安王承獎、江夏王承裕、義陽王承度，並坐誅。尋詔絕建成、元吉屬籍。太宗踐祚，追封元吉爲海陵郡王，謚曰刺，以禮改葬。貞觀十六年，又追封巢王，謚如故，復以曹王明爲元吉後。

楚王智雲，高祖第五子也。母曰萬貴妃，性恭順，特蒙高祖親禮。宮中之事皆諮稟之，諸王妃主，莫不推敬。後授楚國太妃，薨，陪葬獻陵。

智雲本名稚詮，大業末，從高祖於河東。及義師將起，隱太子建成潛歸太原，以智雲年小，委之而去。因爲吏所捕，送于長安，爲陰世師所害，年十四。義寧元年，贈尚書左僕射、楚國公。武德元年，追封楚王，謚曰哀。無子，三年，以太宗子寬爲嗣。寬薨，貞觀二年，復以濟南公世都子靈龜嗣焉。

靈龜，永徽中歷魏州刺史，政尚清嚴，姦盜屏跡。又開永濟渠入于新市，以控引商旅，百姓利之。卒官。

子福嗣嗣，降爵爲公。儀鳳中，卒於右威衞將軍。

子承況，神龍中爲右羽林將軍，與節愍太子同舉兵，入玄武門，爲亂兵所殺。

荆王元景，高祖第六子也。武德三年，封爲趙王。八年，授安州都督。貞觀初，歷遷雍州牧、右驍衛大將軍。十年，徙封荆王，授荆州都督。十一年，定制元景等爲代襲刺史。詔曰：

皇王受命，步驟之迹以殊；經籍所紀，質文之道匪一。雖治亂不同，損益或異，至於設官司以制海內，建藩屏以輔王室，莫不明其典章，義存於致治，崇其賢戚，志在於無疆。朕以寡昧，丕承鴻緒，寅畏三靈，憂勤百姓，考明哲之餘論，求經邦之長策。帝業之重，獨任難以成務；天下之曠，因人易以獲安。然則侯伯肇於自昔，州郡始於中代，聖賢異術，沿革隨時，復古則義難頓從，尋今則事不盡理。遂規模周、漢，斟酌曹、馬，採按部之嘉名，參建侯之舊制，共治之職重矣，分土之實存焉。已有制書，陳其至理。繼世垂範，貽厥後昆；維城作固，同符前烈。荆州都督荆王元景、梁州都督漢王元昌、徐州都督徐王元禮、潞州都督韓王元嘉、遂州都督彭王元則、鄭州刺史鄭王元懿、絳州刺史霍王元軌、虢州刺史虢王鳳、豫州刺史道王元慶、鄧州刺史鄧王元裕、壽州刺史舒王元名、幽州都督燕王靈夔、蘇州刺史許王元祥、安州都督吳王恪、相州都督魏王泰、齊州都督齊王祐〔三〕、益州都督蜀王愔、襄州刺史蔣王惲、揚州都督越王貞、幷州都督晉王某、秦州都督紀王慎等，或地居旦、奭，夙聞詩、禮；或望及間、平，早稱才藝，並爵隆土宇，寵兼車服。誠孝之心，無忘於造次；風政之舉，克著於期月。宜冠恆册，祚以休命。其所任刺史，咸令子孫代代承襲。」尋又罷代襲之制。元景久之轉鄜州刺史。高宗卽位，進位司徒，加實封通前滿一千五百戶。永徽四年〔四〕，坐與房遺愛謀反賜死，國除。後追封沈黎王，備禮改葬，以渤海王奉慈子長沙爲嗣，降爵爲侯。神龍初，追復爵土，幷封其孫逖爲嗣荊王，尋薨，國除。

漢王元昌，高祖第七子也。少好學，善隸書。武德三年，封爲魯王。貞觀五年，授華州刺史，轉梁州都督。十年，改封漢王。元昌在州，頗違憲法，太宗手敕責之。初不自咎，更懷怨望。知太子承乾嫉魏王泰之寵，乃相附託，圖爲不軌。十六年，元昌來朝京師，承乾頻召入東宮夜宿，因謂承乾曰：「願殿下早爲天子。近見御側，有一宮人，善彈琵琶，事平之後，當望垂賜。」承乾許諾。又刻臂出血，以帛拭之，燒作灰，和酒同飲，共爲信誓，潛伺間隙。

十七年，事發，太宗弗忍加誅，特敕免死。大臣高士廉、李世勣等奏言：「王者以四海爲家，以萬姓爲子，公行天下，情無獨親。元昌苞藏凶惡，圖謀逆亂，觀其指趣，察其心府，罪深燕旦，釁甚楚英。天地之所不容，人臣之所切齒，五刑不足申其罰，九死無以當其愆。而陛下情屈至公，恩加梟獍，欲開疏網，漏此鯨鯢。臣等有司，期不奉制，伏願敦師憲典，誅此凶慝。順羣臣之願，奪鷹鸇之心，則吳、楚七君不幽歎於往漢，管、蔡二叔不沉恨於有周。」太宗事不獲已，乃賜元昌自盡於家，妻子籍沒，國除。

酆王元亨，高祖第八子也。武德三年受封。貞觀二年，授散騎常侍，拜金州刺史。及之藩，太宗以其幼小，甚思之，中路賜以金盞，遣使爲之設宴。六年薨，無子國除。

周王元方，高祖第九子也。武德四年受封。貞觀二年，授散騎常侍。三年薨，贈左光祿大夫，無子國除。

徐王元禮，高祖第十子也。少恭謹，善騎射。武德四年，封鄭王。貞觀六年，賜實封七百戶，授鄭州刺史，徙封徐王，遷徐州都督。十七年，轉絳州刺史，以善政聞，太宗降璽書勞勉，賜以錦綵。二十三年，加實封千戶。永徽四年，加授司徒，兼潞州刺史。咸亨三年薨，贈太尉、冀州大都督，陪葬獻陵。

子淮南王茂嗣。茂險薄無行，元禮姬趙氏有美色，及元禮遇疾，茂遂逼之，元禮知而切加責讓。茂乃屏斥元禮侍衞，斷其藥膳，仍云：「既得五十年爲王，更何煩服藥。」竟以餒終。上元中，事洩，配流振州而死。神龍初，又封茂子璀爲嗣徐王。景龍四年，加銀青光祿大夫。開元中，除宗正員外卿，卒。

子延年嗣。開元二十六年，封嗣徐王，除員外洗馬。天寶初，拔汗那王入朝，延年將嫁女與之，爲右相李林甫所奏，貶文安郡別駕、彭城長史，坐贓貶永嘉司士。至德初，餘杭郡司馬，卒。永泰元年，女婿黔中觀察使趙國珍入朝，請以延年子前施州刺史諷爲嗣，因封嗣徐王。

韓王元嘉，高祖第十一子也。母宇文昭儀，隋左武衞大將軍述之女也。早有寵於高祖，高祖初即位，便欲立爲皇后，固辭不受。元嘉少以母寵，特爲高祖所愛，自登極晚生皇子無及之者。武德四年，封宋王，徙封徐王。貞觀六年，賜實封七百戶，授潞州刺史，時年十五。在州聞太妃有疾，便涕泣不食。及京師發喪，哀毀過禮，太宗嗟其至性，屢慰勉之。九年，授右領軍大將軍。十年，改封韓王，授潞州都督。二十三年，加實封滿千戶。元嘉少好學，聚書至萬卷，又採碑文古跡，多得異本。閨門修整，有類寒素士大夫。與其弟靈夔甚相友愛，兄弟集見如布衣之禮。其修身潔己，內外如一，當代諸王莫能及者，唯霍王元軌抑其次焉。

高宗末，元嘉轉澤州刺史。及天后臨朝攝政，欲順物情，乃進授元嘉爲太尉，定州刺史，霍王元軌爲司徒，青州刺史，舒王元名爲司空，隆州刺史，魯王靈夔爲太子太師，蘇州刺史，越王貞爲太子太傅，安州都督，紀王愼爲太子太保，並外示尊崇，實無所綜理。其後漸將誅戮宗室諸王不附己者，元嘉大懼，與其子通州刺史、黃公譔及越王貞父子謀起兵，於是皇宗國戚內外相連者甚廣。遣使報貞及貞子琅邪王沖曰：「四面同來，事無不濟。」沖與諸道計料未審而先發兵，倉卒唯貞應之，諸道莫有赴者，故其事不成。元嘉坐誅。

譔少以文才見知，諸王子中與琅邪王沖爲一時之秀，凡所交結皆當代名士。時天下犯罪籍沒者甚衆，唯沖與譔父子書籍最多，皆文句詳定，祕閣所不及。

神龍初，追復元嘉爵土，并封其第五子訥爲嗣韓王，官至員外祭酒。開元十七年卒。

元嘉長子訓，高祖時封穎川王，早卒。次子誼，封武陵王，官至濮州刺史。

開元中，封訥子叔璩爲嗣韓王、國子員外司業。

彭王元則，高祖第十二子也。武德四年，封荆王。貞觀七年，授豫州刺史。十年，改封彭王，除遂州都督，尋坐章服奢僭免官。十七年，拜澧州刺史，更折節勵行，頗著聲譽。

永徽二年薨，高宗爲之廢朝三日，贈司徒、荆州都督，陪葬獻陵，謚曰思。發引之日，高宗登望春宮望其靈車，哭之甚慟。

無子，以霍王元軌子絢嗣，龍朔中封南昌王。

子志暕，神龍初封嗣彭王。景龍初，加銀青光祿大夫。開元中，宗正卿同正員，卒。

鄭王元懿，高祖第十三子也。頗好學。武德四年，封滕王。貞觀七年，授兗州刺史，賜實封六百戶。十年，改封鄭王，歷鄭、潞二州刺史。二十三年，加實封滿千戶。總章中，累授絳州刺史。數斷大獄，甚有平允之譽，高宗嘉之，降璽書褒美，賜物三百段。咸亨四年薨，贈司徒、荆州大都督，謚曰惠，陪葬獻陵。

子璥，上元初，封爲嗣鄭王，官至鄂州刺史。

神龍初，又封璥嫡子希言爲嗣鄭王。景龍四年，嗣鄭王希言等共一十四人，並加銀青光祿大夫。開元中，右金吾大將軍。天寶初，再爲太子詹事同正員，卒。

霍王元軌，高祖第十四子也。少多才藝，高祖甚奇之。武德六年，封蜀王。八年，徙封吳王。貞觀初，太宗嘗問羣臣曰：「朕子弟孰賢？」侍中魏徵對曰：「臣愚闇，不盡知其能。

唯與王數與臣言，未嘗不自失。」上曰：「朕亦器之，卿以爲前代誰比？」徵曰：「經學文雅，亦漢之間、平也。」由是寵遇彌厚，因令娶徵女焉。從太宗遊獵，遇羣獸，命元軌射之，矢不虛發，太宗撫其背曰：「汝武藝過人，恨今無所施耳。當天下未定，我得汝豈不美乎！」

七年，拜壽州刺史，賜實封六百戶。高祖崩，去職，毀瘠過禮，自後常衣布，示有終身之戚焉。每至忌辰，輒數日不食。十年，改封霍王，授絳州刺史，尋轉徐州刺史。元軌前後爲刺史，至州，唯閉閤讀書，吏事責成於長史、司馬，謹慎自守，與物無忤，爲人不妄。在徐州，唯與處士劉玄平爲布衣之交。人或問玄平王之長，玄平答曰：「無長。」問者怪而復問之，玄平曰：「夫人有短，所以見其長。至於霍王，無所不備，吾何以稱之哉？」

二十三年，加實封滿千戶，爲定州刺史。突厥來寇，元軌令開門偃旗，虜疑有伏，懼而宵遁。州人李嘉運與賊連謀，事洩，高宗令收按其黨。元軌以強寇在境，人心不安，惟殺嘉運，餘無所及，因自劾違制。上覽表大悅，謂使曰：「朕亦悔之，向無王，則失定州矣。」有王文操遇賊，而二子鳳、賢遂以身蔽捍，文操獲全，二子皆死。縣司抑而不申，元軌察知，遣使弔祭，表上其事，詔並贈朝散大夫，令加旌表，其禮賢愛善如此。後因入朝，屢上疏陳時政得失，多所匡益，高宗甚尊重之。及在外藩，朝廷每有大事，或密制問焉。

高宗崩，與侍中劉齊賢等知山陵葬事，齊賢服其識練故事，每謂人曰：「非我輩所及也。」元軌嘗使國令徵封，令白：「請依諸國賦物貿易取利。」元軌曰：「汝爲國令，當正吾失，反說吾以利耶！」拒而不納。垂拱元年，加位司徒，尋出爲襄州刺史，轉青州。四年，坐與越王貞連謀起兵，事覺，徙居黔州，仍令載以檻車，行至陳倉而死。

有子七人。長子緒最有才藝。上元中，封江都王，累除金州刺史。垂拱中，坐與裴承光交通被殺。神龍初，與元軌並追復爵位，仍封緒孫暉爲嗣霍王。景龍四年，加銀青光祿大夫。開元中，左千牛員外將軍。

虢王鳳，高祖第十五子也。武德六年，封豳王。貞觀七年，授鄧州刺史，賜實封六百戶。十年，徙封虢王，歷虢、豫二州刺史。二十三年，加實封滿千戶。麟德初，累授青州刺史。上元元年薨，年五十二，贈司徒、揚州大都督，陪葬獻陵，謚曰莊。子平陽郡王翼嗣，官至光州刺史。永隆二年卒。子寓嗣，則天時失爵。鳳第三子定襄郡公宏，則天初爲曹州刺史。

第五子東莞郡公融，少以武勇見知。垂拱中，爲申州刺史。初，黃公譔將與越王貞通謀，深倚仗融以爲外助。時詔追諸親赴都，融私使問其所親成均助教高子貢曰：「可入朝以否？」子貢報曰：「來必取死。」融乃稱疾不朝，以俟諸藩期。及得越王貞起兵書，倉卒不能相應，爲僚吏所逼，不獲已而奏之，於是擢授銀青光祿大夫，行太子右贊善大夫。未幾，爲支黨所引，被誅。

子徹，神龍元年襲封東莞郡公。開元五年，繼密王元曉，改爲嗣密王。十二年，改封濮陽郡王，歷宗正卿、金紫光祿大夫，卒。

神龍初，封鳳嫡孫邕爲嗣虢王。邕娶韋庶人妹爲妻，由是中宗時特承寵異，轉祕書監，俄又改封汴王，開府置僚屬。月餘而韋氏敗，邕揮刃截其妻首，以至於朝，深爲物議所鄙。貶沁州刺史，不知州事，削封邑。景雲二年，復嗣虢王，還封二百戶。累遷衞尉卿。開元十五年卒。子巨嗣，別有傳。

道王元慶，高祖第十六子也。武德六年，封漢王。八年，改封陳王。貞觀九年，拜趙州刺史，賜實封八百戶。十年，改封道王，授豫州刺史。二十三年，加實封滿千戶。永徽四年，歷滑州刺史，以政績聞，賜物二百段。後歷徐、沁、衞三州刺史。元慶事母甚謹，及母薨，又請躬修墳墓，優詔不許。麟德元年薨，贈司徒、益州都督，陪葬獻陵，謚曰孝。

子臨淮王誘嗣，官至澧州刺史。永淳中，坐贓削爵。

次子詢，壽州刺史。

詢子徽，神龍初，封爲嗣道王。景龍四年，加銀青光祿大夫。景雲元年，宗正卿，卒。子鍊，開元二十五年，襲封嗣道王。廣德中，官至宗正卿。

鄧王元裕，高祖第十七子也。貞觀五年，封鄶王。十一年，改封鄧王，賜實封八百戶，歷鄧、梁、黃三州刺史。元裕好學，善談名理，與典籤盧照鄰爲布衣之交。二十三年，加實封通前一千五百戶。高宗時，又歷壽、襄二州刺史、兗州都督。麟德二年薨，贈司徒、益州大都督，陪葬獻陵，謚曰康。無子，以弟江王元祥子廣平公炅嗣。神龍初，封炅子孝先爲嗣鄧王。開元十三年，右監門衞大將軍、冠軍大將軍，卒。

舒王元名，高祖第十八子也。年十歲時，高祖在大安宮，太宗晨夕使尙宮起居送珍饌，元名保傅等謂元名曰：「尙宮品秩高者，見宜拜之。」元名曰：「此我二哥家婢也，何用拜爲？」太宗聞而壯之，曰：「此眞我弟也。」貞觀五年，封譙王。十一年，徙封舒王，賜實封八百戶，拜壽州刺史。後歷滑、許、鄭三州刺史。二十三年，加實封滿千戶，轉石州刺史。元名性高潔，罕問家人產業，朝夕矜莊，門庭淸肅，常誡其子豫章王亶等曰：「藩王所乏者，不慮無錢財官職，但勉行善事，忠孝持身，此吾志也。」及亶爲江州刺史，以善政聞，高宗手敕褒美元名，以賞其義方之訓。高宗每欲授元名大州刺史，固辭曰：「忝預藩戚，豈以州郡戶口爲仕進之資？」辭情懇到，故在石州二十年，賞玩林泉，有塵外之意。垂拱年，除青州刺史，又除鄭州刺史。州境鄰接都畿，諸王及帝戚莅官者，或有不檢攝家人，爲百姓所苦。及元名到，大革其弊。轉滑州刺史，政理如在鄭州。尋加授司空。永昌年，與子亶俱爲丘神勣所陷，被殺。神龍初，贈司徒，復其官爵，仍令以禮改葬。

亶子津爲嗣舒王。景龍四年，加銀青光祿大夫。開元中，左威衞將軍，卒。

子萬嗣，天寶二年卒。

子藻嗣，天寶九載，封嗣舒王。

魯王靈夔，高祖第十九子也。少有美譽，善音律，好學，工草隸，與同母兄韓王元嘉特相友愛。貞觀五年，封魏王。十年，改封燕王，賜實封八百戶，授幽州都督。十四年，改封魯王，授兗州都督。二十三年，加實封滿千戶。永徽六年，轉隆州刺史，後歷絳滑定等州刺史、太子太師。垂拱元年，授邢州刺史。四年，與兄元嘉子黃公譔結謀，欲起兵應接越王貞父子，事洩，配流振州，自縊而死。

有二子：長子銑，封清河王。次子譪，封范陽王，歷右散騎常侍，爲酷吏所陷。

神龍初，追復靈夔官爵，仍令以禮改葬。封譪子道堅爲嗣魯王。性嚴整，雖在閨門，造次必於莊敬，少年佐郡，聲實已彰。景龍四年，加銀青光祿大夫，歷果隴吉冀洺汾滄等七州刺史、國子祭酒。開元二十二年，兼檢校魏州刺史，未行，改汴州刺史、河南道採訪使。此州都會，水陸輻湊，實曰膏腴，道堅特以清毅聞。入爲宗正卿，卒。

子宇嗣，二十九年，封嗣魯王。至德元年，從幸巴蜀，爲右金吾將軍。寶應元年，皇太子封爲魯王，改宇嗣鄒王。

道堅弟道邃，中興初，封戴國公，以恭默自守，修山東婚姻故事，頻任清列。天寶中爲右丞、大理、宗正二卿，卒。

江王元祥，高祖第二十子也。貞觀五年，封許王。十一年，徙封江王，授蘇州刺史，賜實封八百戶。二十三年，加實封滿千戶。高宗時，又歷金、鄜、鄭三州刺史。性貪鄙，多聚金寶，營求無厭，爲人吏所患。時滕王元嬰、蔣王惲、虢王鳳亦稱貪暴，有授得其府官者，以比嶺南惡處，爲之語曰：「寧向儋、崖、振、白，不事江、滕、蔣、虢。」

元祥體質洪大，腰帶十圍，飲啖亦兼數人，其時韓王元嘉、虢王鳳、魏王泰狀貌亦偉〔五〕，不逮於元祥。又眇一目。永隆元年薨，贈司徒、并州大都督，陪葬獻陵，諡曰安。子永嘉王晫，永隆中，爲復州刺史。以禽獸其行，賜死于家。中興初，元祥子鉅鹿郡公晃子欽嗣江王。景龍四年，加銀青光祿大夫，娶王仁皎女，至千牛將軍，卒。

密王元曉，高祖第二十一子也。貞觀五年受封。九年，授虢州刺史。十四年，賜實封八百戶。二十三年，加滿千戶，轉澤州刺史。永徽四年，除宣州刺史，後歷徐州刺史。上元三年薨，贈司徒、揚州都督，陪葬獻陵，諡曰貞。子南安王潁嗣。神龍初，封潁弟亮子曇爲嗣密王。

滕王元嬰，高祖第二十二子也。貞觀十三年受封。十五年，賜實封八百戶，授金州刺史。二十三年，加實封滿千戶。永徽中，元嬰頗驕縱逸遊，動作失度，高宗與書誡之曰：

王地在宗枝，寄深磐石，幼聞詩、禮，夙承義訓。實冀孜孜無怠，漸以成德；豈謂不遵軌轍，踰越典章。且城池作固，以備不虞，關鑰閉開，須有常準。鳩合散樂，并集府僚，嚴關夜開，非復一度。遏密之悲，尙纏比屋，王以此情事，何遽紛紜？又巡省百姓，本觀風問俗，遂乃驅率老幼，借狗求罝，志從禽之娛，忽黎元之重。時方農要，屢出畋遊，以彈彈人，將爲笑樂。取適之方，亦應多緒，何必此事，方得爲娛？晉靈虐主，未可取則。趙孝文趨走小人，張四又倡優賤隸，王親與博戲，極爲輕脫，一府官僚，何所瞻望？凝寒方甚，以雪埋人，虐物既深，何以爲樂？家人奴僕，侮弄官人，至於此事，彌不可長。朕以王骨肉至親，不能致王於法，今與王下上考，以愧王心。人之有過，貴在能改，國有憲章，私恩難再。興言及此，惭歎盈懷。

三年，遷蘇州刺史，尋轉洪州都督。又數犯憲章，削邑戶及親事帳內之半，於滁州安置。後起授壽州刺史，轉隆州刺史。弘道元年，加開府儀同三司，兼梁州都督。文明元年薨，贈司徒、冀州都督，陪葬獻陵。

子長樂王循琦嗣。兄弟六人，垂拱中並陷詔獄。

神龍初，以循琦弟循琣子涉嗣滕王，本名茂宗，狀貌類胡而豐碩。開元十二年，加銀青光祿大夫，左驍衞將軍。天寶初，淮安郡別駕，卒。

子湛然嗣。十一載，封滕王。十五載，從幸蜀，除左金吾將軍。

史臣曰：一人元良，萬國以貞。若明異重離，道非出震，雖居嫡長，寧固鎡錤〔六〕。況當開創之初，未見太平之兆。建成殘忍，豈主鬯之才；元吉凶狂，有覆巢之迹。若非太宗逆取順守，積德累功，何以致三百年之延洪、二十帝之纂嗣？或堅持小節，必虧大猷，欲比秦二世、隋煬帝，亦不及矣。元嘉修身，元軌無短，元裕名理，元名高潔，靈夔嚴整，皆有封册之名，而無磐石之固。武氏之亂，或連頸被刑；姦臣擅權，則束手爲制。其望本枝百世也，不亦難乎！

贊曰：有功曰祖，有德曰宗。建成、元吉，實爲二凶。中外交構，人神不容。用晦而明，殷憂啓聖。運屬文皇，功成守正。善惡既分，社稷乃定。盤維封建，本枝茂盛。元嘉、元軌，修身慎行。元裕、元名，行簡居正。犬牙不固，武氏易姓。既無兵民，若拘陷穽。敢告後人，無或失政。

校勘記

〔一〕終是不和　「終」字各本原無，據册府卷一八一補。

〔二〕烏城　各本原作「烏程」，據本書卷六八尉遲敬德傳、新書卷七九巢王元吉傳改。

〔三〕齊王祐　「祐」字各本原作「裕」，據本書卷七六庶人祐傳、通鑑卷一九六改。

〔四〕永徽四年　「四年」，各本原作「二年」，據本書卷四高宗紀、通鑑卷一九九改。

〔五〕魏王泰　「泰」字各本原作「恭」，據本書卷七六濮王泰傳、合鈔卷一一五江王元祥傳改。

〔六〕鎡錤　各本原作「錤鎡」。按廣雅釋器：「鎡錤，鉏也。」孟子公孫丑云：「雖有鎡基（按「基」即「錤」），不如待時。」據改。

舊唐書卷六十五

列傳第十五

高士廉　長孫無忌

高儉字士廉，渤海蓨人。曾祖飛雀，後魏贈太尉。祖嶽，北齊侍中、左僕射、太尉、清河王。父勱，字敬德，北齊樂安王、尚書左僕射、隋洮州刺史。

士廉少有器局，頗涉文史。隋司隸大夫薛道衡、起居舍人崔祖濬並稱先達，與士廉結忘年之好，由是公卿藉甚。大業中，爲治禮郎。士廉妹先適隋右驍衞將軍長孫晟，生子無忌及女。晟卒，士廉迎妹及甥於家，恩情甚重。見太宗潛龍時非常人，因以晟女妻焉，即文德皇后也。

隋軍伐遼，時兵部尙書斛斯政亡奔高麗，士廉坐與交遊，謫爲朱鳶主簿。事父母以孝聞，嶺南瘴癘，不可同行，留妻鮮于氏侍養，供給不足。又念妹無所庇，乃賣大宅，買小宅以處之，分其餘資，輕裝而去。尋屬天下大亂，王命阻絕，交阯太守丘和署爲司法書佐。士廉久在南方，不知母問，北顧彌切。嘗晝寢，夢其母與之言，宛如膝下，既覺而涕泗橫集。明日果得母訊，議者以爲孝感之應。

時欽州甯長眞率衆攻和，和欲出門迎之，士廉進說曰：「長眞兵勢雖多，懸軍遠至，內離外蹙，不能持久。且城中勝兵足以當之，奈何而欲受人所制？」和從之，因命士廉爲行軍司馬，水陸俱進，逆擊破之，長眞僅以身免，餘衆盡降。及蕭銑敗，高祖使徇嶺南。武德五年，士廉與和上表歸國，累遷雍州治中。時太宗爲雍州牧，以士廉是文德皇后之舅，素有才望，甚親敬之。及將誅隱太子，士廉與其甥長孫無忌並預密謀。六月四日，士廉率吏卒釋繫囚，授以兵甲，馳至芳林門，備與太宗合勢。太宗昇春宮，拜太子右庶子。

貞觀元年，擢拜侍中，封義興郡公，賜實封九百戶。士廉明辯善容止，凡有獻納，搢紳之士莫不屬目。時黃門侍郎王珪有密表附士廉以聞，士廉寢而不言，坐是出爲安州都督，轉益州大都督府長史。蜀土俗薄，畏鬼而惡疾，父母病有危殆者，多不親扶侍，杖頭挂食，遙以哺之。士廉隨方訓誘，風俗頓改。秦時李冰守蜀，導引汶江，創浸灌之利，至今地居水側者，頃直千金，富強之家，多相侵奪。士廉乃於故渠外別更疏決，蜀中大獲其利。又因暇日汲引辭人，以爲文會，兼命儒生講論經史，勉勵後進，蜀中學校粲然復興。

蜀人朱桃椎者，澹泊爲事，隱居不仕，披裘帶索，沉浮人間。竇軌之鎭益州也，聞而召見，遺以衣服，逼爲鄉正。桃椎口竟無言，棄衣於地，逃入山中，結菴澗曲。夏則裸形，冬則樹皮自覆，人有贈遺，一無所受。每爲芒履，置之於路，人見之者曰「朱居士之履也」，爲鬻米置於本處，桃椎至夕而取之，終不與人相見。議者以爲焦先之流。士廉下車，以禮致之，及至，降階與語，桃椎不答，直視而去。士廉每令存問，桃椎見使者，輒入林自匿。近代以來，多輕隱逸，士廉獨加褒禮，蜀中以爲美談。

五年，入爲吏部尚書，進封許國公，仍封一子爲縣公。獎鑒人倫，雅諳姓氏，凡所署用，莫不人地俱允。高祖崩，士廉攝司空，營山陵制度，事畢，加特進、上柱國。

是時，朝議以山東人士好自矜夸，雖復累葉陵遲，猶恃其舊地，女適他族，必多求聘財。太宗惡之，以爲甚傷教義，乃詔士廉與御史大夫韋挺、中書侍郎岑文本、禮部侍郎令狐德棻等刊正姓氏。於是普責天下譜諜，仍憑據史傳考其眞僞，忠賢者褒進，悖逆者貶黜，撰爲氏族志。士廉乃類其等第以進。太宗曰：「我與山東崔、盧、李、鄭，舊旣無嫌，爲其世代衰微，全無冠蓋，猶自云士大夫，婚姻之間，則多邀錢幣。才識凡下，而偃仰自高，販鬻松檟，依託富貴。我不解人間何爲重之？祇緣齊家惟據河北，梁、陳僻在江南，當時雖有人物，偏僻小國，不足可貴，至今猶以崔、盧、王、謝爲重。我平定四海，天下一家，凡在朝士，皆功效顯著，或忠孝可稱，或學藝通博，所以擢用。見居三品以上，欲共衰代舊門爲親，縱多輸錢帛，猶被偃仰。我今特定族姓者，欲崇重今朝冠冕，何因崔幹猶爲第一等？昔漢高祖止是山東一匹夫，以其平定天下，主尊臣貴。卿等讀書，見其行迹，至今以爲美談，心懷敬重。卿等不貴我官爵耶？不須論數世以前，止取今日官爵高下作等級。」遂以崔幹爲第三等。及書成，凡一百卷，詔頒於天下，賜士廉物千段。尋同中書門下三品。

十二年，與長孫無忌等以佐命功，並代襲刺史，授申國公。其年，拜尙書右僕射。士廉既任遇益隆，多所表奏，成輒焚稿，人莫知之。攝太子少師，特令掌選。十六年，加授開府儀同三司，尋表請致仕，聽解尙書右僕射，令以開府儀同三司依舊平章事。又正受詔與魏徵等集文學之士，撰文思博要一千二百卷奏之，賜物千段。十七年二月，詔圖形凌煙閣。十九年，太宗伐高麗，皇太子定州監國，士廉攝太子太傅，仍典朝政。皇太子下令曰：「攝太傅、申國公士廉，朝望國華，儀刑攸屬，寡人忝膺監守，實資訓導。比日聽政，常屈同榻，庶因諮白，少祛蒙滯。但據案奉對，情所未安，已約束不許更進。太傅誨諭深至，使遵常式，辭不獲免，輒復敬從。所司亦宜別以一案供太傅。」士廉固讓不敢當。

二十年，遇疾，太宗幸其第問之，因敍說生平，流涕歔欷而訣。二十一年正月壬辰，薨于京師崇仁里私第，時年七十二。太宗又命駕將臨之，司空玄齡以上餌藥石，不宜臨喪，抗表切諫，上曰：「朕之此行，豈獨爲君臣之禮，兼以故舊情深，姻戚義重，卿勿復言也。」太宗從數百騎出興安門，至延喜門，長孫無忌馳至馬前諫曰：「餌石臨喪，經方明忌。陛下含育黎元，須爲宗社珍愛。臣亡舅士廉知將不救，顧謂臣曰：『至尊覆載恩隆，不遺簪履，亡歿之後，或致親臨。內省凡才，無益聖日，安可以死亡之餘，輒迴宸駕，魂而有靈，負譴斯及。』陛下恩深故舊，亦請察其丹誠。」其言甚切，太宗猶不許。無忌乃伏於馬前流涕，帝乃還宮。贈司徒、幷州都督，陪葬昭陵，謚曰文獻。士廉祖、父洎身並爲僕射，子爲尚書，甥爲太尉，當代榮之。六子：履行、至行、純行、眞行、審行、愼行。及喪柩出自橫橋，太宗登故城西北樓望而慟。高宗卽位，追贈太尉，與房玄齡、屈突通並配享太宗廟庭。

子履行，貞觀初歷祠部郎中。丁母憂，哀悴踰禮。太宗遣使諭之曰：「孝子之道，毀不滅性。汝宜強食，不得過禮。」服闋，累遷滑州刺史。尙太宗女東陽公主，拜駙馬都尉。十九年，除戶部侍郎，加銀青光祿大夫。無幾，遭父艱，居喪復以孝聞，太宗手詔敦喻曰：「古人立孝，毀不滅身。聞卿絕粒，殊乖大體，幸抑摧裂之情，割傷生之累。」俄起爲衞尉卿，進加金紫光祿大夫，襲爵申國公。永徽元年，拜戶部尙書、檢校太子詹事、太常卿。顯慶元年，出爲益州大都督府長史。先是，士廉居此職，頗著能名，至是履行繼之，亦有善政，大爲人吏所稱。三年，坐與長孫無忌親累，左授洪州都督，轉永州刺史，卒於官。

履行弟眞行，官至右衞將軍。其子典膳丞岐坐與章懷太子陰謀事洩，詔付眞行令自懲誡。眞行遂手刃之，仍棄其屍於衢路。高宗聞而鄙之，貶眞行爲睦州刺史，卒。

長孫無忌字輔機，河南洛陽人。其先出自後魏獻文帝第三兄。初爲拓拔氏，宣力魏室，功最居多，世襲大人之號，後更跋氏，爲宗室之長，改姓長孫氏。七世祖道生，後魏司空、上黨靖王。六世祖旃，後魏特進、上黨齊王。五世祖觀，後魏司徒、上黨定王。高祖稚，西魏太保、馮翊文宣王。曾祖子裕，西魏衞尉卿、平原郡公。祖兕〔一〕，周開府儀同三司，襲平原公。父晟，隋右驍衞將軍。

無忌貴戚好學，該博文史，性通悟，有籌略。文德皇后卽其妹也。少與太宗友善，義軍渡河，無忌至長春宮謁見，授渭北道行軍典籤。常從太宗征討，累除比部郎中，封上黨縣公。武德九年，隱太子建成、齊王元吉謀將害太宗，無忌請太宗先發誅之。於是奉旨密召房玄齡、杜如晦等共爲籌略。六月四日，無忌與尉遲敬德、侯君集、張公謹、劉師立、公孫武達、獨孤彥雲、杜君綽、鄭仁泰、李孟嘗等九人，入玄武門討建成、元吉，平之。太宗昇春宮，授太子左庶子。及卽位，遷左武候大將軍。

貞觀元年，轉吏部尚書，以功第一，進封齊國公，實封千三百戶。太宗以無忌佐命元勳，地兼外戚，禮遇尤重，常令出入臥內。其年，拜尚書右僕射。時突厥頡利可汗新與中國和盟，政敎紊亂，言事者多陳攻取之策。太宗召蕭瑀及無忌問曰：「北番君臣昏亂，殺戮無辜。國家不違舊好，便失攻昧之機；今欲取亂侮亡，復爽同盟之義。二途不決，孰爲勝耶？」蕭瑀曰：「兼弱攻昧，擊之爲善。」無忌曰：「今國家務在戢兵，待其寇邊，方可討擊。彼旣已弱，必不能來。若深入虜廷，臣未見其可。且按甲存信，臣以爲宜。」太宗從無忌之議。突厥尋政衰而滅。

或有密表稱無忌權寵過盛，太宗以表示無忌曰：「朕與卿君臣之間，凡事無疑。若各懷所聞而不言，則君臣之意無以獲通。」因召百僚謂之曰：「朕今有子皆幼，無忌於朕，實有大功，今者委之，猶如子也。疏間親，新間舊，謂之不順，朕所不取也。」無忌深以盈滿爲誡，懇辭機密，文德皇后又爲之陳請，太宗不獲已，乃拜開府儀同三司，解尚書右僕射。是歲，太宗親祠南郊，及將還，命無忌與司空裴寂同昇金輅。五年，與房玄齡、杜如晦、尉遲敬德四人，以元勳各封一子爲郡公。

七年十月，册拜司空，無忌固辭，不許。又因高士廉奏曰：「臣幸居外戚，恐招聖主私親之誚，敢以死請。」太宗曰：「朕之授官，必擇才行。若才行不至，縱朕至親，亦不虛授，襄邑王神符是也；若才有所適，雖怨讎而不棄，魏徵等是也。朕若以無忌居后兄之愛，當多遺子女金帛，何須委以重官，蓋是取其才行耳。無忌聰明鑒悟，雅有武略，公等所知，朕故委之台鼎。」無忌又上表切讓，詔報之曰：「昔黃帝得力牧而爲五帝先，夏禹得咎繇而爲三王祖，齊桓得管仲而爲五伯長。朕自居藩邸，公爲腹心，遂得廓清宇內，君臨天下。以公功績才望，允稱具瞻，故授此官，無宜多讓也。」

太宗追思王業艱難，佐命之力，又作威鳳賦以賜無忌。其辭曰：

有一威鳳，憩翮朝陽。晨遊紫霧，夕飲玄霜。資長風以舉翰，戾天衢而遠翔。西翥則煙氛閉色，東飛則日月騰光。化垂鵬於北裔，馴羣鳥於南荒。殄亂世而方降，應明時而自彰。俛翼雲路，歸功本樹。仰喬枝而見猜，俯修條而抱蠹。同林之侶俱嫉，共幹之儔並忤。無桓山之義情，有炎洲之凶度。若巢葦而居安，獨懷危而履懼。鴟鴞嘯乎側葉，燕雀喧乎下枝。慚己陋之至鄙，害他賢之獨奇。或聚咮而交擊，乍分羅而見羈。戢凌雲之逸羽，韜偉世之清儀。

遂乃蓄情宵影，結志晨暉，霜殘綺翼，露點紅衣。嗟憂患之易結，歎矰繳之難違。期畢命於一死，本無情於再飛。幸賴君子，以依以恃，引此風雲，濯斯塵滓。披蒙翳於葉下，發光華於枝裏。仙翰屈而還舒，靈音摧而復起。眄八極以遐翥，臨九天而高峙。

庶廣德於衆禽，非崇利於一己。是以徘徊感德，顧慕懷賢。憑明哲而禍散，託英才而福全。答惠之情彌結，報功之志方宣。非知難而行易，思令後而終前。俾賢德之流慶，畢萬葉而芳傳。

十一年，令與諸功臣世襲刺史。詔曰：

周武定業，胙茅土於子弟；漢高受命，誓帶礪於功臣。豈止重親賢之地，崇其典禮；抑亦固磐石之基，寄以藩翰。魏、晉已降，事不師古，建侯之制，有乖名實，非所謂作屏王室，永固無窮者也。隋氏之季，四海沸騰，朕運屬殷憂，戡翦多難。上憑明靈之祐，下賴英賢之輔，廓清宇縣，嗣膺寶曆，豈予一人，獨能致此！時迍共資其力，世安專享其利，乃睠於斯，甚所不取。但今刺史，卽古之諸侯，雖立名不同，監統一也。故申命有司，斟酌前代，宣條委共理之寄，象賢存世及之典。司空、齊國公無忌等並策名運始，功參締構，義貫休戚，效彰夷險，嘉庸懿績，簡於朕心，宜委以藩鎭，改錫土宇。無忌可趙州刺史，改封趙國公；尚書左僕射、魏國公玄齡可宋州刺史，改封梁國公；故司空、蔡國公杜如晦可贈密州刺史，改封萊國公；特進、代國公靖可濮州刺史，改封衞國公；特進、吏部尚書、許國公士廉可申州刺史，改封申國公；兵部尚書、潞國公侯君集可陳州刺史，改封陳國公；刑部尚書、任城郡王道宗可鄂州刺史，改封江夏郡王；晉州刺史、趙郡王孝恭可觀州刺史，改封河間郡王；同州刺史、吳國公尉遲敬德可宣州刺史，改封鄂國公；并州都督府長史、曹國公李勣可蘄州刺史，改封英國公；左驍衞大將軍、楚國公段志玄可金州刺史，改封褒國公；左領軍大將軍、宿國公程知節可普州刺史，改封盧國公；太僕卿、任國公劉弘基可朗州刺史，改封夔國公；相州都督府長史、鄅國公張亮可澧州刺史，改封鄖國公。餘官食邑並如故，即令子孫奕葉承襲。

無忌等上言曰：「臣等披荊棘以事陛下，今海內寧一，不願違離，而乃世牧外州，與遷徙何異。」乃與房玄齡上表曰：

臣等聞質文迭變，皇王之迹有殊；今古相沿，致理之方乃革。緬惟三代，習俗靡常，爰制五等，隨時作教。蓋由力不能制，因而利之，禮樂節文，多非己出。逮於兩漢，用矯前違，置守頒條，蠲除曩弊。爲無益之文，覃及萬方；建不易之理，有逾千載。今曲爲臣等，復此奄荒，欲其優隆，錫之茅社，施于子孫，永貽長世。斯乃大鈞播物，毫髮並施其生；小人踰分，後世必嬰其禍。何者？違時易務，曲樹私恩，謀及庶僚，義非僉允。方招史册之誚，有紊聖代之綱。此其不可一也。又臣等智效罕施，器識庸陋。或情緣右戚，遂陟台階；或顧想披荊，便蒙夜拜。直當今日，猶愧非才，重裂山河，愈彰濫賞。此其不可二也。又且孩童嗣職，義乖師儉之方，任以褰帷，寧無傷錦之弊。上干天憲，彝典既有常科，下擾生民，必致餘殃於後，一挂刑網，自取誅夷。陛下深仁，務延其世，翻令剿絕，誠有可哀。此其不可三也。當今聖曆欽明，求賢分政，古稱良守，寄在共理。此道之行〔三〕，爲日滋久，因緣臣等，或有改張。封植兒曹，失於求瘼，百姓不幸，將焉用之。此其不可四也。在茲一舉，爲損實多，曉夕深思，憂貫心髓。所以披丹上訴，指事明心，不敢浮辭，同於矯飾。伏願天澤，諒其愚款，特停渙汗之旨，賜其性命之恩。

太宗覽表謂曰：「割地以封功臣，古今通義，意欲公之後嗣，翼朕子孫，長爲藩翰，傳之永久。而公等薄山河之誓，發言怨望，朕亦安可強公以土宇耶？」於是遂止。十二年，太宗幸其第，凡是親族，班賜有差。十六年，册拜司徒。

十七年，令圖畫無忌等二十四人於凌煙閣，詔曰：

自古皇王，褒崇勳德，既勒銘於鍾鼎，又圖形於丹青。是以甘露良佐，麟閣著其美；建武功臣，雲臺紀其跡。司徒、趙國公無忌，故司空、揚州都督、河間元王孝恭，故司空、萊國成公如晦，故司空、相州都督、太子太師、鄭國文貞公徵，司空、梁國公玄齡，開府儀同三司、尚書右僕射、申國公士廉〔三〕，開府儀同三司、鄂國公敬德，特進、衞國公靖，特進、宋國公瑀，故輔國大將軍、揚州都督、褒忠壯公志玄，輔國大將軍、夔國公弘基，故尙書左僕射、蔣忠公通，故陝東道行臺右僕射、鄖節公開山，故荆州都督、譙襄公柴紹，故荆州都督、邳襄公順德，洛州都督、鄖國公張亮，光祿大夫、吏部尙書、陳國公侯君集，故左驍衞大將軍、郯襄公張公謹，左領軍大將軍、盧國公程知節，故禮部尙書、永興文懿公虞世南，故戶部尙書、渝襄公劉政會，光祿大夫、戶部尙書、莒國公唐儉，光祿大夫、兵部尙書、英國公勣，故徐州都督、胡壯公秦叔寶等，或材推棟梁，謀猷經遠，綢繆帷帳，經綸霸圖；或學綜經籍，德範光茂，隱犯同致，忠讜日聞；或竭力義旗，委質藩邸，一心表節，百戰標奇；或受脤廟堂，闢土方面，重氛載廓，王略遐宣。並契闊屯夷，劬勞師旅，贊景業於草昧，翼淳化於隆平。茂績殊勳，冠冕列辟；昌言直道，牢籠搢紳。宜酌故實，弘茲令典，可並圖畫於凌煙閣。庶念功之懷，無謝於前載；旌賢之義，永貽於後昆。

其年，太子承乾得罪，太宗欲立晉王，而限以非次，迴惑不決。御兩儀殿，羣官盡出，獨留無忌及司空房玄齡、兵部尙書李勣，謂曰：「我三子一弟，所爲如此，我心無憀。」因自投於牀，抽佩刀欲自刺。無忌等驚懼，爭前扶抱，取佩刀以授晉王。無忌等請太宗所欲，報曰：「我欲立晉王。」無忌曰：「謹奉詔。有異議者，臣請斬之。」太宗謂晉王曰：「汝舅許汝，宜拜謝。」晉王因下拜。太宗謂無忌等曰：「公等旣符我意，未知物論何如？」無忌曰：「晉王仁孝，天下屬心久矣。伏乞召問百僚，必無異辭。若不蹈舞同音，臣負陛下萬死。」於是建立遂定，因加授無忌太子太師。尋而太宗又欲立吳王恪，無忌密爭之，其事遂輟。

太宗嘗謂無忌等曰：「朕聞主賢則臣直，人苦不自知，公宜面論，攻朕得失。」無忌奏言：「陛下武功文德，跨絕古今，發號施令，事皆利物。孝經云：『將順其美。』臣順之不暇，實不見陛下有所愆失。」太宗曰：「朕冀聞己過，公乃妄相諛悅。朕今面談公等得失，以爲鑒誡。言之者可以無過，聞之者可以自改。」因目無忌曰：「善避嫌疑，應對敏速，求之古人，亦當無比；而總兵攻戰，非所長也。高士廉涉獵古今，心術聰悟，臨難旣不改節，爲官亦無朋黨；所少者骨鯁規諫耳。唐儉言辭俊利，善和解人，酒杯流行，發言啓齒；事朕三十載，遂無一言論國家得失。楊師道性行純善，自無愆過；而情實怯懦，未甚任事，緩急不可得力。岑文本性道敦厚，文章是其所長；而持論常據經遠，自當不負於物。劉洎性最堅貞，言多利益；然其意上然諾於朋友，能自補闕，亦何以尙。馬周見事敏速，性甚貞正，至於論量人物，直道而行，朕比任使，多所稱意。褚遂良學問稍長，性亦堅正，旣寫忠誠，甚親附於朕，譬如飛鳥依人，自加憐愛。」

十九年，太宗征高麗，令無忌攝侍中。還，無忌固辭師傅之位，優詔聽罷太子太師。二十一年，遙領揚州都督。二十三年，太宗疾篤，引無忌及中書令褚遂良二人受遺令輔政。太宗謂遂良曰：「無忌盡忠於我，我有天下，多是此人力。爾輔政後，勿令讒毀之徒損害無忌。若如此者，爾則非復人臣。」

高宗卽位，進拜太尉，兼揚州都督，知尚書及門下二省事並如故。無忌固辭知尚書省事，許之，仍令以太尉同中書門下三品。永徽二年，監修國史。高宗嘗謂公卿：「朕開獻書之路，冀有意見可錄，將擢用之。比者上疏雖多，而遂無可採者。」無忌對曰：「陛下卽位，政化流行，條式律令，固無遺闕。言事者率其鄙見，妄希僥倖，至於裨俗益教，理當無足可取。然須開此路，猶冀時有讜言，如或杜絕，便恐下情不達。」帝曰：「又聞所在官司，猶自多有顏面。」無忌曰：「顏面阿私，自古不免。然聖化所漸，人皆向公，至於肆情曲法，實謂必無此事。小小收取人情，恐陛下尚亦不免，況臣下私其親戚，豈敢頓言絕無。」時無忌位當元舅，數進謀議，高宗無不優納之。明年，以旱上疏辭職，高宗頻降手詔敦喩，不許。五年，親幸無忌第，見其三子，並擢授朝散大夫。又命圖無忌形像，親爲畫贊以賜之。

六年，帝將立昭儀武氏爲皇后，無忌屢言不可，帝乃密遣使賜無忌金銀寶器各一車、綾錦十車，以悅其意。昭儀母楊氏復自詣無忌宅，屢加祈請。時禮部尚書許敬宗又屢申勸請，無忌嘗厲色折之。帝後又召無忌、左僕射于志寧、右僕射褚遂良，謂曰：「武昭儀有令德，朕欲立爲皇后，卿等以爲如何？」無忌曰：「自貞觀二十三年後，先朝付託遂良，望陛下問其可否。」帝竟不從無忌等言而立昭儀爲皇后。皇后以無忌先受重賞而不助己，心甚銜之。

顯慶元年，無忌與史官國子祭酒令狐德棻綴集武德、貞觀二朝史爲八十卷，表上之，無忌以監領功，賜物二千段，封其子潤爲金城縣子。

四年，中書令許敬宗遣人上封事，稱監察御史李巢與無忌交通謀反，帝令敬宗與侍中辛茂將鞠之。敬宗奏言無忌謀反有端，帝曰：「我家不幸，親戚中頻有惡事。高陽公主與朕同氣，往年遂與房遺愛謀反，今阿舅復作惡心。近親如此，使我慚見萬姓。」敬宗曰：「房遺愛乳臭兒，與女子謀反，豈得成事。且無忌與先朝謀取天下，衆人服其智，作宰相三十年，百姓畏其威，可謂威能服物，智能動衆。臣恐無忌知事露，卽爲急計，攘袂一呼，嘯命同惡，必爲宗廟深憂。誠願陛下斷之，不日卽收捕，準法破家。」帝泣曰：「我決不忍處分與罪，後代良史道我不能和其親戚，使至於此。」敬宗曰：「漢文帝漢室明主，薄昭卽是帝舅，從代來日，亦有大勳，與無忌不別。於後惟坐殺人，文帝惜國之法，令朝臣喪服就宅哭而殺之，良史不以爲失。今無忌忘先朝之大德，捨陛下之至親，聽受邪謀，遂懷悖逆，意在塗炭生靈。若比薄昭罪惡，未可同年而語，案諸刑典，合誅五族。臣聞當斷不斷，反受其亂，大機之事，間不容髮，若少遲延，恐即生變，惟請早決！」帝竟不親問無忌謀反所由，惟聽敬宗誣構之說，遂去其官爵，流黔州，仍遣使發次州府兵援送至流所。其子祕書監、駙馬都尉沖等並除名，流於嶺外。

敬宗尋與吏部尚書李義府遣大理正袁公瑜就黔州重鞫無忌反狀，公瑜逼令自縊而死，籍沒其家。無忌既有大功，而死非其罪，天下至今哀之。上元元年，優詔追復無忌官爵，特令無忌孫延主齊獻公之祀。

無忌從父兄安世，仕王世充，署爲內史令，東都平，死於獄中。安世子祥，以文德皇后近屬，累除刑部尚書，坐與無忌通書見殺。

史臣曰：士廉才望素高，操秉無玷，保君臣終始之義，爲子孫襲繼之謀。社稷之臣，功亦隆矣；獎遇之恩，賞亦厚矣。及子眞行，手刃其子，何凶忍也，若是積慶之道，不其惑哉！無忌戚里右族，英冠人傑，定立儲闈，力安社稷，勳庸茂著，終始不渝。及黜廢中宮，竟不阿旨，報先帝之顧託，爲敬宗之誣構。嗟乎！忠信獲罪，今古不免；無名受戮，族滅何辜。主暗臣姦，足貽後代。

贊曰：嚴嚴申公，功名始終。文皇題品，信謂酌中。趙公右戚，兩朝宣力。功成不去，竟逢鬼蜮。

校勘記

〔一〕祖兕　「兕」字殿、局本作「光」，百衲本作「兇」。此據周書卷二六長孫紹遠傳、隋書卷五一長孫覽傳、新書卷七六文德長孫皇后傳改。

〔二〕此道之行　「行」字各本原作「目」，據册府卷一二九、英華卷六〇七改。

〔三〕開府儀同三司尙書右僕射申國公士廉　此十六字各本均無，據唐大詔令集卷六五、唐會要卷四五補；惟唐會要無「尙書」二字。

舊唐書卷六十六

列傳第十六

房玄齡 子遺直 遺愛 杜如晦 弟楚客 叔淹

房喬字玄齡〔一〕，齊州臨淄人。曾祖翼，後魏鎭遠將軍、宋安郡守，襲壯武伯。祖熊，字子〔二〕，釋褐州主簿。父彥謙，好學，通涉五經，隋涇陽令，隋書有傳。

玄齡幼聰敏，博覽經史，工草隸，善屬文。嘗從其父至京師，時天下寧晏，論者咸以國祚方永，玄齡乃避左右告父曰：「隋帝本無功德，但誑惑黔黎，不爲後嗣長計，混諸嫡庶，使相傾奪，儲后藩枝，競崇淫侈，終當內相誅夷，不足保全家國。今雖淸平，其亡可翹足而待。」彥謙驚而異之。年十八，本州舉進士，授羽騎尉。吏部侍郎高孝基素稱知人，見之深相嗟挹，謂裴矩曰：「僕閱人多矣，未見如此郞者。必成偉器，但恨不覩其聳壑凌霄耳。」父病綿歷十旬，玄齡盡心藥膳，未嘗解衣交睫。父終，酌飲不入口者五日。後補隰城尉。

會義旗入關，太宗徇地渭北，玄齡杖策謁於軍門，温彥博又薦焉。太宗一見，便如舊識，署渭北道行軍記室參軍。玄齡既遇知己，罄竭心力，知無不爲。賊寇每平，衆人競求珍玩，玄齡獨先收人物，致之幕府。及有謀臣猛將，皆與之潛相申結，各盡其死力。

既而隱太子見太宗勳德尤盛，轉生猜間。太宗嘗至隱太子所，食，中毒而歸，府中震駭，計無所出。玄齡因謂長孫無忌曰：「今嫌隙已成，禍機將發，天下恟恟，人懷異志。變端一作，大亂必興，非直禍及府朝，正恐傾危社稷。此之際會，安可不深思也！僕有愚計，莫若遵周公之事，外寧區夏，內安宗社，申孝養之禮。古人有云，『爲國者不顧小節』，此之謂歟。孰若家國淪亡，身名俱滅乎？」無忌曰：「久懷此謀，未敢披露，公今所說，深會宿心。」無忌乃入白之。太宗召玄齡謂曰：「阽危之兆，其迹已見，將若之何？」對曰：「國家患難，今古何殊。自非睿聖欽明，不能安輯。大王功蓋天地，事鍾壓紐，神贊所在，匪藉人謀。」因與府屬杜如晦同心戮力。仍隨府遷授秦王府記室，封臨淄侯；又以本職兼陝東道大行臺考功郎中，加文學館學士。玄齡在秦府十餘年，常典管記，每軍書表奏，駐馬立成，文約理贍，初無稿草。高祖嘗謂侍臣曰：「此人深識機宜，足堪委任。每爲我兒陳事，必會人心，千里之外，猶對面語耳。」隱太子以玄齡、如晦爲太宗所親禮，甚惡之，譖之於高祖，由是與如晦並被驅斥。

隱太子將有變也，太宗令長孫無忌召玄齡及如晦，令衣道士服，潛引入閤計事。及太宗入春宮，擢拜太子右庶子，賜絹五千匹。貞觀元年，代蕭瑀爲中書令。論功行賞，以玄齡及長孫無忌、杜如晦、尉遲敬德、侯君集五人爲第一，進爵邢國公〔三〕，賜實封千三百戶。太宗因謂諸功臣曰：「朕敍公等勳效，量定封邑，恐不能盡當，各許自言。」皇從父淮安王神通進曰：「義旗初起，臣率兵先至。今房玄齡、杜如晦等刀筆之吏，功居第一，臣竊不服。」上曰：「義旗初起，人皆有心。叔父雖率得兵來，未嘗身履行陣。山東未定，受委專征，建德南侵，全軍陷沒。及劉黑闥翻動，叔父望風而破。今計勳行賞，玄齡等有籌謀帷幄、定社稷之功，所以漢之蕭何，雖無汗馬，指蹤推轂，故得功居第一。叔父於國至親，誠無所愛，必不可緣私，濫與功臣同賞耳。」初，將軍丘師利等咸自矜其功，或攘袂指天，以手畫地，及見神通理屈，自相謂曰：「陛下以至公行賞，不私其親，吾屬何可妄訴？」

三年，拜太子少師，固讓不受，攝太子詹事，兼禮部尚書。明年，代長孫無忌爲尚書左僕射，改封魏國公，監修國史。既任總百司，虔恭夙夜，盡心竭節，不欲一物失所。聞人有善，若己有之。明達吏事，飾以文學，審定法令，意在寬平。不以求備取人，不以己長格物，隨能收敍，無隔卑賤。論者稱爲良相焉。或時以事被譴，則累日朝堂，稽顙請罪，悚懼踧踖，若無所容。九年，護高祖山陵制度，以功加開府儀同三司。十一年，與司空長孫無忌等十四人並代襲刺史〔四〕，以本官爲宋州刺史，改封梁國公，事竟不行。

十三年，加太子少師，玄齡頻表請解僕射，詔報曰：「夫選賢之義，無私爲本；奉上之道，當仁是貴。列代所以弘風，通賢所以協德。公忠肅恭懿，明允篤誠。草昧霸圖，綢繆帝道。儀刑黃閣，庶政惟和；輔翼春宮，望實斯著。而忘彼大體，徇茲小節，雖恭教諭之職，乃辭機衡之務，豈所謂弼予一人，共安四海者也？」玄齡遂以本官就職。時皇太子將行拜禮，備儀以待之，玄齡深自卑損，不敢修謁，遂歸於家。有識者莫不重其崇讓。玄齡自以居端揆十五年，女爲韓王妃，男遺愛尙高陽公主，實顯貴之極，頻表辭位，優詔不許。十六年，又與士廉等同撰文思博要成，錫賚甚優。進拜司空，仍綜朝政，依舊監修國史。玄齡抗表陳讓，太宗遣使謂之曰：「昔留侯讓位，竇融辭榮，自懼盈滿，知進能退，善鑒止足，前代美之。公亦欲齊蹤往哲，實可嘉尙。然國家久相任使，一朝忽無良相，如失兩手。公若筋力不衰，無煩此讓。」玄齡遂止。

十七年〔五〕，與司徒長孫無忌等圖形於凌煙閣，贊曰：「才兼藻翰，思入機神。當官勵節，奉上忘身。」高宗居春宮，加玄齡太子太傅，仍知門下省事，監修國史如故。尋以撰高祖、太宗實錄成，降璽書褒美，賜物一千五百段。其年，玄齡丁繼母憂去職，特敕賜以昭陵葬地。未幾，起復本官。太宗親征遼東，命玄齡京城留守，手詔曰：「公當蕭何之任，朕無西顧之憂矣。」軍戎器械，戰士糧廪，並委令處分發遣。玄齡屢上言敵不可輕，尤宜誡愼。尋與中書侍郎褚遂良受詔重撰晉書，於是奏取太子左庶子許敬宗、中書舍人來濟、著作郎陸元仕劉子翼、前雍州刺史令狐德棻、太子舍人李義府薛元超、起居郎上官儀等八人，分功撰錄，以臧榮緒晉書爲主，參考諸家，甚爲詳洽。然史官多是文詠之士，好採詭謬碎事，以廣異聞；又所評論，競爲綺豔，不求篤實，由是頗爲學者所譏。唯李淳風深明星曆，善於著述，所修天文、律曆、五行三志，最可觀採。太宗自著宣、武二帝及陸機、王羲之四論，於是總題云御撰。至二十年，書成，凡一百三十卷，詔藏于祕府，頒賜加級各有差。

玄齡嘗因微譴歸第，黃門侍郎褚遂良上疏曰：「君爲元首，臣號股肱，龍躍雲興，不嘯而集，苟有時來，千年朝暮。陛下昔在布衣，心懷拯溺，手提輕劍，仗義而起。平諸寇亂，皆自神功，文經之助，頗由輔翼。爲臣之懃，玄齡爲最。昔呂望之扶周武，伊尹之佐成湯，蕭何關中，王導江外，方之於斯，可以爲匹。且武德初策名伏事，忠勤恭孝，衆所同歸。而前宮、海陵，憑凶恃亂，干時事主，人不自安，居累卵之危，有倒懸之急，命視一刻，身縻寸景，玄齡之心，終始無變。及九年之際，機臨事迫，身被斥逐，闕於謨謀，猶服道士之衣，與文德皇后同心影助，其於臣節，自無所負。及貞觀之始，萬物惟新，甄吏事君，物論推與，而勳庸無比，委質惟舊。自非罪狀無赦，搢紳同尤，不可以一犯一愆，輕示遐棄。陛下必矜玄齡齒髮，薄其所爲，古者有諷諭大臣遣其致仕，自可在後，式遵前事，退之以禮，不失善聲。今數十年勳舊，以一事而斥逐，在外云云，以爲非是。夫天子重大臣則人盡其力，輕去就則物不自安。臣以庸薄，忝預左右，敢冒天威，以申管見。」

二十一年，太宗幸翠微宮，授司農卿李緯爲民部尚書。玄齡時在京城留守，會有自京師來者，太宗問曰：「玄齡聞李緯拜尚書如何？」對曰：「玄齡但云李緯好髭鬚，更無他語。」太宗遽改授緯洛州刺史，其爲當時準的如此。

二十二年〔六〕，駕幸玉華宮，時玄齡舊疾發，詔令臥總留臺。及漸篤，追赴宮所，乘擔輿入殿，將至御座乃下。太宗對之流涕，玄齡亦感咽不能自勝。敕遣名醫救療，尚食每日供御膳。若微得減損，太宗卽喜見顏色；如聞增劇，便爲改容悽愴。玄齡因謂諸子曰：「吾自度危篤，而恩澤轉深，若孤負聖君，則死有餘責。當今天下淸謐，咸得其宜，唯東討高麗不止，方爲國患。主上含怒意決，臣下莫敢犯顏；吾知而不言，則銜恨入地。」遂抗表諫曰：

臣聞兵惡不戢，武貴止戈。當今聖化所覃，無遠不屆，洎上古所不臣者，陛下皆能臣之，所不制者，皆能制之。詳觀今古，爲中國患害者，無如突厥。遂能坐運神策，不下殿堂，大小可汗，相次束手，分典禁衞，執戟行間。其後延陀鴟張，尋就夷滅，鐵勒慕義，請置州縣，沙漠以北，萬里無塵。至如高昌叛渙於流沙，吐渾首鼠於積石，偏師薄伐，俱從平蕩。高麗歷代逋誅，莫能討擊。陛下責其逆亂，弒主虐人，親總六軍，問罪遼、碣。未經旬月，卽拔遼東，前後虜獲，數十萬計，分配諸州，無處不滿。雪往代之宿恥，掩崤陵之枯骨，比功較德，萬倍前王。此聖心之所自知，微臣安敢備說。

且陛下仁風被於率土，孝德彰於配天。覩夷狄之將亡，則指期數歲；授將帥之節度，則決機萬里。屈指而候驛，視景而望書，符應若神，算無遺策。擢將於行伍之中，取士於凡庸之末。遠夷單使，一見不忘；小臣之名，未嘗再問。箭穿七札，弓貫六鈞。加以留情墳典，屬意篇什，筆邁鍾、張，辭窮班、馬。文鋒既振，則管磬自諧；輕翰暫飛，則花蘤競發。撫萬姓以慈，遇羣臣以禮。褒秋毫之善，解吞舟之網。逆耳之諫必聽，膚受之訴斯絕。好生之德，焚障塞於江湖；惡殺之仁，息鼓刀於屠肆。鳧鶴荷稻粱之惠，犬馬蒙帷蓋之恩。降乘吮思摩之瘡，登堂臨魏徵之柩。哭戰亡之卒，則哀動六軍；負塡道之薪，則精感天地。重黔黎之大命，特盡心於庶獄。臣心識昏憒，豈足論聖功之深遠，談天德之高大哉！陛下兼衆美而有之，靡不備具，微臣深爲陛下惜之重之，愛之寶之。

周易曰：「知進而不知退，知存而不知亡，知得而不知喪。」又曰：「知進退存亡，不失其正者，惟聖人乎！」由此言之，進有退之義，存有亡之機，得有喪之理，老臣所以爲陛下惜之者，蓋此謂也。老子曰：「知足不辱，知止不殆。」謂陛下威名功德，亦可足矣；拓地開疆，亦可止矣。彼高麗者，邊夷賤類，不足待以仁義，不可責以常禮。古來以魚鱉畜之，宜從闊略。若必欲絕其種類，恐獸窮則搏。且陛下每決一死囚，必令三覆五奏，進素食、停音樂者，蓋以人命所重，感動聖慈也。況今兵士之徒，無一罪戾，無故驅之於行陣之間，委之於鋒刃之下，使肝腦塗地，魂魄無歸，令其老父孤兒、寡妻慈母，望轊車而掩泣，抱枯骨以摧心，足以變動陰陽，感傷和氣，實天下冤痛也。且兵者凶器，戰者危事，不得已而用之。向使高麗違失臣節，陛下誅之可也；侵擾百姓，而陛下滅之可也；久長能爲中國患，而陛下除之可也。有一於此，雖日殺萬夫，不足爲愧。今無此三條，坐煩中國，內爲舊王雪恥，外爲新羅報讎，豈非所存者小，所損者大？

願陛下遵皇祖老子止足之誡，以保萬代巍巍之名。發霈然之恩，降寬大之詔，順陽春以布澤，許高麗以自新，焚凌波之船，罷應募之衆，自然華夷慶賴，遠肅邇安。臣老病三公，旦夕入地，所恨竟無塵露，微增海嶽。謹罄殘魂餘息，預代結草之誠。倘蒙錄此哀鳴，即臣死且不朽。

太宗見表，謂玄齡子婦高陽公主曰：「此人危惙如此，尙能憂我國家。」

後疾增劇，遂鑿苑牆開門，累遣中使候問。上又親臨，握手敍別，悲不自勝。皇太子亦就之與之訣。即日授其子遺愛右衞中郎將，遺則中散大夫，使及目前見其通顯。尋薨，年七十。廢朝三日，册贈太尉、并州都督，謚曰文昭，給東園祕器，陪葬昭陵。玄齡嘗誡諸子以驕奢沉溺，必不可以地望凌人，故集古今聖賢家誡，書於屏風，令各取一具，謂曰：「若能留意，足以保身成名。」又云：「袁家累葉忠節，是吾所尙，汝宜師之。」高宗嗣位，詔配享太宗廟庭。

子遺直嗣，永徽初爲禮部尙書、汴州刺史。次子遺愛，尙太宗女高陽公主，拜駙馬都尉，官至太府卿、散騎常侍。初，主有寵於太宗，故遺愛特承恩遇，與諸主壻禮秩絕異。主既驕恣，謀黜遺直而奪其封爵，永徽中誣告遺直無禮於己。高宗令長孫無忌鞫其事，因得公主與遺愛謀反之狀。遺愛伏誅，公主賜自盡，諸子配流嶺表。遺直以父功特宥之，除名爲庶人。停玄齡配享。

杜如晦字克明，京兆杜陵人也。曾祖皎，周贈開府儀同大將軍、遂州刺史。祖徽，周河內太守。祖果〔七〕，周溫州刺史，入隋，工部尙書、義興公，周書有傳。父吒，隋昌州長史。

如晦少聰悟，好談文史。隋大業中以常調預選，吏部侍郎高孝基深所器重，顧謂之曰：「公有應變之才，當爲棟梁之用，願保崇令德。今欲俯就卑職，爲須少祿俸耳。」遂補滏陽尉，尋棄官而歸。

太宗平京城，引爲秦王府兵曹參軍，俄遷陝州總管府長史。時府中多英俊，被外遷者衆，太宗患之。記室房玄齡曰：「府僚去者雖多，蓋不足惜。杜如晦聰明識達，王佐才也。若大王守藩端拱，無所用之；必欲經營四方，非此人莫可。」太宗大驚曰：「爾不言，幾失此人矣！」遂奏爲府屬。後從征薛仁杲、劉武周、王世充、竇建德，常參謀帷幄。時軍國多事，剖斷如流，深爲時輩所服。累遷陝東道大行臺司勳郎中，封建平縣男，食邑三百戶。尋以本官兼文學館學士。天策府建，以爲從事中郎，畫象於丹青者十有八人，而如晦爲冠首，令文學褚亮爲之贊曰：「建平文雅，休有烈光。懷忠履義，身立名揚。」其見重如此。

隱太子深忌之，謂齊王元吉曰：「秦王府中所可憚者，唯杜如晦與房玄齡耳。」因譖之於高祖，乃與玄齡同被斥逐。後又潛入畫策，及事捷，與房玄齡功等，擢拜太子左庶子，俄遷兵部尚書，進封蔡國公，賜實封千三百戶。貞觀二年，以本官檢校侍中，攝吏部尚書，仍總監東宮兵馬事，號爲稱職。三年，代長孫無忌爲尚書右僕射，仍知選事，與房玄齡共掌朝政。至於臺閣規模及典章文物，皆二人所定，甚獲當代之譽，談良相者，至今稱房、杜焉。

如晦以高孝基有知人之鑒，爲其樹神道碑以紀其德。

其年冬，遇疾，表請解職，許之，祿賜特依舊。太宗深憂其疾，頻遣使存問，名醫上藥，相望於道。四年，疾篤，令皇太子就第臨問，上親幸其宅，撫之流涕，賜物千段；及其未終見子拜官，遂超遷其子左千牛構爲尙舍奉御。尋薨，年四十六。太宗哭之甚慟，廢朝三日，贈司空，徙封萊國公，謚曰成。太宗手詔著作郎虞世南曰：「朕與如晦，君臣義重。不幸奄從物化，追念勳舊，痛悼于懷。卿體吾此意，爲制碑文也。」太宗後因食瓜而美，愴然悼之，遂輟食之半，遣使奠於靈座。又嘗賜房玄齡黃銀帶，顧謂玄齡曰：「昔如晦與公同心輔朕，今日所賜，唯獨見公。」因泫然流涕。又曰：「朕聞黃銀多爲鬼神所畏。」命取黃金帶，遣玄齡親送於靈所。其後太宗忽夢見如晦若平生，及曉，以告玄齡，言之歔欷，令送御饌以祭焉。明年如晦亡日，太宗復遣尙宮至第慰問其妻子，其國官府佐並不之罷。終始恩遇，未之有焉。

子構襲爵，官至慈州刺史，坐弟荷謀逆，徙於嶺表而卒。初，荷以功臣子尙城陽公主，賜爵襄陽郡公，授尙乘奉御。貞觀中，與太子承乾謀反，坐斬。

如晦弟楚客，少隨叔父淹沒於王世充。淹素與如晦兄弟不睦，譖如晦兄於王行滿，王世充殺之，并囚楚客，幾至餓死，楚客竟無怨色。洛陽平，淹當死，楚客泣涕請如晦救之。如晦初不從，楚客曰：「叔已殺大兄，今兄又結恨棄叔，一門之內，相殺而盡，豈不痛哉！」因欲自剄。如晦感其言，請於太宗，淹遂蒙恩宥。楚客因隱於嵩山。

貞觀四年，召拜給事中，上謂曰：「聞卿山居日久，志意甚高，自非宰相之任，則不能出，何有是理耶？夫涉遠者必自邇，升高者必自下，但在官爲衆所許，無慮官之不大。爾兄雖與我體異，其心猶一，於我國家非無大功。爲憶爾兄，意欲見爾。宜識朕意，繼爾兄之忠義也。」拜楚客蒲州刺史，甚有能名。後歷魏王府長史，拜工部尚書，攝魏王泰府事。楚客知太宗不悅承乾，魏王泰又潛令楚客友朝臣用事者，至有懷金以賂之，因說泰聰明，可爲嫡嗣。人或以聞，太宗隱而不言。及釁發，太宗始揚其事，以其兄有佐命功，免死，廢于家。尋授虔化令，卒。

如晦叔父淹。淹字執禮。祖業，周豫州刺史。父徵，河內太守。淹聰辯多才藝，弱冠有美名，與同郡韋福嗣爲莫逆之交，相與謀曰：「上好用嘉遁，蘇威以幽人見徵，擢居美職。」遂共入太白山，揚言隱逸，實欲邀求時譽。隋文帝聞而惡之，謫戍江表。後還鄉里，雍州司馬高孝基上表薦之，授承奉郎。大業末，官至御史中丞。王世充僭號，署爲吏部，大見親用。及洛陽平，初不得調，淹將委質於隱太子。時封德彝典選，以告房玄齡，恐隱太子得之，長其姦計，於是遽啓太宗，引爲天策府兵曹參軍、文學館學士。武德八年，慶州總管楊文幹作亂，辭連東宮，歸罪於淹及王珪、韋挺等，並流於越巂。太宗知淹非罪，贈以黃金三百兩。及卽位，徵拜御史大夫，封安吉郡公，賜實封四百戶。以淹多識典故，特詔東宮儀式簿領，並取淹節度。尋判吏部尚書，參議朝政，前後表薦四十餘人，後多知名者。

淹嘗薦刑部員外郎邸懷道，太宗因問淹：「懷道才行何如？」淹對曰：「懷道在隋日作吏部主事，甚有淸愼之名。又煬帝向江都之日，召百官問去住之計。時行計已決，公卿皆阿旨請去，懷道官位極卑，獨言不可。臣目見此事。」太宗曰：「卿爾日從何計？」對曰：「臣從行計。」太宗曰：「事君之義，有犯無隱。卿稱懷道爲是，何因自不正諫？」對曰：「臣爾日不居重任，又知諫必不從，徒死無益。」太宗曰：「孔子稱從父之命，未爲孝子。故父有爭子，國有爭臣。若以主之無道，何爲仍仕其世？旣食其祿，豈得不匡其非？」因謂羣臣曰：「公等各言諫事如何？」王珪曰：「昔比干諫紂而死，孔子稱其仁；洩冶諫而被戮，孔子曰：『民之多辟，無自立辟。』是則祿重責深，理須極諫；官卑望下，許其從容。」太宗又召淹笑謂曰：「卿在隋日，可以位下不言；近仕世充，何不極諫？」對曰：「亦有諫，但不見從。」太宗曰：「世充若修德從善，當不滅亡；旣無道拒諫，卿何免禍？」淹無以對。太宗又曰：「卿在今日，可爲備任，復欲極諫否？」對曰：「臣在今日，必盡死無隱。且百里奚在虞虞亡，在秦秦霸，臣竊比之。」太宗笑。時淹兼二職，而無清潔之譽，又素與無忌不協，爲時論所譏。及有疾，太宗親自臨問，賜帛三百匹。貞觀二年卒，贈尚書右僕射，謚曰襄。

子敬同襲爵，官至鴻臚少卿。敬同子從則，中宗時爲蒲州刺史。

史臣曰：房、杜二公，皆以命世之才，遭逢明主，謀猷允協，以致昇平。議者以比漢之蕭、曹，信矣。然萊成之見用，文昭之所舉也。世傳太宗嘗與文昭圖事，則曰「非如晦莫能籌之」。及如晦至焉，竟從玄齡之策也。蓋房知杜之能斷大事，杜知房之善建嘉謀，裨諶草創，東里潤色，相須而成，俾無悔事，賢達用心，良有以也。若以往哲方之，房則管仲、子產，杜則鮑叔、罕虎矣。

贊曰：肇啓聖君，必生賢輔。猗歟二公，實開運祚。文含經緯，謀深夾輔。笙磬同音，唯房與杜。

校勘記

〔一〕房喬字玄齡　新書卷九六房玄齡傳作「房玄齡字喬」，房玄齡碑所載與新書本傳合。

〔二〕祖熊字子　「子」下疑有脫字，北史卷三九房法壽傳作「字子威」，新書卷七一下宰相世系表作「字子彪」。

〔三〕邢國公　房玄齡碑、新書卷九六房玄齡傳作「邗國公」。

〔四〕長孫無忌等十四人　「十四人」，各本原作「四人」，按本書卷六五長孫無忌傳具列十四人姓名，故補「十」字。

〔五〕十七年　各本原作「十八年」，據本書卷三太宗紀、通鑑卷一九六改。

〔六〕二十二年　各本原作「二十三年」，據本書卷三太宗紀下、冊府卷三一九及卷五四八改。

〔七〕祖果　據新書卷七二宰相世系表，「祖」字疑當作「從祖」。